KB274232

마케팅조사 실무노트 I

실편

조사기획에서
보고서작성까지

비즈니스 9

하지철 지음

마케팅조사
실무편
실무노트 I

이담
Books

　요즘 우리 주변에서는 각종 조사결과들을 쉽게 접할 수 있다. 대통령이나 국회의원 선거를 앞둔 선거철에는 후보지지도 등과 같은 선거조사 결과가 매일같이 발표되고, 사회적으로 이슈가 되는 사안에 대해서는 국민의 의견을 묻는 여론조사를 실시하여 그 결과를 발표하기도 한다. 한국은행이나 각종 연구소에서는 소비자기대지수, 소비자태도지수 등과 같은 질적 경제 지표들을 정기적으로 조사해서 공표하며, 취업정보를 제공하는 업체들이 직장인들의 의식이나 태도에 대해 실시한 자체조사 결과를 언론을 통해 알리기도 한다.

　일반인들에게 잘 공개되지는 않지만 정부나 지자체 등에서 정책을 수립하기 전이나 정책에 대한 평가를 위해 국민 혹은 특정집단을 대상으로 조사를 실시하며, 영리를 추구하는 기업들은 신제품/서비스 출시, 브랜드/광고, 고객만족 등 마케팅활동의 기획, 수행, 평가를 위해 매년 많은 예산을 들여 다양한 조사를 실시한다. 정부, 기업뿐만 아니라 대학생이나 일반인들도 조사를 널리 활용한다. 수업과제로서 혹은 각종 공모전에 참여하기 위해 대학생들이 자체적으로 조사를 실시하며, 개인사업자나 자영업자 등과 같은 일반인들도 시장조사를 실시해서 사업에 반영하는 것은 너무나 흔한 일이 되었다.

　이처럼 일반인들도 활용할 정도로 조사는 대중화되어 가고 있으나 조사에 대한 이해 부족으로 조사를 오용하거나 남용하는 사례 또한 늘어나고 있다. 표본에 대한 충분한 이해 없이 무조건 일정 수 이상의 표본 수만 되면 대표성이 있을 것이라고 생각한다거나 잘못된 질문구조 혹은 항목으로 진행한 조사결과를 신뢰하여 중요한 의사결정에 반영하는 경우도 있다. 또한 무조건 조사만 하면 모든 문제가 해결될 것이라는 생각으로 명확한 조사목적도 없이 맹목적으로 조사를 실시한다거나 통계기법만 잘 적용하면 당면한 문제를 해결할 수 있을 것이라고 잘못 기대하는 경우도 많은 것이 현실이다.

조사업계에서 조사용역서비스를 제공하는 조사쟁이로서 이러한 현실을 늘 안타깝게 생각해 왔으며, 조사에 대한 올바른 이해를 통해 오남용을 방지하고 현실에 바로 적용할 수 있는 조사실무 노하우를 공유하기 위해 이 책을 쓰게 되었다. 전문조사회사에 리서처로 취직해서 조사 관련 지식 습득을 위해 여러 서점을 전전하며 조사실무 서적을 찾아 헤매었으나 결국 대학교재용 관련 이론서로 대신해야 했던 점, 통계학 등의 이론서에 있는 내용 습득을 위해 많은 시간을 투자하였으나 조사실무에는 바로 활용할 수 없어 발을 동동 굴러야 했던 경험을 살려 누구나 실무에 바로 적용할 수 있는 조사실무 서적을 만들어 보고자 했다.

이 책은 크게 마케팅조사의 이해, 마케팅조사의 유형, 마케팅조사 실무 등 3개의 장으로 구성되어 있다. 먼저 제1장인 마케팅조사의 이해에서는 마케팅조사의 기본 개념, 시장조사 및 컨설팅과의 차이점 그리고, 마케팅조사의 역할과 한계점에 대해 알아봄으로써 마케팅조사를 올바르게 이해할 수 있도록 하였다. 제2장인 마케팅조사 유형에서는 마케팅조사의 여러 유형들과 실제 실무에서 주로 활용되는 마케팅조사 유형을 산업에 따라 크게 두 가지로 구분하여 산업별로 적용할 수 있도록 하였다. 마지막으로 마케팅조사 실무에서는 조사의 규격표 역할을 하는 표본설계, 질문지 개발, 자료처리와 기초분석 등에 대해 실무에 바로 적용할 수 있도록 조사의 진행단계별로 순차적으로 제시하였다.

 기존에 나와 있는 조사 관련 서적과 차별화되는 이 책의 특징은 크게 두 가지로 요약될 수 있다. 첫째, 기업이나 기관의 조사를 담당하는 실무자뿐만 아니라 조사에 관심이 있거나 조사를 활용해야 하는 대학생이나 일반인들도 볼 수 있도록 쉽고 간편하게 구성하였다는 점이다.
 기존의 서적들이 어려운 용어나 수식을 들어 설명하는 내용을 이 책에서는 가급적 쉬운 용어로 쉽게 설명하고자 하였다. 둘째, 철저하게 실무 위주로 구성되어 있다. 기존 서적들이 이론 위주로 구성되어 실무에 바로 적용하기 어려운 반면, 이 책은 실무에 바로 적용할 수 있도록 조사실무에서 활용되는 실무노하우 및 사례 위주로 구성되었다.

 현재 기업이나 기관, 단체 등에서 마케팅 관련 업무를 담당하는 실무자, 조사에 관심이 있거나 현실적으로 활용해야 하는 대학생이나 일반인들에게 이 책은 조사를 제대로 알게 하고 실무에 바로 활용할 수 있게 해 주는 역할을 할 것이라고 확신한다.

이 책을 보면서 한 가지 유의할 점은 제시된 모든 실무적인 내용은 가장 일반적인 상황을 기준으로 한다는 것이다. 마케팅에 정답이 없는 것처럼 마케팅조사도 조사목적, 예산과 기간, 해당 산업이나 업종, 기업이나 기관이 현재 처한 상황 등에 따라 동일한 문제에 대해 매우 다양한 시각에서 다양한 방법으로 접근할 수 있다. 이 책은 실무에서 가장 널리 활용되는 내용들을 담고 있으므로 기업이나 기관이 처한 개별적이거나 특수한 상황에 완벽하게 적용되는 데는 한계가 있다는 점을 이해해 주기를 바란다.

마지막으로 이 책이 나오기까지 많은 노력을 해 주신 한국학술정보(주) 관계자들께 진심으로 감사드리며, 항상 곁에서 믿고 지원해 주는 든든한 후원자인 사랑하는 나의 아내 희진님과 바쁘다는 핑계로 많은 시간을 같이 못 보내 주는 아빠를 잘 이해해 주는 여섯 살짜리 아들 재환에게 이 책을 바친다.

2010년 1월

조사쟁이 하지철

차/례/

STEP 01

마케팅조사
이해하기

C · O · N · T · E · N · T · S

마케팅조사
유형별로 살펴보기

마케팅조사
제대로 활용하기

C · O · N · T · E · N · T · S

STEP 01 마케팅조사 이해하기

STEP 02 마케팅조사 유형별로 살펴보기

STEP 03 마케팅조사 제대로 활용하기

마케팅조사 이해하기

1. 조사란 무엇인가?
2. 마케팅조사 vs. 시장조사 vs. 컨설팅
3. 마케팅조사의 역할과 한계점

마케팅조사의 기본개념을 이해하고 시장조사 및 컨설팅과의 차이점을 파악하며, 마케팅조사의 역할과 한계점에 대해 알아봄으로써 마케팅조사를 올바르게 이해한다.

마케팅조사 이해하기

1. 조사란 무엇인가

처음 만난 사람들에게 '조사업무'를 한다고 소개하면 한 번에 이해를 하는 사람도 있으나 정확하게 어떤 조사를 의미하는지 몰라서 의아한 눈으로 쳐다보는 사람들도 종종 있다. 우리말로 조사라는 용어는 다양한 의미를 담고 있어 구체적으로 어떤 조사를 의미하는지 잘 모를 수 있고, 일부 사람들에게는 뒷조사, 범죄조사, 세무조사 등과 같은 부정적인 의미로 조사라는 말이 인식되기 때문일 것이다.

네이버 국어사전에서는 조사(調査)를 '사물의 내용을 명확히 알기 위하여 자세히 살펴보거나 찾아봄'이라고 정의하고 있으므로 이를 바탕으로 할 때 조사라는 용어는 경찰/검찰의 범죄 관련 조사, 국세청의 세무 관련 조사, 사설탐정 회사에서 수행하는 각종 뒷조사, 각종 연구기관에서 관련 자료를 바탕으로 연구하는 조사연구, 시장의 변화나 성장을 추적/예측하는 시장조사, 마케팅과 관련된 문제해결을 위해 소비자를 대상으로 하는 조사 등 매우 다양한 유형을 모두 포괄하고 있다고 할 수 있다.

조사의 유형

경찰/검찰/세무조사	연구기관의 조사연구	마케팅조사
범법행위를 밝히기 위해 범죄 사실에 대한 증거(2차 자료) 수집 및 범법자의 자백을 받기 위한 대면조사(1차 자료) 실시	정부나 기업/기관의 정책/전략 수립을 위해 국민/소비자를 대상으로 수집한 1차 자료 및 경제/산업/제도 등과 같은 2차 자료 수집	기업이나 기관의 마케팅 관련 의사결정에 필요한 자료를 소비자 혹은 고객을 대상으로 질문 혹은 관찰을 통해 수집(1차 자료)

조사의 영어표현인 리서치(Research)라는 단어는 마케팅조사나 사회조사뿐만 아니라 증권업계에서 기업들의 매출, 이익 등의 각종 재무성과와 시장에서의 경쟁력, 향후 발전 전망 등을 분석하는 의미로도 널리 사용되고 있다.

증권업계에서의 리서치 용어 사용 예시

[웰빙포트폴리오 3월호] 〈이 상품 어때요〉 동원증권 '리서치파워 90'

동원증권의 적립식 펀드인 '트루 프렌드(True Friend) 행복 쌓기 리서치파워 90'은 지난 4년간 자체 리서치 본부의 추천주 중 수익률 1위를 기록한 종목을 근간으로 모델 포트폴리오를 구성했다. 다시 말해 리서치 센터의 분석 능력을 바탕으로 수익률이 시장 평균을 뛰어넘을 수 있도록 심혈을 기울였고 실제 수익률도 높은 게 특징이다.

서울경제, 2005년 3월 2일

현재는 한국투자증권으로 사명이 바뀐 동원증권은 과거 업계에서 리서치 능력이 뛰어난 회사로 인식되어 있었다. 과거 동원증권이 자사의 리서치 우수능력에 대한 평판을 활용해 상기 예시와 같이 '리서치파워 90'이라는 펀드상품까지 만들어 판매하기에 이른다.

이처럼 조사 혹은 리서치라는 용어는 다양한 의미로 사용되고 있다. 본서에서는 이러한 여러 의미의 조사들 중 소비자 혹은 고객을 대상으로 실시하는 마케팅조사에 대해서 다루기로 한다.

2. 마케팅조사 vs. 시장조사 vs. 컨설팅

실무에서 활용하는 마케팅조사는 사전적 의미로 '시장조사'로서 '상품 및 마케팅과 관련되는 문제에 관한 자료를 계통적으로 수집, 기록, 분석하여 과학적으로 해명하는 일(두산백과사전)'로 정의된다. 여기서 '자료'는 각종 경제/산업지표와 같이 기존에 만들어진 2차 자료(Secondary Data)와 특정 목적을 위해 소비자나 고객 등을 대상으로 직접 수집하게 되는 1차 자료(Primary Data)를 모두 포함한다.

1차 자료	특정목적을 위해 연구자가 직접 만드는 자료를 말한다. 소비자나 고객을 대상으로 한 마케팅조사가 대표적인 예라고 할 수 있다. 단, 마케팅조사 자료라 하더라도 연구자가 특정목적을 위해 직접 만든 것이 아니라 기존에 있던 자료라면 이는 2차 자료가 된다. 예를 들어, 휴대폰 신제품을 개발하기 위한 아이디어를 도출하기 위해 조사를 실시하려고 할 때, 기존에 수행되었던 휴대폰 관련 각종 마케팅조사 자료를 먼저 참고한다면 이 참고자료들은 마케팅조사 자료이기는 하지만, 이번 목적을 위해 수집한 것이 아니라 기존에 만들어진 자료이므로 2차 자료의 성격을 띤다고 할 수 있다.
2차 자료	기존에 나와 있는 자료로서 연구자가 직접 만든 것이 아니라 기존에 만들어져 있는 자료들을 말한다. 각종 논문이나 책 등의 문헌자료, 국가나 연구기관에서 발행하는 각종 통계/연구자료 등이 대표적이다. 논문 등의 학술연구에서는 먼저 기존에 연구된 관련 자료(2차 자료)들을 수집해서 가설을 세우고 이를 검증하기 위해 직접 질문지를 만들어 조사를 실시하여 목적에 맞는 자료(1차 자료)를 수집하게 된다.

미국마케팅협회(AMA)에서는 마케팅조사를 '마케터와 소비자, 고객 그리고 대중을 시장/마케팅활동 관련 정보를 통해 연결하는 기능'으로 정의하고 있으며, 여기서 정보라는 것은 시장기회나 문제를 발견하고, 마케팅활동을 기획/평가하고, 마케팅성과를 관찰하는 데 활용되는 것을 의미한다.

사전적 의미로서의 마케팅조사는 매우 광범위하게 정의되고 있으나 마케

팅조사 실무에서는 소비자 혹은 고객을 대상으로 응답을 받거나 그들의 행동을 관찰하는 조사로 한정하고 있다. 실제로 TNS, 닐슨, 한국갤럽 등의 전문조사회사에서 제공하고 있는 조사용역서비스의 범위도 소비자나 고객을 대상으로 실시하는 조사를 통한 1차 자료의 수집과 분석에 한정되어 있으며, 산업이나 업종, 시장과 관련된 2차 자료의 수집과 분석은 용역범위에 포함되지 않는 것이 일반적이다.

　전문조사회사와는 별도로 특정산업이나 업종의 시장현황이나 전망, 예측 등만을 전문적으로 분석하는 시장조사회사들이 존재하는데, 이들은 주로 각종 2차 자료 혹은 수요자를 대상으로 한 1차 자료를 수집하여 전체 시장의 현황파악, 변화추적, 수요전망과 예측 등을 전문적으로 수행한다. 세계 반도체 시장현황 및 전망을 분석하는 Future Horizons나 iSupply사, 세계 자동차 시장 전문 예측기관인 CSM Worldwide와 같이 IT, 가전, 자동차, 에너지 등 특정산업의 시장만을 전문적으로 다루는 업체들이 시장조사회사의 대표적인 예라고 할 수 있다.

맥킨지나 보스턴, 베인앤컴퍼니와 같은 외국계 컨설팅 회사들은 2차 자료와 더불어 전문조사회사에 의뢰하여 소비자 혹은 고객을 대상으로 1차 자료를 수집하고 이를 기업 내부의 각종 자료와 통합적으로 분석해서 해당 기업에 보다 구체적인 솔루션을 제공한다.

예를 들어, 어떤 기업에서 새로 개발한 신제품 출시를 위해 조사/컨설팅 용역을 의뢰한다고 가정해 보자. 전문조사회사에서는 잠재타겟 소비자나 고객을 대상으로 조사를 실시해서 이 신제품에 대해 잠재소비자나 고객들이 느끼는 장/단점, 구매의향 등을 분석한 정보를 의뢰한 기업에 제공하게 되며, 그 기업에서는 이 정보들을 바탕으로 향후 신제품 출시 전략과 관련된 의사결정을 하게 된다. 이때 기업은 소비자/고객 조사결과와 더불어 현재 해당 기업이 가지고 있는 시장에 대한 경험과 통찰, 현재의 기업 내부 상황 등을 종합적으로 고려하여 신제품 출시의 전략방향을 설정하고 구체적인 계획도 수립하게 된다.

시장현황이나 전망만을 전문적으로 분석하는 시장조사회사에서는 이 신제품이 속한 시장의 과거/현재의 전체 규모 및 향후 수요 전망 등을 분석한 보고서를 정기적으로 작성하여 제공하므로 기업에서 이러한 정기 보고서를 구입하여 향후 신제품 출시 전략에 필요한 의사결정을 위한 기초자료로 활용할 수 있다. 단 시장조사회사에서는 전문조사회사와는 달리 수요자나 전문가를 대상으로 조사를 실시해서 수집하는 정보뿐만 아니라 시장 전체 규모(예: 매출)와 전망, 경쟁현황과 기술발전 등에 대한 자료를 종합적으로 분석한다. 따라서 전문조사회사는 소비자 혹은 고객 관점에서의 구체적인 정보를 제공하는 반면, 시장조사회사는 주로 시장의 매출과 같은 양적 측면과 관련된 정보를 제공한다. 기업에서 시장조사회사의 보고서를 활용하는 경우 신제품에 대한 소비자 반응조사를 별도로 실시하여 전략 수립에 활용해야 한다.

컨설팅회사에서 신제품 출시를 위한 컨설팅 용역을 수행한다면 잠재고객들의 신제품에 대한 태도와 구매의향과 같은 고객 관점, 신제품이 속한 시장의 과거/현재 현황과 향후 전망 등의 시장관점, 그리고 해당 기업의 각종 내부 자료 및 현재 상황 등에 대한 자료를 종합적으로 수집·분석하여 신제품의 구체적인 출시방향과 전략 및 액션플랜을 제공한다. 컨설팅회사에서는 전문조사회사의 고객조사 자료와 시장조사회사의 시장조사 자료, 그리고 기업 내부 자료를 모두 활용하여 신제품 출시전략과 구체적인 방향 및 계획 등을 제공한다.

실제로 IT, 전자, 금융, 유통 등의 산업에서는 신제품/서비스 출시나 CRM 등과 같은 마케팅전략 수립과 실행을 위해 맥킨지, 보스턴 등과 같은 컨설팅회사를 널리 활용하고 있다. 은행, 증권, 보험 등의 금융산업에서는 고소득층, 전문직 등과 같은 특정타겟 고객들을 대상으로 한 신상품/서비스 개발과 출시 혹은 시장세분화를 통한 CRM전략의 수립과 실행을 위해 컨설팅회사에 의뢰하는 경우가 많다. IT, 가전 등의 정보통신/전자산업에서도 신제품/서비스 출시나 각종 마케팅 전략의 수립과 실행을 위해 컨설팅회사를 활용한다. 국내 일부 대기업에서는 그룹 차원에서 컨설팅회사와 연간계약을 맺어 그룹계열사에서 필요할 때마다 컨설팅을 활용할 수 있도록 하는 경우도 있다.

맥킨지 컨설팅 사례

선도 통신 회사 가격 전략 수립

고객사 상황
통신 시장이 점차 포화상태가 되고 경쟁이 점차 치열해짐에 따라 고객사는 '가격 전쟁'의 가능성에 노출되어 있었습니다. 이에 따라 고객사에 있어 가격 결정은 가장 중요한 의사결정 사항 중의 하나가 되었습니다. 만약 가격을 지나치게 낮춘다면 가치의 상당 부분을 포기해야 하는 것을 의미했으며 반대로 가격이 비싸다고 고객이 인식하게 될 경우는 가입자들의 이탈을 막을 수 없는 진퇴양난의 어려운 상황에 처해 있었습니다.

프로젝트 내용
프로젝트는 비교적 단기간에 실행으로 들어갈 수 있도록 빠른 속도로 진행되었습니다. 프로젝트의 시작 시점에서부터, 프로젝트팀은 수익성, 경쟁사의 대응력, 고객의 인식 등을 고려하여 고객사가 취할 수 있는 대안들을 분석하였습니다.

시장 조사 결과와 사실에 입각한 여러 분석 작업 결과 및 사업적 판단을 종합하여 프로젝트팀은 수주 만에 고객사가 고려할 수 있는 일련의 대안들을 마련할 수 있었습니다. 그리고 어느 대안을 선택할 것인지를 결정한 후에 프로젝트팀은 IT/시스템 그룹과 협력하여 프로젝트 계획을 실행에 옮기고, 영업/마케팅 그룹과 협력하여 사업 계획을 커뮤니케이션하고, 재무팀과 공동으로 실행의 파급효과를 Tracking/측정하였습니다.

상기와 같이 컨설팅회사는 문제에 대한 원인 파악과 구체적인 해결 방안의 도출과 실행에 이르기까지의 모든 과정에 대한 서비스를 제공하게 되며, 이를 위해 컨설턴트들은 의뢰회사에 용역기간 동안 상주하면서 기업 내부의 각종 자료들을 참고하고 실무자들과의 협업을 통해 업무를 수행하게 된다.

지금까지 살펴본 바와 같이 현재 사전적 의미에서의 마케팅조사와 관련된 용역서비스를 제공하는 회사들은 크게 전문조사회사, 시장조사회사 그리고 컨설팅회사로 구분해 볼 수 있다. 전문조사회사는 주로 고객/소비자를 대상으로 1차 자료를 수집하여 원인 분석 및 현상 파악에 대한 정보 제공, 시장조사회사는 실수요자나 전문가를 대상으로 한 1차 자료의 수집/분석과 더불어 각종 경제/산업 관련 지표인 2차 자료 분석을 통한 시장 전망과 예측에 대한 정보 제공, 컨설팅회사는 전문조사회사와 시장조사회사를 통해 도출되는 1차 및 2차 자료와 더불어 기업 내부 자료를 바탕으로 특정 이슈나 문제에 대한 솔루션 제공이 각각의 주요 서비스 영역이라고 할 수 있다.

전문조사회사, 시장조사회사, 컨설팅회사의 특징 비교

구 분	전문조사회사	시장조사회사	컨설팅회사
주요 회사들	닐슨, TNS, 갤럽	Future Horizons, CSM Worldwide	맥킨지, 보스턴, 베인앤컴퍼니
주요 용역범위	1차 자료 수집과 분석을 통한 원인/현상 파악에 대한 정보 제공	1차/2차 자료 수집/분석을 통한 시장현황, 전망과 예측 자료 제공	1차/2차 사료 및 기업 내부 자료 분석을 통한 문제해결 및 솔루션 제공
주요 용역유형	맞춤용역	일반시장보고서, 맞춤용역	맞춤용역
용역예산	상대적으로 적음	상대적으로 많음	상대적으로 많음

주) 전문조사회사와 시장조사회사를 구분하는 공식적인 명칭은 없으며, 현재 실제로 주로 쓰이는 용어를 기준으로 저자가 임의로 부여한 것임.

3. 마케팅조사의 역할과 한계점

(1) 마케팅조사의 역할

조사실무를 하다 보면 가끔씩 전문조사회사에 조사만 의뢰하면 모든 문제가 다 해결될 수 있을 것이라고 생각하는 사람들을 만나게 된다. 즉 당면한 문제에 대해 조사만 하면 해결책이 나올 것으로 기대하여 조사를 의뢰하려는 경우가 종종 있다.

그러나 앞서 살펴보았던 것처럼 전문조사회사에서 수행하는 마케팅조사는 주로 소비자나 고객을 대상으로 한 것이므로 용역의 범위가 문제해결에 대한 솔루션 제공이 아니라 문제의 원인 및 현상 파악으로 한정되게 된다. 즉 소비자나 고객을 대상으로 한 마케팅조사를 통해 당면한 이슈나 문제에 대한 원인이나 현상은 파악할 수 있지만, 그에 대한 해결책은 조사 자체로는 도출될 수 없다. 왜냐하면 문제의 원인이나 현상은 정해져 있지만, 이를 해결하기 위한 대안은 매우 다양해질 수 있으며, 문제해결을 위한 대안의 선택은 조사결과 자체가 아니라 조사결과를 활용하는 기업이나 기관 내부의 몫이기 때문이다.

예를 들어, 패밀리 레스토랑 시장에서 A 브랜드의 경쟁력 파악을 위한 조사를 실시한 결과 A 브랜드가 B 브랜드에 비해 인지도가 떨어지고, 친근과 신뢰 측면에서의 이미지 또한 경쟁에 비해 열세인 것으로 분석되었다고 가정해 보자. 여기서 B 브랜드 대비 A 브랜드의 인지도 및 친근/신뢰 이미지 열세는 조사결과로 도출된 사실(fact)이지만, 이를 극복하기 위한 해결책은 기업이 처한 위치나 상황, 시장에서의 목표, 가용한 마케팅 자원에 따라 매우 다양해질 수 있다.

동일한 주제에 대해 동일한 질문과 동일한 설계로 마케팅조사를 진행하게 되면 조사를 의뢰한 기업이나 기관과 조사용역을 수행하는 전문 조사회사가 어디든 간에 거의 동일한 조사결과가 산출되게 된다. 즉 패밀리 레스토랑 브랜드들의 경쟁력 조사라는 동일한 이슈로 조사를 진행한다면 조사의뢰처나 수행처에 상관없이 B 브랜드와 비교한 A 브랜드의 경쟁력에 대한 조사결과는 크게 다르지 않을 것이다.

반면, A 브랜드의 브랜드 경쟁력 강화를 위한 마케팅전략은 의사결정의 방향에 따라 매우 다양해질 수 있다. 예를 들어, A 브랜드가 1위 브랜드와 치열하게 경쟁하는 2위 브랜드이며 마케팅활동에 투입할 수 있는 자원 또한 많다면 잠재타겟 전체를 대상으로 한 광고·판촉 등 다양한 방법을 동원할 수 있을 것이다. 하지만, 만약 A 브랜드가 시장에 진입한 지 얼마 되지 않은 후발주자이면서 마케팅 자원도 한정되어 있다면 우선 특정타겟만을 대상으로 하여 제한된 광고/홍보 활동을 전개해나갈 수도 있을 것이다. 또한 A 브랜드가 궁극적으로 추구하는 브랜드 이미지가 무엇이냐에 따라서도 동일한 조사결과에 대한 마케팅 전략 방향은 달라질 수 있는 것이다.

SONY의 마케팅조사결과 활용사례

소니사가 휴대용 카세트 플레이어를 개발하기 위해 소비자 선호도 조사를 실시하였는데 녹음기능이 없는 카세트 플레이어는 고객들이 구매하지 않을 것으로 조사결과 나타났다. 하지만 당시 아키오 모리타 소니회장은 녹음기능이 없는 워크맨을 출시했고, 결과는 대성공이었다. 소니를 비롯한 마쯔시다, 도요타 등의 일본 기업들은 출고, 재고량, 매출 등의 hard data와 더불어 딜러나 유통점주들을 방문하여 얻게 되는 soft data가 소비자의 의향이나 행동을 더 잘 반영한다고 믿는다.

"Market Research the Japanese Way", *Harvard Business Review*, May – June, 1987, p.16.

실제 동일한 조사결과를 가지고 어떤 기업은 시장에서 성공하는 반면, 또 다른 기업은 실패하는 경우가 매우 흔한 일이며, 마케팅조사의 결과가 시장에서의 성공이나 실패를 보장하지는 못한다. 만약 마케팅조사가 모든 문제에 대한 솔루션을 제공한다면 마케팅조사를 실시하는 모든 기업이나 기관은 성공해야 하지만 현실은 그렇지 않다는 사실을 우리는 잘 알고 있다.

마케팅이론의 대가라고 불리는 필립 코틀러(Philip Kotler)도 그의 저서인 *Marketing Principle*에서 마케팅조사(Marketing Research)를 '조직이 직면하는 특정 마케팅상황과 관련된 자료의 체계적인 설계, 수집, 분석, 보고와 관련된 활동'으로 정의하면서 마케팅조사의 역할을 '마케터들이 고객만족과 구매행동을 이해하는 데 도움을 주며, 기업의 관리자가 시장잠재력 및 시장점유율을 평가하고, 가격·제품·유통·촉진 활동의 효과를 진단하는 것을 도와주는 것'으로 한정하고 있다.

따라서 마케팅조사를 통해 무엇이 문제인지에 대한 원인이나 현상을 파악할 수는 있으나 해결을 위한 전략의 도출과 실행에 대한 의사결정은 기업이나 기관 등에 따라 달라질 수밖에 없으므로 의사결정을 위한 기초자료를 제공하는 것이 마케팅조사의 주요 역할이라고 할 수 있다.

(2) 마케팅조사의 한계점

마케팅조사는 현재 우리가 소비자나 고객의 인식, 태도 혹은 행동을 파악하기 위해 활용할 수 있는 가장 좋은 대안이기는 하지만, 실무를 하다 보면 사회과학이 가지는 다양한 한계점이 있다는 점을 느끼게 된다. 마케팅조사의 한계점을 다음과 같이 정리해 보았다.

가. 합리적인 소비자

마케팅조사에서 소비자나 고객에 대해 가지는 기본적인 가정은 미시경제학에서의 합리적 소비자이다. 즉 소비자는 제품/서비스를 구매(이용)하려고 할 때 이성적이고 합리적으로 판단하고, 브랜드나 대상에 대한 소비자의 태도 또한 합리적인 과정을 거쳐 형성된다고 가정하는 것이다. 그래서 조사실무에서 소비자에게 응답을 받기 위한 질문지 구조나 항목들을 구성할 때도 이러한 가정을 바탕으로 논리적인 흐름으로 전개를 하게 된다. 하지만 실제 소비자나 고객을 대상으로 실시한 응답결과를 분석하다 보면 논리적으로 앞뒤가 맞지 않는 경우를 흔히 볼 수 있다.

마케팅에서는 소비자들이 어떤 브랜드에 대한 호감도나 만족과 같은 태도를 형성할 때 여러 가지 요인들이 복합적으로 작용을 한다고 가정하나, 고객에 따라서 이러한 가정은 맞지 않을 수 있다. 고객만족도조사를 실시할 때 전반적 만족/불만족을 형성하는 데 여러 요인들이 복합적으로 영향을 미친다고 기본적으로 가정하여 품질 요인, 인적서비스 요인, 물리적 환경 요인, 이미지 요인 등의 여러 요인들에 대한 만족도를 먼저 평가하게 한 후 전반적 만족/불만족을 묻게 된다. 이 경우 기본적인 가정은 품질, 인적서비스, 물리적 환경, 이미지 등의 선행요인이 고객의 전반적 만족/불만족을 형성하는 데 골고루 작용한다는 것이나, 실제 일부 고객들은 이들 중 단지 한두 가지 요인의 특정 세부 항목만으로 전반적 만족/불만족을 형성하게 된다.

예를 들어, 은행 지점을 이용하는 고객을 대상으로 고객만족도조사를 실시했을 때, 어떤 고객의 경우 해당 지점에서 오래전에 경험한 직원의 업무처리 미숙에 따른 손해 혹은 직원과의 마찰에 따른 불만으로 인해 다른 모든 항목에 대해 만족하더라도 직원 불친절 항목 때문에 전반적 만족/불만족 평가에서 매우 불만족으로 평가하는 비합리적인 경우도 있을 수 있다.

  조사실무에서는 이러한 현상이 발생하면 통계학에서 사용하는 'Outlier'라는 개념을 적용하여 해당 응답자의 응답내용을 분석에서 제외하는 경우가 많지만, 응답한 고객의 입장에서는 나름대로 그렇게 비합리적으로 응답한 합당한 이유가 있는 것이다. 이처럼 현실에서 실제 소비자나 고객의 태도 형성 과정 혹은 실제 행동은 보다 감성적이고, 비합리적으로 이루어지는 경우가 많지만, 우리가 활용하는 마케팅조사에서는 이러한 현실을 반영하지 못한다.

나. 무의식/잠재의식의 파악

  마케팅조사의 또 다른 한계점은 소비자나 고객의 무의식이나 잠재의식은 파악할 수 없다는 점이다. 면접방식을 통해 소비자들에게 구매의사결정에 어떤 것이 가장 큰 영향을 미치느냐고 물으면 대부분이 가격이라고 응답하지만, 실제 구매 시에는 가격이 아닌 브랜드 이미지 등과 같은 감성적 요소에 더 크게 영향을 받게 되며, 소비자나 고객들이 조사에 응답한 내용과 실제 행동이 달라지는 경우를 흔히 볼 수 있다. 응답자들에게 묻게 되는 모든 형태의 마케팅조사는 잠재의식/무의식을 파악할 수 없다는 한계점이 존재하는 것이다.

다. 마케팅조사의 후행적 성격

제품/서비스에 대한 구매의사결정, 브랜드에 대한 태도, 서비스 경험에 대한 평가 등 마케팅조사에서는 과거부터 조사시점까지의 소비자의 인식과 태도를 파악하는 데 초점이 맞추어져 있다. 신제품/서비스 조사에서는 현재를 기준으로 한 신제품/서비스 출시 후의 소비자의 반응을 묻기는 하지만, 이 역시 '현재'라는 전제가 붙는다.

기업이나 기관에서는 마케팅조사 결과를 향후 마케팅 전략방향을 수립하기 위한 의사결정자료로 활용하고 있지만, 실제 마케팅조사는 과거부터 현재까지의 시장변화에 대한 소비자 혹은 고객들의 인식과 태도만을 파악하게 되므로 마케팅 전략의 전개방향과 마케팅조사 결과 간에 시간차가 생기게 된다. 보다 구체적인 예를 들어 이러한 시간차가 유발할 수 있는 문제점을 살펴보자.

경쟁이 치열한 시장에서 두 개의 경쟁 브랜드가 동일한 시점에 각 브랜드에 대한 경쟁력 조사를 실시했다고 해 보자. 이 경우 비록 두 브랜드가 독립적으로 조사를 실시했다 하더라도 동일한 시장에서 동일한 타겟을 대상으로 경쟁하므로 브랜드 경쟁력에 대한 마케팅조사 결과는 크게 다르지 않을 것이다. 조사결과를 바탕으로 두 브랜드 모두 자사 브랜드의 강점을 강화하고 경쟁브랜드 대비 단점을 보완하는 방향으로 마케팅전략을 전개한다면 향후 두 브랜드 모두 마케팅활동의 성과는 크지 않을 가능성이 높다. 왜냐하면 서로 자신들의 강점을 강화하고, 경쟁대비 단점을 보완하는 활동에 초점을 두었을 것이므로 시장에서 두 브랜드의 경쟁력은 이전과 비슷하게 될 것이기 때문이다. 안타깝게 도 마케팅조사는 과거부터 현재까지 마케팅 활동의 결과로 나타나는 소비자 인식과 태도는 파악할 수 있지만, 향후 일어날 시장의 변화에 따른 소비자 행동의 변화까지는 파악할 수 없기 때문이다.

신제품/서비스 조사에서도 이런 현상이 나타난다. 신제품/서비스 조사 에서는 '현재'의 시장상황을 기준으로 소비자나 고객들의 신제품/서비 스에 대한 반응을 파악하게 되지만, 신제품/서비스가 향후 시장에 출시 되었을 때 현재와 시장상황이 동일할 가능성은 크지 않을 것이므로 이 신제품/서비스에 대한 소비자 반응은 조사시점에서 응답했던 것과 달라질 수밖에 없을 것이다. 신제품/서비스의 성공률을 높이기 위해 고 안된 다양한 조사기법과 기술에도 불구하고 지난 20년간 시장에 출시 된 신제품/서비스의 평균적인 성공률은 20%밖에 되지 않는다는 사실이 신제품/서비스 조사가 가지는 후행적 성격의 한계점을 방증하고 있다고 할 수 있을 것이다.

라. 응답자의 기억에 의존

너무 당연한 것이기는 하나 질문형태로 이루어지는 모든 조사는 응답자의 기억에 의존하게 되므로 기억력의 한계 혹은 오인지 등에 의해 응답 자체가 오류를 내포할 가능성이 매우 높다. 또한 민감하거나 개인적인 주제에 대한 질문에 대해서는 응답자가 의도적으로 실제와는 다르게 응답을 하는 경우도 존재한다. 구매금액이나 횟수 등과 관련된 질문이 응답자들로 하여금 기억의 한계에 따른 정확하지 못한 응답을 하게 하는 대표적인 예이며, 소득이나 재산, 이혼여부 등 개인 사생활과 밀접한 관련이 있는 질문들에 대해서는 응답자들이 의도적으로 실제와 다르게 응답할 가능성이 매우 높다.

식음료와 같은 FMCG산업에서 제품에 대한 이용실태를 조사할 때 구매횟수, 1회 구매금액 등에 대한 응답내용을 바탕으로 전체 시장규모를 추정하는 경우가 많으나 이는 해당 시장에서의 실제 매출과는 차이가 있을 수 있다. 이러한 이유로 마케팅 학자들은 소비자조사를 통해 도출된 구매빈도나 금액과 관련된 내용들은 신뢰하지 않으며, 연구에도 활용하지 않는다. 하지만 현실적으로 소비자조사가 아닌 다른 방법으로 해당 시장의 전체 규모를 추정할 수 없는 경우가 많아 실무에서는 자주 활용되고 있다.

이처럼 마케팅조사는 소비자나 고객에 대해 가지는 기본가정, 현실적인 조사방법론 및 조사시점, 응답자 기억에 의존 등의 문제로 인해 근본적인 한계를 가질 수밖에 없다. 따라서 마케팅조사를 활용하고자 할 때는 사전에 마케팅조사의 역할과 한계점에 대해 분명히 인식할 필요가 있다.

STEP 01 마케팅조사 이해하기
STEP 02 마케팅조사 **유형별로 살펴보기**
STEP 03 마케팅조사 제대로 활용하기

마케팅조사 유형별로 살펴보기

1. 일반적인 분류기준
2. 실무에서 활용되는 마케팅조사 분류기준

마케팅조사의 여러 유형들을 알아보고 실제 실무에서 활용되는 조사 유형을 산업에 따라 크게 두 가지로 구분해 살펴봄으로써 산업별로 적용할 수 있도록 한다.

마케팅조사 유형별로 살펴보기

이제부터는 마케팅조사가 어떻게 분류되고 있는지에 대해 살펴보자.

기존에 나와 있는 서적에서는 마케팅조사를 조사방법이나 마케팅활동에 따라 매우 다양한 유형으로 구분하고 있으나 실제 기업이나 기관에서는 이와는 다른 방식으로 분류하여 활용하고 있으므로 마케팅조사 유형을 기존 서적에서 제시하고 있는 일반적인 분류기준과 실제 실무에서 활용되는 분류기준으로 나누어 제시한다.

1. 일반적인 분류기준

현재 시중에 나와 있는 마케팅조사 관련 서적에서는 마케팅조사를 크게 조사방법별, 상품수명주기별, 마케팅 의사결정단계별 등에 따라 분류하고 있다.

(1) 조사방법별

　어떤 유형이든 간에 조사(調査)는 크게 사람에게 물어봐서 알고자 하는 것을 얻는 경우와 사람의 행동을 관찰하거나 해당 주제와 관련된 자료들을 찾아서 알아내는 경우 등 두 가지로 구분될 수 있다. 검찰조사는 해당 사건을 둘러싼 객관적인 자료를 압수수색 혹은 범행현장을 몰래 관찰하여 확보하거나 피의자나 피해자를 소환해서 직접 물어보는 심문조사를 통해 사건을 해결하는 것이 일반적이며, 여론조사, 선거조사, 사회조사 등 우리가 흔히 접하게 되는 조사들도 모두 특정 사안이나 이슈에 대한 사람들의 생각이나 반응을 설문형태로 직접 물어보거나 그들의 반응만을 관찰하는 조사를 실시하게 된다.

　마케팅조사도 조사의 방법에 따라 크게 정량(Quantitative)조사, 정성(Qualitative)조사, 관찰(Observation)조사로 구분할 수 있다. 정량조사에서 정량(定量)은 우리말로 '양을 헤아려 정함'이라는 의미를 가지고 있으므로 조사의 결과를 양적으로 표현하는 것을 말한다. 전화조사, 1 : 1 개별면접조사, 우편조사, 온라인 조사 등 비교적 많은 수의 응답자를 대상으로 조사한 내용을 집계하여 특정질문에 대한 응답이 몇 % 혹은 평균 몇 점 등과 같은 형식으로 분석하게 된다. 정량조사에서 가장 중요한 점은 바로 표본의 대표성이다. 즉 조사대상의 전체가 아닌 일부만을 표본으로 추출하여 조사를 진행하게 되므로 일부의 표본이 전체를 대표할 수 있어야 한다. 표본의 대표성을 나타내는 정도를 '표본오차'라고 하며, 모든 형태의 정량조사는 '표본오차'가 존재하게 된다. 우리가 흔히 언론에서 접하게 되는 각종 여론조사나 선거조사 등은 모두 정량조사라고 할 수 있으며, 일부만으로 구성된 표본으로 전체 대상의 의견을 파악할 수 있다는 점이 가장 큰 장점이라고 할 수 있다.

정량(定量)조사를 통해 어떤 현상이나 사실에 대해 객관화하거나 검증을 할 수는 있으나 그러한 현상이나 문제점에 대한 구체적인 원인이나 심층적인 정보를 얻는 데는 한계가 있다. 정성(定性)조사는 정량조사에서 파악할 수 없는 보다 구체적인 내용을 얻고자 할 때 활용된다. 정성(定性)은 '물질의 성분이나 성질을 밝히어 정함'의 의미가 있으며, 정량조사에서 도출될 수 없는 현상의 질(質)을 파악할 수 있다는 점이 정성조사의 가장 큰 장점이라고 할 수 있다.

대표적인 정성조사로는 FGD(Focus Group Discussion)와 In-depth Interview가 있으며, 소수의 응답자를 대상으로 비교적 장시간에 걸쳐 인터뷰를 하여 특정 이슈나 대상에 대한 응답자의 생각을 깊이 있게 파악하게 된다.

예를 들어 빵집 이용고객 200명을 대상으로 정량조사를 실시했더니 빵 맛과 다양성 부족이 주요 문제점으로 분석되었다고 해 보자. 이 문제를 해결하기 위해 빵집 주인이 알아서 빵 맛을 개선하고 빵 종류를 늘릴 수도 있지만, 정성조사를 통해서 빵집을 이용하는 고객들이 보다 구체적으로 어떤 요인 때문에 빵 맛이 떨어지고, 다양성이 부족하다고 생각하는지에 대한 원인을 파악해 볼 수 있다. 즉 이용고객을 대상으로 FGD나 심층인터뷰를 실시해서 구체적으로 빵 맛이 어떻게 떨어지는지

(빵의 질감, 단맛의 정도, 토핑/내용물의 문제 등), 빵 맛이 떨어지는 것은 어디서 느끼게 되는지(외관, 향, 진열 등), 빵 종류가 구체적으로 어떻게 다양하지 않은 것인지(절대종류가 부족한 것인지 혹은 고객이 좋아하는 것이 부족한 것인지 등)를 파악할 수 있다. 정량조사, 정성조사, 관찰조사의 특징과 장·단점을 정리해 보면 아래와 같다.

조사방법별 조사유형

구분	정량조사	정성조사	관찰조사
특징	다수의 응답자를 대상으로 질문을 하고 응답받은 내용을 집계하여 숫자로 표현	소수의 응답자를 대상으로 장시간 질문하여 도출한 내용을 문자(text)로 표현	응답자에게 직접 물어보지 않고 그들의 행동을 간접적으로 관찰한 내용을 집계하여 숫자로 표현
대표유형	전화조사, 1 : 1개별면접, 우편조사, 온라인조사	FGD, In-depth Interview	Direct Observation
장점	조사결과의 대표성 및 객관성 확보	현상에 대한 심층적인 원인이나 이유 파악 가능	언어로 표현되지 않는 무의식적 행동 파악 가능
단점	현상에 대한 구체적이고 심층적인 원인/이유 파악 불가	조사결과의 대표성 및 객관성 결여	행동의 이유나 원인 파악 불가
실무활용	사회/여론조사, 선거조사, 마케팅조사에서 널리 활용	질문항목 개발, 정량조사로 파악할 수 없는 경우, 시장 현황 혹은 정량조사 전후 보완조사로서 널리 활용	유통점, 매장 등에서의 소비자 행동 파악을 위해 제한적으로 활용

주) AAKER/KUMAR/DAY, *Marketing Research*, Seventh Edition, Wiley, pp.184-209.

정량조사와 정성조사는 다수 혹은 소수의 응답자를 대상으로 직접 질문을 해서 응답자의 생각을 알아낼 수는 있으나 실제 응답자의 행동을 확인할 수는 없다. 관찰(Observation)조사는 응답자들에게 직접 물어보는 것이 아니라 그들의 행동을 관찰하여 조사결과를 집계하게 된다. 관찰(觀察)은 '사물이나 현상을 주의하여 자세히 살펴봄'이라는 의미가 있으므로 응답자들이 특정 상황이나 장소에서 행동하는 바를 관찰하여 그들의 행동을 기록하는 것이다. 관찰조사는 관찰자 혹은 카메라를 활용해 매장에서의 고객 행동을 관찰하는 Direct Observation이 대표적이며, 실제 활용되고 있는 사례들은 다음과 같다.

 백화점, 할인점 등의 매장에서 보다 효율적인 매장동선이나 배치를 통한 매출 증대를 위해 소비자들의 구매행동을 관찰하는 조사를 실시한다. 『쇼핑의 과학』(*The Science of Shopping*)의 저자인 파코 언더힐이 지난 87년 매장에서의 관찰조사만을 전문적으로 수행하는 인바이로셀(Environsell)이라는 회사를 설립하여 현재까지 백화점, 할인점 등의 Retail산업뿐만 아니라 Finance, Food Service 등 여러 산업에서 다양한 형태의 관찰조사를 실시히고 있다.

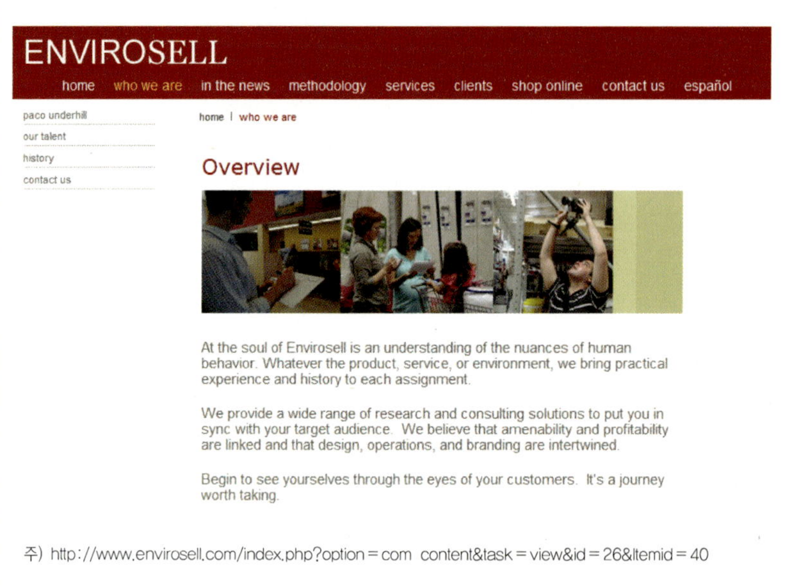

주) http://www.envirosell.com/index.php?option=com content&task=view&id=26<emid=40

  마케팅조사는 응답자들의 생각이나 행동에 대해 일정한 순서로 질문을 하여 응답을 받은 후 그 내용을 바탕으로 분석을 하게 된다. 그러나 유아들이나 미취학아동들은 자신들의 생각이나 느낌을 제대로 표현하지 못하므로 질문형태의 모든 조사는 적용할 수 없다. 유아완구의 대표브랜드인 피셔프라이스는 이러한 점을 감안해 관찰 랩이라는 별도의 관찰 룸을 만들어 신제품에 대한 아이들의 반응을 직접 관찰한다. 이 룸은 햇빛이 잘 들고 여러 장남감이 쌓여 있는 실내 놀이터처럼 만들어져 있어 아이들이 이 놀이터에서 노는 동안 담당자들이 장남감에 대한 아이들의 반응을 별도의 룸에서 관찰하게 된다.

주) Philip Kotler, Gary Armstrong 지음, 『Kotler의 마케팅 원리』, 안광호, 유장조, 전승우, 옮김, 제12판, 시그마 프레스, pp.138 – 139.

(2) 상품수명주기별

사람이 태어나서 성장하고 어느 정도 성숙하게 되면 노화가 시작되어 결국은 죽게 되는 것처럼 모든 제품이나 서비스도 처음 시장에 도입이 되어 성장하다가 어느 시점이 되면 최고점을 누리고 결국은 시장에서 사라지게 된다는 점에서 수명주기(Product Life Cycle)를 가지게 되며, 이러한 수명주기에 따라 마케팅조사의 유형을 구분할 수 있다. 마케팅조사는 마케팅 의사결정을 위한 정보를 제공하는 것이 주요 목적이므로 상품수명주기 단계별로 수행되는 마케팅 활동에 따라 마케팅조사가 보조를 맞추는 것이다.

자동차가 출발한 후 계속 주행하는 단계보다 정지상태에서 출발하는 단계에서 에너지 소비가 많은 것처럼 신제품/서비스가 시장에서 성공하기 위해서는 출시 후보다 출시 전 활동이 매우 중요하므로 수명주기별 마케팅조사는 주로 신제품/서비스 출시 전에 초점이 맞추어져 있다. 아래 표에 제시된 3가지 단계 중 1, 2단계는 신제품/서비스 출시 전, 3단계는 출시 후를 위한 조사유형들이다.

제품/서비스의 수명주기는 성장단계에 따라 크게 도입기(Introduction), 성장기(Growth), 성숙기(Maturity), 쇠퇴기(Decline)로 나눌 수 있으며, 마케팅조사는 이들 단계 중 쇠퇴기를 제외한 3가지 단계에서 중점적으로 활용된다.

단계	세부단계	주요 Issue	조사유형
1단계	기회파악 (Opportunity Identification)	시장정의 아이디어 창출 시장세분화 포지셔닝	사용구매행태조사(Attitude & Usage Survey) 시장세분화조사(Segementation Survey) 시장구조조사(Market Structure Survey) 경쟁포지셔닝 조사(Competitive Positioning Survey)
	신상품 설계 (Design of New Product)	고객니즈 발견 수요예측 마케팅 믹스	신제품 컨셉수용도 조사(Concept Test) 신제품 포지셔닝 조사(Product Positioning Survey) 신제품 수요예측 조사(Demand Forecasting Survey) 신제품 가격탄력도 조사(Price Test) 신제품 최적상표/디자인 조사(Naming/Package Test)
2단계	신상품테스트 (Test of New Product)	광고테스트 제품테스트 예비시험시장	광고 시안 평가조사(Advertising Creative Test) 신제품 판매예측 조사(Sales Forecasting Survey) 신제품 시험테스트
3단계	신상품 도입 (Launching of New Product)	출시계획 수립 출시과정	광고 효과 측정조사(Advertising Effect Survey)
	제품수명주기 관리 (Life Cycle Management)	시장반응분석 경쟁전략	브랜드 자산가치조사(Brand Equity Survey) 고객만족도조사(Customer Satisfaction Survey)

(3) 마케팅 의사결정단계별

마케팅조사의 궁극적인 목적이 당면한 마케팅 문제를 해결하는 데 필요한 기초자료 제공에 있으므로 마케팅 문제를 해결하기 위한 의사결정의 단계에 따라 조사유형을 구분해 볼 수 있다. 즉 마케팅 의사결정단계를 크게 문제인식 – 방향설정 – 행동안 확정 – 평가 및 개선 등

4가지 단계로 구분하고, 문제인식 및 방향설정 단계에서는 탐색조사를, 방향설정 후 행동안 확정단계에서는 전략조사를, 그리고 행동안 확정 후 활동에 대한 평가 및 개선을 위해서는 추적조사를 실시할 수 있다.

예를 들어, 아이스크림 전문점 매장을 운영하고 있는데 매출이 점점 떨어진다고 가정해 보자. 우선 FGD나 U&A(이용실태)와 같은 조사를 실시해서 원인을 파악하여 조사결과 도출된 문제의 원인을 해결하기 위해 아이스크림 신상품을 출시하기로 결정하였다. 신상품을 출시하기 전 이에 대한 소비자 반응을 파악하기 위해 아이스크림 신상품에 대한 컨셉테스트를 실시하였더니 신상품 컨셉에 대해 소비자들의 반응이 좋아 이를 바탕으로 최종 출시전략을 수립한 후 판매를 시작하였다. 마지막으로 신상품 판매를 시작한 이후 이용고객들이 제품이나 매장서비스에 대해 얼마나 만족하는지를 지속적으로 체크하기 위해 추적조사인 고객만족도조사를 실시해서 고객의 만족여부 및 불만사항을 파악하여 개선활동을 전개하게 된다.

이처럼 실제 마케팅 활동을 수행하는 과정에서 발생하는 문제에 대한 의사결정 유형에 따라서 조사를 구분해 볼 수 있다.

구 분	조사유형	내 용
탐색조사	FGD	문제의 파악 혹은 아이디어 도출을 위한 예비조사로서 수행
	U&A조사	전체 시장관점에서 소비자의 인식과 태도, 브랜드별 포지셔닝의 파악을 통한 시장현황 파악
전략조사	시장/점포실험	마케팅믹스(가격, 촉진)에 대한 소비자 반응을 사전에 파악하여 향후 매출, 시장점유율의 사전 파악
	컨셉/제품테스트	제품컨셉나 시제품에 대한 소비자 반응을 파악하여 컨셉/제품수정 및 시장에서의 성공가능성, 포지셔닝 파악
	광고카피테스트	광고 런칭 이전에 광고 안에 대한 평가를 통해 최적안 선정
추적조사	브랜드추적조사	브랜드 인지도, 이미지 등에 대한 추적조사를 통해 브랜드를 지속적으로 관리
	광고추적조사	집행된 광고에 대한 효과를 추적 조사하여 광고목표 달성 여부 및 전략의 수정
	고객만족조사	서비스 및 내구재 브랜드에 대한 기존고객의 만족도를 파악하여 제품/서비스품질을 개선

주) 김근배, 『의사결정을 위한 마케팅조사론』, 무역경영사, 2005, pp.7 - 15.

2. 실무에서 활용되는 마케팅조사 분류기준

실제 마케팅 실무에서는 마케팅조사를 구체적으로 어떻게 활용하는지 살펴보도록 하자. 산업 혹은 업종에 따라 활용되는 마케팅조사 유형은 크게 달라진다. 상대적으로 신제품개발이 빈번한 FMCG(Fast Moving Consumer Goods, 식음료나 담배 등) 업종에서는 신제품/서비스개발 프로세스에 따른 조사를 주로 활용하고 있는 반면, 내구재, 금융, 정유, 서비스 업종에서는 조사결과의 활용목적에 따라 구분하는 것이 일반적이다.

실무에서 활용되는 마케팅조사 분류기준

구 분	신제품/서비스 개발단계별	조사결과의 활용목적별
특징	제품/서비스 수명주기(Product Life Cycle)에 따른 조사체계 구성	조사목적 및 기업의 조직구조에 따른 구성
적용산업	제품/서비스 수명주기가 짧고, 신상품 개발이 빈번하거나 경쟁이 매우 치열하며, 시장변화가 매우 빠른 산업이나 업종에서 주로 활용 * 식음료/생활용품 등의 소비재시장 * IT/통신서비스 등 서비스시장	상품/서비스 수명주기가 길고, 시장변화가 상대적으로 느리거나 적은 산업이나 업종에서 주로 활용 * 은행, 보험, 증권 등의 금융서비스, 백화점, 주유소 등의 유통서비스 등이 대표적
주요 조사유형	Idea Generation Concept Development/Test Product Test Test Market Advertising Test	Usage & Attitude 조사 브랜드/이미지/광고 조사 고객관계관리 조사 신제품/서비스 관련 조사 기타 조사

(1) 신제품/서비스 개발 단계별

마케팅 사관학교라고 불리는 P&G에는 자체적인 신제품 개발단계별 조사체계를 구축해 놓고 있다. 조사체계는 자사에서 판매하는 제품군에 맞추어져 있으며, 조사체계를 구성하는 각 단계별로 조사설계(조사대상, 방법, 표본 수 등)가 매뉴얼화 되어 있어 이 매뉴얼에 따라 조사를 진행하게 된다. 또한 조사업무만 전담하는 조직과 인력들이 따로 있으며, 사내 전문가로서 마케터와 전문조사회사 사이에서 조사기획과 진행을 조율하는 역할을 한다.

우리나라에서는 대표적으로 CJ제일제당의 식품사업부문이 P&G와 같이 신제품 개발 단계별에 따른 자체 조사체계를 구축해서 활용하고 있다. 특히 신제품 개발 단계에 따라 해당 신제품에 대한 소비자 평가가 일정 수준 이상 되어야 다음 단계를 진행할 수 있는 CPM(Critical Path Method) 제도를 운영하고 있다. 예를 들어, 어떤 신제품에 대한 컨셉테스트에서 소비자의 평가점수가 일정 수준 이상 되지 않으면 해당 컨셉으로는 시장에서 성공하기 어렵다고 판단하여 컨셉을 수정하여야 하거나 아니면 개발을 중단해야 한다.

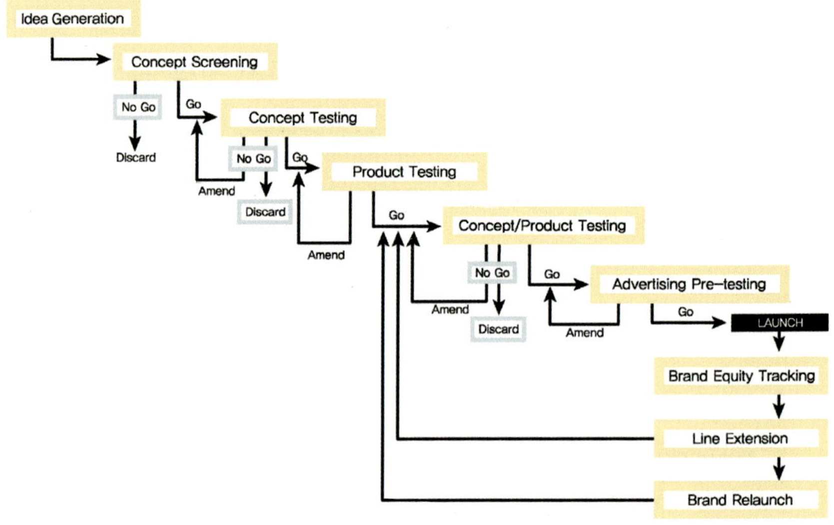

요플레 브랜드로 유명한 빙그레의 경우에는 신제품개발 단계에서 다음 단계로 넘어갈지의 여부를 단계에 따라 실무담당자, 부서장 혹은 최고경영자들이 조사결과를 바탕으로 최종적으로 의사결정을 하는 Gate Keeper제도를 활용하고 있다.

빙그레는 Cooper(1984)가 제시한 Stage & Gate 방식을 바탕으로 빠르게 변화하는 시장상황을 감안하여 자사에 맞게 정립한 신제품 개발 프로세스를 활용하고 있다.

* Cooper의 Stage & Gate 신제품 개발과정

출처: Robert G. Cooper, *Winning at New Products*, Perseus Books Group, 1988.

빙그레의 신제품 개발 프로세스는 크게 아이디어 수집 – 컨셉개발 – 제품개발 – 제품출시 등의 단계로 구성되어 있다. 우선 아이디어 수집단계에서는 상시적인 시장트렌드와 유통환경 변화에 대한 분석자료를 바탕으로 마케팅 – 영업 – 연구소 실무자로 구성된 TF팀에서 아이디어를 정리하게 되며, 담당실무자 및 부서장급으로 구성된 Gate Keeper가 컨셉개발 단계로 넘어갈 아이디어를 선정하게 된다. 요플레의 경우 타제품과 달리 아이디어 수집 단계에서 요플레 프랑스 본사 및 글로벌 네트워크를 통한 각종 정보를 활용하기도 한다.

아이디어 수집단계에서 채택된 신제품 아이디어는 FGD(Focus Group Discussion)나 CLT(Central Location Test) 등과 같은 정량, 정성조사를 수차례 시행하여 컨셉 및 제품개발에 반영한다. 또한 최종적으로 부서장이나 최고경영자로 구성된 Gate Keeper를 통해 컨셉 및 제품테스트 조사결과를 바탕으로 최종적인 수용 및 출시 여부를 결정하게 된다.

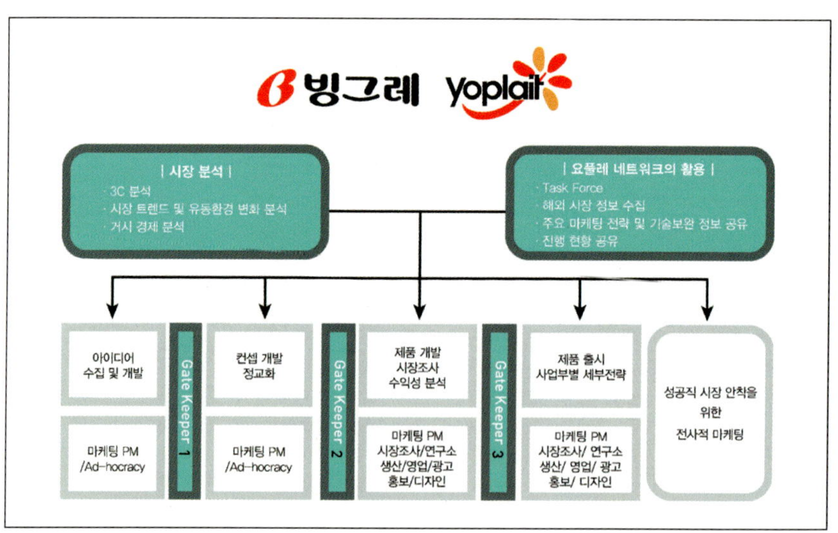

주) 김소영, 정헌수, 김영찬, 「빙그레 요플레의 시장선도적 신제품 마케팅전략」, 『한국마케팅저널』 제8권 제3호, 2006년 10월.

여기서 주목할 점은 이렇게 체계적인 단계를 거쳐 출시된 많은 신제품
들조차 시장에서 성공하지 못한다는 사실이다. 앞서 언급한 것처럼 마
케팅조사 결과 자체가 문제해결 및 성공을 보장하지는 못하기 때문이다.

이제부터는 신제품/서비스 개발 단계별로 실무에서 활용되는 조사유형
들을 보다 구체적으로 살펴보자.

가. Idea Generation

신제품/서비스에 대한 아이디어를 도출하는 단계로 주로 전체 시장현
황을 파악하는 이용실태조사(Usage & Attitude)나 소매점 지표와 같은
정량조사, 대표적인 정성조사인 FGD(Focus Group Discussion)를 가장

널리 활용하며, 생활용품의 경우 실제 이용상황을 관찰하여 신제품 아이디어를 얻기 위해 In-home Visit Study 등이 활용되기도 한다.

Idea Generation에 활용되는 주요 조사유형

구 분	내 용
이용실태조사 (Usage & Attitude)	U&A조사에서 U는 Usage, A는 Attitude를 나타낸다. 우리말로 하면 이용실태조사, 이용행태조사 정도가 되겠다. 신제품/서비스가 속한 시장에서 소비자들이 기존 제품/서비스를 이용하는 실태를 파악하여 신제품/서비스의 기회를 찾을 수 있다. U&A조사는 대개 300~1,000명 정도의 표본을 1:1개별면접조사로 진행하는 것이 가장 일반적이다.
소매점지표조사 (Retail Index)	소매점 지표조사로 불리는 Retail Index는 음식료품이나 일상생활용품의 전체 시장 크기, 브랜드별 점유율, 시장변화 트렌드 등을 파악하기 위해 매월 실시되는 조사이다. 이 조사는 소비자들에게 설문형태로 응답을 받는 것이 아니라 할인점, 편의점 등의 POS(Point of sales) 자료를 이용한다. 닐슨컴퍼니의 소매점 지표조사가 가장 대표적인 예로서 음식료품이나 일상생활용품 산업에 속한 회사들은 연간 계약을 통해 매월 소매점 지표조사 보고서를 받아서 자사의 마케팅 활동을 위한 기초자료로 활용하게 된다. P&G의 경우 소매점 지표조사도 신제품/서비스의 시장기회를 포착하기 위한 자료로 활용된다. 이와는 별도로 닐슨이나 TNS에서는 사전에 구성한 소비자패널(2,000~3,000가구)이 매월 지출하는 소비품목 및 소비행동에 대해 다이어리 형태로 응답을 받아 자료를 받아 분석하는 Consumer Panel 조사도 운영한다. 소매점지표 조사를 통해 전체 시장의 현황과 경쟁상황을 파악하여 신제품/서비스의 기회를 발견하기 위한 기초자료로 활용한다.
FGD (Focus Group Discussion)	신제품/서비스가 속한 시장의 소비자를 인구특성(성, 연령 등)이나 이용특성별(주 이용 제품/서비스 유형, 이용량 등)로 구분해서 2~8그룹 정도의 FGD를 통해 기존 제품/서비스를 이용하는 구체적인 행태를 파악하고, 미충족 니즈를 발견하여 신제품/서비스 아이디어를 도출하게 된다.
In-home Visit Study	세면용품이나 청소/주방용품 등과 같이 집에서 사용되는 제품의 경우 해당 장소를 직접 찾아가 소비자가 실제 사용하는 상황을 직접 관찰하고 인터뷰를 진행하여 신제품의 시장 기회를 찾게 된다.

아이디어 도출 단계에서는 소비자조사를 통해 얻게 되는 1차 자료와 더불어 각종 2차 자료 및 기업 내부 자료가 다양하게 활용되며, 실제로 많은 경우 소비자조사 자료는 아이디어 도출 단계에서 활용되는 많은 자료 중 매우 일부에 지나지 않는다. 아이디어 도출을 위한 1차 자료의 수집시기는 먼저 기업 내부 자료나 2차 자료를 통해 아이디어를 선정한 후 소비자조사를 실시해서 선정된 아이디어에 대한 가능성을 판단하여 스크리닝을 하는 경우와 소비자조사를 실시해서 아이디어를 도출한 후 기업 내부에서 다른 자료들을 이용해 검증하는 경우로 구분된다.

조사의 목적이 구체적일수록 조사결과가 더 명확해진다는 점을 감안할 때 사전에 2차 자료 및 내부 자료를 활용해 아이디어를 선정한 후, 소비자조사를 통해 확인하는 것이 바람직할 것이다. 아이디어에 대한 어떤 단서도 없이 무턱대고 소비자조사만 실시한다고 해서 신제품/서비스에 대한 좋은 아이디어를 도출하기는 어려울 것이기 때문이다. 적자에 허덕이던 '웅진식품'을 중견 음료회사로 성장시킨 대표적인 히트 제품인 '아침햇살'도 당시 CEO가 여러 자료들을 바탕으로 쌀음료에 대한 고객 니즈가 있다는 사실을 확신한 후 이를 논리적으로 뒷받침하기 위해 소비자조사를 실시한 대표적인 예이다.

철저한 사전검증을 거쳐야 직성이 풀리는 그는 옳다는 확신만 서면 강력한 추진력으로 밀고 나간다. 하지만 닥치는 대로 일을 하지는 않는다. 확신이 서지 않으면 한 발짝도 움직이지 않는다. '생각하는 불도저'라는 별명은 그래서 붙여졌다. 아침햇살을 내놓을 때의 일이었다. 히트할 거라는 확신은 들었지만 객관적인 검증을 통해 자신의 생각이 막연한 '감'이 아니라는 걸 보여주고 싶었다. "소비자조사에 수천만 원이 들어가는 데 그만한 돈이 없었습니다. 하는 수 없이 광고대행사에 있는 소비자 리서치 파트를 찾아다니며 공짜로 해 달라고 부탁했습니다. 말이 좋아 부탁이지 거의 구걸이었습니다. 히트만 치면 당신네 회사에 광고를 주겠다는 조건을 달았지만 IMF 여파로 다들 거절하더군요." 하지만 결국 끈질긴 설득 끝에 그는 광고회사를 잡는 데 성공했다. 그의 검증은 여기서 끝나지 않았다. 아침햇살이 우리 입맛에 맞는다는 것을 논리적으로 보여주고 싶었다. 고민 끝에 일면식도 없었던 초대 문화부장관이던 이어령 씨의 집을 찾아갔다. 당시 TV에서 해박한 강연으로 청중을 휘어잡던 그라면 의미 부여를 해 줄 수 있겠다는 생각에서였다. 달변가인 이 씨의 입을 막고 20분간 신들린 듯이 혼자 떠들었다. 쌀을 주식으로 하는 민족은 많지만 숭늉을 해 먹는 민족은 우리뿐이라는 이 씨의 말에 '이거다'는 자신감을 얻은 그는 바로 제품 출시에 들어갔고 회사는 단숨에 흑자로 전환했다.

헤럴드경제, 2004년 5월 7일

나. Concept Development/Test

신제품/서비스에 대한 아이디어를 보다 구체화하여 컨셉을 만들거나 컨셉에 대한 소비자들의 반응을 파악하여 컨셉을 선정, 수정/보완하기 위한 기초자료로 활용되는 조사를 말한다. Concept Development/Test는 크게 컨셉 개발을 위한 조사(Concept Development)와 컨셉을 평가하기 위한 조사(Concept Screening & Concept Test)로 구분된다.

a. Concept Development

컨셉 개발을 위한 조사(Concept Development)는 일반적으로 FGD(Focus Group Discussion)를 통해 신제품/서비스 컨셉을 구성하는 각 요소별로 소비자들이 선호하는 내용들로 채우도록 유도하여 컨셉 구성에 대한 기초자료를 도출한다.

마케팅조사 실무에서 널리 활용되는 일반적인 신제품/서비스 컨셉의 구조는 아래와 같다. 컨셉은 실제 제품을 보드형태로 작성한 것이므로 제품/서비스의 핵심이 되는 부분을 헤드라인에 표현해야 하며, 제품이 궁극적으로 고객에게 주게 되는 혜택을 제시하여야 한다.

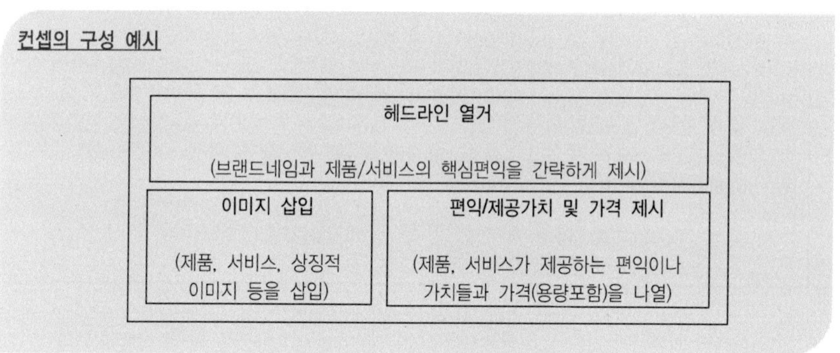

바람직한 컨셉은 고객의 니즈가 잘 반영되어 있어야 하고, 컨셉을 구성하는 모든 내용이 컨셉개발자의 입장이 아닌 고객의 입장에서 고객들이 사용하는 언어로 표현되어야 하며, 컨셉에서 강조하는 모든 편익과 제품 요소들이 일관성이 있어야 한다.

컨셉테스트에서 사용될 컨셉은 개발하고자 하는 신제품/서비스의 내용을 가감 없이 있는 그대로 반영하여야 한다. 즉 컨셉이 실제 제품화되었을 때와 같이 구체적으로 명확하게 구성되어야 신제품에 대한 정확한 소비자 반응을 파악할 수 있고, 이를 바탕으로 신제품의 출시 여부를 결정하게 되므로 컨셉을 제대로 만드는 것은 매우 중요한 일이다.

신제품/서비스조사를 잘 수행하지 않는 산업에 속해 있어 컨셉테스트에 대해 잘 알지 못하는 기업이나 기관의 실무자들이 가끔 컨셉테스트를 위한 컨셉 제작 자체를 조사회사에 의뢰한다거나 컨셉의 수정을 요청하는 경우가 있는데, 컨셉은 실제 제품/서비스나 마찬가지이므로 개발을 담당하는 기업이나 기관에서 전적으로 만들어야 한다. 컨셉테스트를 자주 활용하는 FMCG산업의 실무자들은 컨셉의 중요성을 너무나 잘 알고 있어 컨셉테스트 조사 진행 시 컨셉의 문구 하나하나에도 매우 신경을 쓰며, 해당 실무자들 이외에는 컨셉에 대한 어떠한 수정도 할 수 없도록 엄격하게 하고 있다. 컨셉 구성을 어떻게 하느냐에 따라 조사결과는 달라질 수밖에 없으며, 궁극적으로 제품화와 직결되기 때문에 신제품/서비스 개발을 담당하는 실무자들이 컨셉을 만들고 구성하는 것은 너무나 당연한 일이다.

주) 상기 컨셉보드는 현재 풀무원에서 출시한 생라면 브랜드(www.pulmuon.co.kr)의 마케팅 소구점들을 참고하여 저자가 재구성한 것으로 실제 컨셉과는 다를 수 있음.

b. Concept Screening & Concept Test

컨셉을 평가하기 위한 조사는 신제품/서비스의 아이디어를 구체화한 컨셉에 대해 소비자들에게 평가받아 여러 컨셉 중 최적 대안을 선택하기 위한 Concept Screening과 해당 컨셉으로 제품화했을 때 수요는 어느 정도 될지를 제품화하기 이전에 미리 알아보는 Concept Test로 구분될 수 있다. 컨셉을 평가하기 위한 조사(Concept Screening & Concept Test)는 200~300명 내외의 1:1개별면접조사, 2~4그룹의 FGD(Focus Group Discussion)로 실시하는 것이 가장 일반적이다.

컨셉스크리닝과 컨셉테스트를 위해 정성조사와 정량조사를 순차적으로 활용하기도 한다. 먼저 여러 컨셉안들을 소수로 줄이기 위해 FGD와 같은 정성조사를 통해 타겟고객들이 상대적으로 선호하는 컨셉을 선별하고 정성조사 결과를 토대로 보완한 후, 정량조사를 통해 선별된 컨셉들을 평가받아 최종 컨셉을 선정하게 된다.

Concept Screening & Concept Test를 실시할 때는 향후 이 컨셉이 제품화되었을 때 타겟이 되는 잠재고객을 조사대상으로 선정하여 해당 컨셉이 잠재타겟들에게 어떻게 소구되고 있는지를 파악하는 데 중점을 둔다. 즉 컨셉이 소비자들에게 얼마나 어필하는지, 컨셉의 장, 단점은 무엇인지를 파악하여 해당 컨셉으로 신제품/서비스 개발을 계속 진행해야 하는지에 대한 여부와 만약 진행한다면 컨셉의 어떤 부분을 강화, 보강해야 하는지에 대한 기초자료를 도출하게 된다.

CJ제일제당의 식품부문에서는 컨셉테스트를 통해 도출된 소비자 평가점수가 일정수준(Huddle Point)을 넘지 않으면 다음 단계로 넘어갈 수 없도록 하고 있으며, 이를 위해 내부적으로 그동안 많은 신제품을 출시하면서 축적해 놓은 조사결과 점수의 데이터베이스(Norm Data)를 구축해 놓고 있다. 빙그레의 경우에는 조사결과와 더불어 관련 실무자들이 모여 검토한 후 최종적으로 결정하는 절차를 거치고 있다.

다. Product Test

컨셉테스트를 거쳐 완성된 컨셉을 바탕으로 시제품을 만들어 잠재 소비자들에게 평가받아 제품 출시 전 제품에 대한 사전 평가 및 수정을 위한 기초자료를 도출하기 위해 수행된다. 제품테스트 단계에서는 특히 향후 신제품이 출시되었을 때 예상매출이 어느 정도 될지를 추정하는 데 주안점을 두어 조사결과를 이용해 다양한 마케팅 시나리오(광고, 프로모션 등)별 수요를 추정한다.

제품테스트는 조사결과의 대표성 확보 및 개선을 위한 구체적인 내용 도출을 위해 100~200명 내외의 Gang Survey나 CLT(Central Location Test) 혹은 Home Use Test를 널리 활용한다.

구 분	내 용
Gang Survey	10~30명 내외의 조사대상자들을 한 장소에 모아 놓고 진행자의 통제에 따라 1~2시간 정도 조사를 진행하는 방식으로 제품 맛 테스트나 응답과정이 엄격한 통제가 요구되는 조사(사전 광고효과조사)에 널리 활용되고 있다.
Central Location Test	사람들이 많이 모이는 번화가 지역에서 지나가는 사람들 중 조건에 맞는 사람들을 특정 장소(예: 카페)에 데리고 와서 1시간 내외로 조사를 진행하는 방식으로 제품 테스트나 사전 광고효과조사에 널리 활용된다.
Home Use Test	신제품을 가정에서 실제 생활을 하면서 써 보게 하여 평가받는 것으로 사전에 조건에 맞는 조사대상들을 리크루팅하여 일정한 사용기간을 주고 실제 사용하게 하면서 평가하도록 하는 것이다.

담배신제품 테스트 조사

대표적인 기호식품인 담배도 브랜드가 매우 많고 경쟁이 치열한 FMCG 업종으로 비교적 많은 신제품이 출시되며, 신제품 담배의 출시 이전에 Home Use Test를 활용해 제품테스트를 실시한다. 우선 신제품 담배의 잠재타겟을 100~200명 정도 리크루팅하여 신제품 담배와 비교대상이 되는 담배를 순차적으로 2갑씩 나누어 주어 평소처럼 담배를 피우게 한 후 일일 흡연량에 따라 사전에 배포한 담배가 모두 소비될 시점에 찾아가 면접하는 방식으로 진행하게 된다.

제품테스트 시 Gang Survey, CLT 혹은 HUT 중 어떤 조사방법을 활용할 것인가는 제품의 성격에 따라 달라진다. 테스트과정에서 제품사용에 대한 통제가 필요한 경우에는 Gang Survey나 CLT를 활용하는 반면, 실제 생활 속에서 자연스럽게 테스트하고자 하는 경우에는 HUT를 활용하는 것이 일반적이다.

아이스크림 등의 식품을 테스트할 때는 대개 Gang Survey를 실시한다. 아이스크림의 경우 시식 이전에 어떤 것을 먹느냐에 따라 소비자들이 느끼는 맛이 달라질 수 있으므로 여러 제품의 맛을 테스트할 때는 Gang Survey를 통해 모든 테스트의 과정을 통제한다. 특히, 먼저 평가한 아이스크림의 잔 맛이 나중에 시식한 아이스크림 맛 평가에 미치는 영향을 최소화하기 위해 식빵을 먹게 해서 잔 맛을 제거한 후 다음 아이스크림 제품을 평가하게 한다.

면류와 같은 식품류, 세제와 같은 생활용품은 제품특성상 테스트 과정에서 특별히 통제할 필요가 없어 HUT를 활용하여 신제품 테스트를 실시하는 경우가 대부분이다. 단 신제품에 대한 객관적 평가를 위해 조사대상자들이 표준화된 방법으로 테스트하도록 사전에 교육을 실시한다.

C&P Test

컨셉테스트와 제품테스트를 동시에 실시하는 것을 C&P(Concept & Product) Test라고 한다. 신제품 컨셉과 시제품을 동시에 평가받아 신제품 컨셉력과 제품력을 비교하고, 시제품이 컨셉을 잘 반영하고 있는지를 파악할 수 있으며, 조사예산 및 시간도 절감할 수 있어 식품이나 생활용품 업종에서 자주 활용된다.

C&P Test는 우선 150~300명 내외의 조사대상을 선정하여 제품의 성격에 따라 Gang Survey나 CLT로 컨셉테스트와 제품테스트를 그 자리에서 순차적으로 진행하는 방식과 1 : 1개별면접으로 컨셉테스트를 실시하여 컨셉에 대해 평가받은 후 시제품을 Home Use Test 형태로 가정에 유치해서 직접 사용해 보게 한 후 시제품에 대해 평가받아 컨셉과 제품을 비교 평가하는 방식이 있다.

컨셉과 제품을 동시에 테스트하는 경우는 대개 기존에 명확한 컨셉이 있어 별도의 컨셉테스트를 거칠 필요가 없는 상황에서 활용하게 된다. 기존에 출시된 제품의 리뉴얼이나 확장을 위한 신제품이거나 사전에 이미 컨셉테스트를 거쳐 어느 정도 컨셉이 성립되어 있는 경우에 주로 활용된다.

라. Advertising Test

신제품/서비스를 출시할 때 사용될 광고물에 대한 사전 평가조사로서 1 : 1개별면접, Gang Survey나 CLT(Central Location Test), FGD(Focus Group Discussion) 등을 다양하게 활용한다.

Gang Survey를 이용한 Advertising Test 사례

사전에 해당 광고의 타겟고객들을 300명 정도 리크루팅하여 시간과 장소를 정한다. 이때 300명을 한꺼번에 수용하여 통제하면서 조사를 진행하기는 불가능하므로 10개 이상의 그룹으로 나누어 순차적으로 진행한다.

진행순서는 먼저 광고를 보여주기 전에 신제품 브랜드 혹은 해당 카테고리에 대한 선호도를 파악한다. 그런 다음 일반적인 TV 프로그램을 10분 정도 보여준 후 8~10편 정도의 다양한 카테고리의 광고를 보여주면서 테스트 광고를 2~3번째에 노출한다. 마지막으로 맨 먼저 했던 질문을 다시 하여 테스트 이전에 비해 신제품 브랜드 혹은 해당 카테고리의 선호도 변화를 파악한다.

전체 300명을 150명씩 2그룹으로 나누어 첫 번째 그룹에는 테스트 광고를 다시 보여주면서 광고를 보고 느낀 점이나 제품 구매의향을 물어보는 Persuasion Test를 실시한다. 두 번째 그룹에는 Persuasion Test를 실시하지 않고 돌려보낸 후 3일 뒤에서 전화를 해서 테스트 광고에 대한 상기 여부 및 내용 등을 분석하여 광고효과를 측정한다.

이런 과정을 통해 광고물 자체에 대한 평가, 광고물이 상기되는 정도, 광고물이 구매에 미치는 영향력 등을 한 번에 모두 파악할 수 있다.

마. Test Market

Test Market은 신제품이 실제 출시되었을 때 수요가 어느 정도 될지를 보다 정확하게 추정하기 위한 목적으로 실시되는 조사로서 신상품 마케팅 이론 서적으로 가장 유명한 Urban & Hauser의 *Design and Marketing of New Products*에서는 테스트 마켓을 크게 예비시험시장, 미니시험시장, 시험시장 등으로 구분하고 있다.

아래 그림에서 오른쪽으로 갈수록 실제 시장과 유사한 상황에서 테스트가 되므로 테스트 결과의 정확성은 높아지나 시간과 비용 또한 이에 비례하여 늘어나게 된다.

*** 신상품 테스트 기법의 종류**

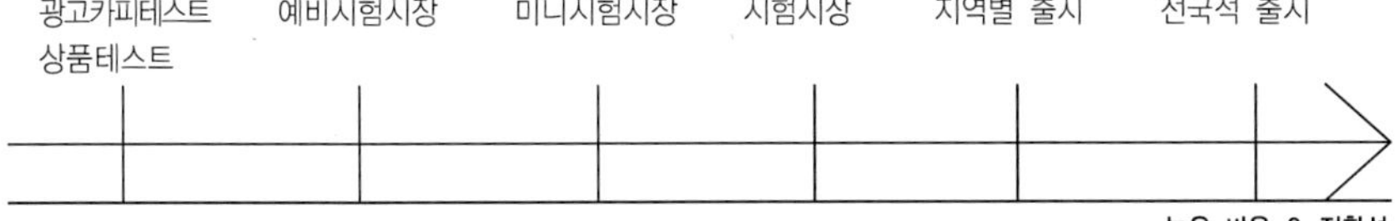

주) 이유재, 박찬수 편역, 『신상품 마케팅』, 시그마프레스, p.459.

실무에서는 주로 할인점이나 편의점과 같은 유통점에서 최종 신제품의 시제품을 진열하고 매장 내에서 광고나 프로모션을 전개하여 해당 신제품의 가능성을 최종적으로 점검하는 데 활용되며, 크게 사전에 조사대상을 리크루팅하여 특정 매장에서 신제품이 포함된 제품을 구매하게 하는 경우와 자연스럽게 해당 매장을 방문한 고객들의 해당 제품 구매 여부를 파악하는 경우로 구분된다.

전자의 경우 사전에 조사대상을 리크루팅하고, 신제품을 자연스럽게 진열한 테스트 매장을 준비하여 조사대상자들에게 일정한 금액을 주어 신제품 카테고리의 제품을 구매하게 한 후 테스트 매장에서의 구매의 사결정 과정, 신제품 선택/비선택 이유 등을 물어서 신제품에 대한 실제 구매행동과 고객의 인식을 동시에 파악하게 된다. 후자는 특정 매장을 지정하여 실제 신제품이 출시되었을 때와 같이 제품을 진열하고 광고나 프로모션 등을 전개하여 해당 매장을 방문하는 고객들의 반응을 파악함으로써 신제품의 출시 후 성공가능성을 점검한다.

신제품 담배의 수요를 추정하기 위해 실험실 측정법 형태로 Test Market을 실시한다. 실험실 측정법은 우선 사람들이 많이 다니는 번화가 지역에서 CLT 형태로 조사대상자들을 찾아서 사전에 만들어 놓은 실험실(해당 지역에서 유사 매장을 임대)로 안내한 다음, 간단한 조사를 먼저 실시한다. 그 다음 신제품이 포함된 여러 상품의 광고를 보여준 후 돈을 주고 실험실 내에서 실제 담배 제품을 구매하게 한다. 여기서 우선 신제품 담배가 얼마나 선택되는지를 파악하게 된다. 그런 다음 HUT 형태로 실생활에서 담배를 피워 보게 한 후 사후적으로 전화를 걸어 신제품에 대한 구매의향 등을 파악하여 재구매율을 파악하여 신제품의 시도구매율 및 재구매율을 추정하는 방식으로 진행한다.

Test Market은 상대적으로 시간과 비용이 많이 들고 실제로 특정 할인점이나 편의점에서 진행해야 하는 어려움이 있어 다른 신제품 개발 단계들에 비해 실무에서 널리 활용되지는 않으며, Concept Test나 Product Test를 통해 신제품의 수요예측까지 수행하는 것이 일반적이다.

바. 브랜드/광고조사

FMCG산업에서는 일단 신제품이 시장에 출시되고 나면 브랜드에 대한 소비자 인식의 추적과 관리를 위해 광고조사나 브랜드 지표(Brand

Index) 혹은 브랜드 자산(Brand Equity) 조사를 실시하는데 크게 두 가지 형태로 구분해 볼 수 있다. 개별 브랜드에 대한 마케팅 전략 수립을 위해 조사를 실시하는 경우와 해당 회사에서 가지고 있는 모든 브랜드를 평가하여 전사 차원에서 어떤 브랜드를 강화할 것인지 혹은 어떤 브랜드를 없앨 것인지에 대한 의사결정을 하기 위해 조사를 하는 경우이다.

전자는 대개 해당 브랜드를 책임지고 있는 브랜드 관리자(Brand Manager)의 주관하에 정기적으로 실시되는 반면, 후자는 개별 브랜드들을 총괄하는 전사 마케팅 전략이나 기획 관련 부서에서 주관하여 전사 차원의 브랜드 전략 수립에 활용된다.

CJ 제일제당의 전사적 브랜드 관리

CJ 제일제당은 식품사업군에 속해 있는 개별 브랜드들을 전사적 차원에서 관리하기 위해 브랜드 관리 체계를 정립하여 매년 조사를 실시하고, 이를 브랜드 전략에 반영하고 있다. 시장에 출시한 지 1년 이상 된 브랜드들을 대상으로 브랜드의 핵심경쟁요소인 인지도, 태도, 이용경험률 등의 항목으로 구성된 브랜드 에쿼티를 측정, 개별 브랜드별 경쟁력을 파악하여 전사적 차원에서의 브랜드 포트폴리오 전략에 반영한다.

사. 기타 조사

상기에 제시된 조사 이외에 FMCG산업에서는 마케팅 문제 해결을 위해 다양한 단발성 조사를 실시한다. 이벤트/프로모션에 대한 반응 조사라든가 제품 리뉴얼을 위한 조사, 브랜드 재포지셔닝을 위한 조사, 브랜드 확장을 위한 조사 등 마케팅 활동을 수행하는 과정에서 발생하는 의사결정을 위한 다양한 형태의 조사를 실시하게 된다.

지난 2003년 4월 CJ제일제당은 수차례의 컨셉 및 제품테스트를 실시한 결과를 바탕으로 '쌀생면'이라는 브랜드로 면류(麵類) 시장에 진출하였다. 이후 공격적이 마케팅을 펼치며 광고 및 다양한 판촉활동을 전개하였으나 매출이 예상 외로 부진하자 브랜드 매니저는 매출 부진의 원인을 파악하기 위한 조사를 실시하기로 결정하였다. 이 제품은 이미 컨셉 및 제품테스트를 통해 컨셉력 및 제품력은 검증이 된 상황이었으므로 소비자 구매의사결정과정에서의 인지와 지각단계에서 문제가 있을 것이라는 가설하에 신제품 구입자와 비구입자로 소비자집단을 구분하여 정성조사인 FGD(Focus Group Discussion)로 2그룹을 조사하였다.

조사결과, 소비자들은 면류를 선택할 때 자장면, 우동, 칼국수 등의 용도를 기준으로 삼으며, 주요 소구점인 100% 쌀은 소비자들에게 어떤 맛인지를 인식시키지 못해 시도구매로 연결되지 않는다는 사실을 발견하게 된다. 브랜드 매니저는 이러한 조사결과를 바탕으로 신제품 컨셉을 맛 기준이 아닌 용도 기준으로 수정하여 타겟고객 300명을 두 집단으로 나누어 자장면과 스파게티 면에 대한 제품테스트를 다시 실시한 결과 경쟁제품 대비 경쟁력이 우수한 것으로 나타나자 변경된 제품으로 시장에 재진출하여 성공을 거두었다.

초기 출시제품(위)과 리포지셔닝 제품(아래)

김근배, 『의사결정을 위한 마케팅조사론』, 무역경영사, pp.17 - 20.

지금까지 신제품개발이 빈번하고 경쟁이 치열한 식품, 음료, 생활용품, 담배 등과 같은 FMCG산업에서 주로 활용하고 있는 신제품 개발단계별 조사유형들을 살펴보았다. 이제는 내구재나 서비스산업의 실무에서 어떤 조사유형들이 활용되고 있는지를 알아보도록 한다.

(2) 조사결과 활용 목적별

금융, 주유소, 가전, 유통, 서비스 등 신제품/서비스 개발이 빈번하지 않거나 경쟁자가 상대적으로 적고, 시장의 변화가 느린 산업이나 업종에서는 대개 조사결과의 활용목적에 따라 조사유형을 구분하여 활용한다. 조사목적별로 실무에서 활용되는 조사유형은 이용실태(Usage & Attitude)조사, 브랜드/이미지/광고조사, 고객관계관리조사, 신제품/서비스 관련 조사, 기타 조사로 구분할 수 있다. FMCG를 제외한 대부분의 산업이나 업종에서는 조사유형에 따라 담당하는 부서가 달라 브랜드/이미지/광고조사는 홍보 관련 부서, 신제품/서비스 관련 조사는 상품개발 혹은 마케팅 관련 부서, 고객관계관리조사는 고객가치 혹은 고객만족 관련 부서나 마케팅 관련 부서에서 주관하게 된다.

가. 이용실태(Usage & Attitude)조사

FMCG산업에서의 신제품/서비스 개발단계에서 활용하는 것과 마찬가지로 해당 시장에서 소비자들의 해당 제품/서비스의 이용실태, 인식과 태도 등을 파악하여 마케팅 활동에 반영하기 위해 활용된다. 일반적으로 1,000~2,000명 내외의 1 : 1개별면접조사로 1년에 1회 정도 수행한다.

전국에 주유소를 운영하는 현대오일뱅크는 매년 이용실태조사를 실시해서 마케팅전략 수립에 활용하고 있다. 자가운전자 1,000명을 대상으로 1 : 1개별면접조사를 실시하여 주유소 브랜드에 대한 인식, 주유 이용행동, 이용브랜드별 경험 등 주유소 시장에서의 소비자 인식과 태도를 파악하여 마케팅 활동의 기초자료로 활용한다.

시장세분화(Segmentation)조사

전체 시장을 의미 있게 구분해서 마케팅 기회를 찾는 것이 주목적인 시장세분화 조사는 이용실태조사와 거의 유사하다. 시장세분화를 위해서는 기본적으로 전체 시장이 어떻게 구성되어 있는지 시장 내 소비자나 고객들의 인식과 이용행태는 어떤지를 파악하여야 하므로 이용실태조사에서의 질문내용과 거의 유사하다. 다만 전체 시장을 4～10개의 세분시장으로 구분하여 분석하기 위해서는 표본크기가 이용실태조사보다는 더 커야 한다. 또한 라이프스타일이나 추구가치와 같은 질문항목들도 추가되어 이용실태조사에 비해서는 질문문항 수가 좀 더 많은 것이 일반적이다.

FMCG 산업에서는 신제품 출시를 위한 STP(Segmentation, Targeting, Positioning)를 위해 시장세분화 조사를 널리 활용하고 있다. 특히 해당 회사에서 기존에 진출하지 않은 새로운 카테고리에 진출하는 경우에는 반드시 시장세분화 조사를 통해 시장기회를 확인하고 STP 전략을 수립하기 위한 기초자료로서 시장세분화 조사결과를 활용한다.

FMCG 산업뿐만 아니라 가전, IT, 통신, 금융, 서비스 등 거의 모든 산업에서 마케팅 전략 수립을 위한 기초단계로서 시장세분화 조사를 활용한다. 삼성전자나 LG전자, 모토로라와 같은 회사에서는 가전이나 휴대폰 시장에 대해 정기적으로 시장세분화 조사를 실시해서 시장 변화를 지속적으로 관찰함으로써 새로운 시장기회를 발견하고 경쟁에 효과적으로 대처하기 위한 전략을 수립하는 데 활용하고 있으며, 은행이나 보험, 카드회사들도 정기적인 시장세분화 조사를 통해 시장 트렌드의 변화를 파악하고 마케팅 전략 수립에 반영한다.

최근에는 시장세분화를 전문적으로 분석할 수 있는 통계프로그램인 Latent Gold가 개발되어 실무에 활용되기 시작하면서 과거에 비해 보다 정교하고 현실적인 시장세분화 분석이 가능해졌다.

나. 브랜드/이미지/광고조사

기업 혹은 개별 브랜드에 대한 브랜드 경쟁력을 파악하기 위해 타겟 고객들을 대상으로 브랜드에 대한 인식을 조사하는 것으로 기업이미지

조사, 개별 브랜드조사, 광고효과 조사로 나누어 볼 수 있다. 기업/기관에 따라 차이가 있으나 금융, 가전, 유통 등의 산업에서는 대개 브랜드 및 광고업무를 홍보팀 혹은 광고홍보팀에서 담당한다.

실무에서 활용하는 기업/브랜드 이미지 관련 조사 유형과 내용

구 분	내 용
기업이미지조사	500~1,000명 내외의 일반인 혹은 잠재타겟 고객들을 대상으로 1 : 1개별면접으로 실시, 해당 기업 및 경쟁 기업의 이미지를 파악하여 향후 이미지 제고 활동을 위한 기초자료로 활용한다. 최근 기업의 사회적 책임, 사회공헌 등이 부각되면서 기업 이미지 조사를 활용하는 기업이 증가하고 있다.
개별브랜드조사	금융, 가전, 유통 등의 산업에서는 기업브랜드와는 별도로 개별 브랜드들이 존재한다. 예를 들어, 손해보험의 경우 자동차 보험과 장기보험 브랜드가 별도로 있으며, 가전회사도 제품 카테고리별로 개별 브랜드가 있다. 개별 브랜드조사는 기업이 보유하고 있는 개별 브랜드에 대한 고객인식을 파악하기 위해 활용되며, 기업 이미지 조사와 마찬가지로 500~1,000명 내외의 잠재타겟 고객들에 대해 1 : 1 개별면접으로 진행하는 것이 가장 일반적이다.
광고효과조사	기업이미지 혹은 개별 브랜드의 광고활동에 대한 효과를 측정하기 위한 조사로서 연간 집행광고가 많지 않은 경우에는 기업이미지 혹은 개별 브랜드조사 시 같이 진행하게 되며, 광고물량이 매우 많은 경우에는 월별/분기별/반기별 광고효과조사를 실시하기도 한다. 통신 서비스, 가전, 손해보험 등의 업종에서는 매우 활발한 광고활동을 전개함에 따라 매월 혹은 분기별 광고효과조사를 진행하기도 한다.

주) 개별 기업이 아닌 대기업 그룹의 경우 그룹을 총괄하는 지주회사나 관련 부서에서 그룹 이미지 조사를 별도로 진행하여 그룹 전체 이미지를 관리한다.

BtoB기업의 기업이미지 조사 사례

포스코와 같은 대표적인 BtoB 기업들은 자사의 기업 이미지 강화를 위해 일반 대중을 대상으로 TV광고, 사회공헌 등 다양한 홍보활동을 전개하고 있으며, 이러한 홍보활동에 대한 평가를 위해 정기적으로 일반인을 대상으로 한 기업이미지 조사를 실시한다.

다. 고객관계관리조사

흔히 고객만족도조사로 알려져 있는 고객관계관리조사에는 고객만족도조사, 서비스품질조사, 미스터리쇼핑조사 등이 있으며, 기업이나 기관에 따라 다양하게 활용되고 있다. 대개의 경우 고객만족팀이나 고객가치팀 등 별도의 조직이 고객관계관리조사를 전담한다.

a. 고객만족도조사/서비스품질조사

식음료나 일상생활용품을 제외한 거의 모든 산업에서는 정기적으로 고객만족도조사나 서비스품질조사를 실시하여 조사결과를 개선활동에 반영한다. 제품에 대한 만족도조사나 서비스 업종 중 사업장, 매장 혹은 고객센터 등의 고객접점이 적거나 없는 경우는 자사 및 비교대상 경쟁회사나 경쟁브랜드별 200~500명 내외의 전화조사나 1 : 1개별면접조사로 연 1회 정도 진행하는 것이 일반적이다. 반면 서비스 업종 중 매장이나 고객접점이 많아 매장/접점별 평가를 요하는 경우에는 대개 월별, 분기별 혹은 반기별 매장/접점별 30~90명 내외로 진행한다. 또한 일부 회사들은 사업부별 평가를 위해 사업부별 100~300명 정도의 표본크기로 조사를 진행하기도 한다.

업종구분	조사활용 유형
은행	대개의 경우 경쟁은행과의 비교보다는 자사 내부의 지점별/본부별 고객만족도 수준을 측정하여 비교하기 위해 활용한다. 분기별 혹은 반기별로 지점별 20~30명씩 이용고객을 선정하여 전화, 출구 혹은 우편조사로 고객만족도조사를 실시한다.
보험	경쟁사와의 비교를 위해 브랜드별 500~1,000명 내외의 표본크기로 1 : 1개별면접 조사를 진행하여 경쟁대비 강, 약점을 파악하는 데 초점을 둔다. 일부 회사에서는 경쟁사와의 비교와 더불어 자사 내부의 본부별 비교를 위해 별도로 우편조사와 같은 고객만족도조사를 실시하기도 한다.
가전	가전은 크게 제품과 A/S로 구분할 수 있다. 제품의 경우 제품 카테고리별(예: TV, 냉장고, 세탁기 등) 200~300명 내외로 1 : 1개별면접조사로 진행하여 자사와 경쟁사 고객들의 만족도 수준을 파악하여 비교하는 데 활용하며, A/S는 자사 내부의 지역본부 및 지점별 비교를 위해 지점별로 일정 수(20~30명) 이상의 고객을 대상으로 전화조사나 1 : 1개별면접조사를 실시한다.
이동통신	자사 및 경쟁사의 지점/대리점 이용고객들을 대상으로 지점별 20~30명 내외의 전화 혹은 출구조사를 진행하여 자사와 경쟁사 수준을 비교하고 자사 내부의 지점/대리점별 비교를 동시에 한다. 이때 경쟁사는 일부 지점/대리점만을 대상으로 하는 것이 일반적이다.
패밀리 레스토랑	경쟁사와의 비교를 위한 조사와 자사 내부의 지점별 비교를 위한 조사로 구분된다. 경쟁대비 비교를 위한 조사는 브랜드별 300~500명의 고객을 대상으로 1 : 1개별면접조사로 연간 1~2회 정도 진행하며, 자사 지점별 비교를 위해서는 지점별로 20~30명 정도를 출구조사로 월별 혹은 분기별, 반기별로 진행하는 것이 일반적이다.
아파트	아파트 고객만족도조사는 크게 입주고객 만족도조사, 하자보수 만족도조사, 계약고객 및 최근 1년 이내 입주고객 만족도조사 등으로 구분해 볼 수 있다. 입주고객 만족도조사는 자사와 경쟁사의 특정 지역 혹은 단지의 아파트 입주고객을 대상으로 하며, 표본크기는 지역 혹은 단지별 비교를 위해 지역 혹은 단지별 100~200명 정도로 1 : 1개별면접 방식으로 실시하는 것이 일반적이다. 계약고객 및 최근 1년 이내 입주고객 만족도조사는 고객리스트를 활용해 자사 아파트를 분양받은 고객 및 입주고객들을 대상으로 하며, 단지/지역별 100~200명 정도로 1 : 1개별면접을 통해 실시한다.

기업이나 기관의 실무자들이 고객만족도조사와 관련해서 가장 혼동하는 부분 중 하나가 바로 고객만족과 서비스품질의 차이이다. 호텔, 패밀리 레스토랑과 같은 서비스업종은 물론이고, 가전제품과 같이 명확한 제품이 있는 업종에서도 A/S, 콜센터 등의 서비스 요소가 포함되다 보니 고객만족과 서비스품질의 개념을 혼동하여 사용하는 경우가 많다. 먼저 고객만족과 서비스품질 개념의 차이점에 대해 알아보기로 하자.

서비스품질은 고객만족에 영향을 미치는 하위개념으로 대개 고객만족도조사 시 서비스품질 항목도 같이 측정하는 것이 일반적이며, 기업에 따라 고객만족도 혹은 서비스 품질 지수를 활용한다.

고객만족과 서비스품질의 개념

구 분	고객만족	서비스품질
이론적 정의	불일치된 기대와 사전적 소비경험에 대한 감정의종합적 심리상태 [Oliver 1981]	서비스 제공기관이나 그 제공되는 서비스의 상대적 우수성/열등성에 대한 전반적 인상 [PZB 1988]
특징	경험에 대한 보다 주관적인 평가로 행동을 유발하는 태도임	경험에 대한 보다 객관적인 평가로 태도를 설명하는 하나의 변수임
평가대상	서비스품질, 가격, 이미지	서비스품질
대표적 이론모델	기대 – 불일치모델	SERVQUAL
대표적 실무모델	NCSI, KCSI	KS – SQI
대표적 실무활용	전반적 만족도	종합CSI

상기 표에서 종합CSI는 엄밀히 따져서 서비스품질 개념과는 다르나 계산방식이나 실무활용 측면에서 유사하여 서비스품질의 실무활용으로 간주하였다. 실무에서는 고객만족도조사나 서비스품질의 분석결과로 점수 형태의 지수를 널리 활용하고 있는데, 주로 활용되는 고객만족도 관련 지표의 계산방식으로는 다음과 같은 유형들이 있다.

실무에서 활용되는 고객만족도 지표 계산방식 유형

구 분		내 용
체감만족도		전반적인 체감만족도(전반적으로 얼마나 만족 혹은 불만족하십니까?) 단일항목의 평균점수를 활용
항목들의 평균	전반 평가항목들의 평균	전반적 체감만족도와 더불어 기대대비 만족도, 전반적 즐거움 등의 전반 평가 항목들의 산술평균이나 가중평균을 활용 * NCSI - 전반만족 + 기대대비만족 + 이상대비만족의 가중평균
	품질항목들의 평균	고객만족에 영향을 미치는 모든 요소나 항목들의 점수를 산술 혹은 가중 평균한 것으로 종합CSI가 대표적인 예임
	전반 만족 + 품질항목평균	전반적 체감만족도와 품질항목들의 평균 점수를 가중평균 * KCSI - (체감만족 점수×0.4) + (품질항목 가중평균점수×0.6)

상기 예에서 기업이나 기관의 실무에서 가장 널리 활용되는 지표는 체감만족도와 품질항목들의 평균점수이다. 전반 평가 항목들의 평균이나 전반만족 + 품질항목평균의 경우 점수에 대한 명확한 해석 및 의미부여가 어려워 실무에서는 잘 활용되지 않는다.

고객만족도 지표를 제대로 활용하기 위해서는 우선 자사의 주요 관리지표로 전반적 만족도를 사용할 것인지 아니면 종합CSI 개념의 서비스 품질을 활용할 것인지를 결정해야 한다. 실무적으로 볼 때 전반적 만족도는 심플하고, 세부 품질 측정항목의 변경이 자유로운 반면, 개선활동 전개에 따른 전반적 만족도의 변화 정도가 상대적으로 삭다는 단점이 있다. 서비스품질의 경우 실무에서 전개한 개선활동에 따라 지표는 바로 변화할 수 있지만, 계산방식이 복잡하고 계산에 포함된 항목의 수정, 추가, 삭제 등에 따라 전체 지표가 흔들리게 되는 단점이 있다. 따라서 각 사별 니즈에 따라 둘 중 하나를 선택하여 주요 관리지표로 삼을 수 있다.

CJ그룹의 고객만족도 지표

CJ그룹에는 현재 CJ 오쇼핑, CGV, GLS, 푸드빌, 올리브영, 프레시웨이, 헬로비전, 인터넷 등 다양한 서비스 계열사들이 있으며, 그룹 차원에서 고객만족도 지표를 관리하고 있다. 그래서 각 계열사들이 매년 1회 이상 자사고객들을 대상으로 만족도조사 혹은 서비스품질 조사를 실시하여 고객접점 관리 및 경쟁력을 높이는 데 활용하고 있는데, 대부분의 계열사들이 체감만족도를 대표 고객만족도 지표로 삼고 있다. 즉 전반적인 만족/불만족 여부를 묻는 단일항목을 100점 만점으로 된 지수로 산출해서 만족 수준을 파악하고 주요 경쟁사와의 비교를 통해 경쟁력을 점검하여 개선전략을 수립, 지속적인 개선활동을 전개하고 있다.

b. 브랜드와 고객만족

기업이나 기관에서 활용하는 대표적인 마케팅조사가 브랜드조사와 고객만족도조사이다. 실무에서는 이들 두 개념에 대해서도 간혹 혼동하는 경우가 있으므로 개념에 대한 부분을 먼저 살펴보기로 한다.

기업이 존속 및 성장을 위해 취할 수 있는 전략은 크게 신규고객창출을 위한 공격전략(Offense for New Customers)과 기존 고객 유지를 위한 방어전략(Defense for Present Customers) 두 가지로 구분해 볼 수 있다. 공격전략에는 신규고객 확보를 위한 시장의 확대(To Increase Market)와 경쟁사로부터 고객을 빼앗아 시장점유율을 늘리는 방법(To Capture Market Share)이 있으며, 방어전략에는 고객으로 하여금 경쟁회사로 발길을 돌리기 힘들도록 만드는 전환장벽(To Build Switching Barrier)과 경쟁기업이 자사의 고객을 빼앗는 것을 힘들게 만드는 CS(To Increase Customer Satisfaction)가 있다.

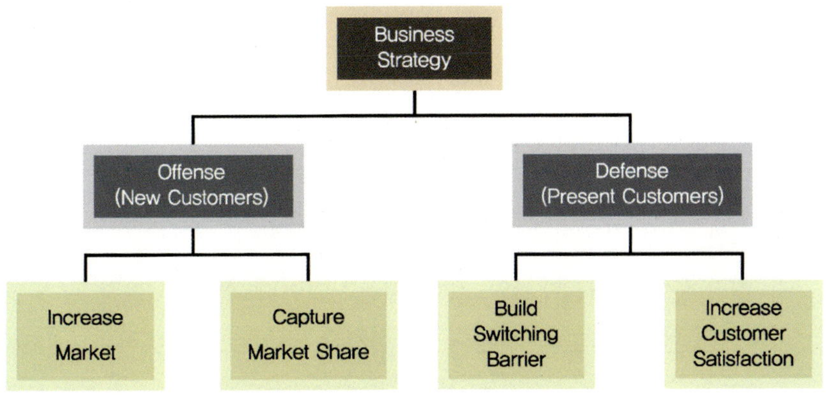

주) Claes Fornell, "A National Customer Satisfaction Barometer: The Swedish Experience", *Journal of Marketing*, Vol.56(January 1992).

기업전략에서 브랜드는 공격전략, 고객만족은 방어전략의 대표적인 예라고 할 수 있다. 브랜드의 주요 목적이 잠재고객들에게 자사 브랜드를 알리고 좋은 이미지를 형성하게 해서 궁극적으로 자사 제품/서비스를 구매하게 하는 역할을 하는 것이며, 실제 많은 기업에서 광고 등을 활용해 잠재타겟 고객 전체를 대상으로 브랜드 이미지를 제고하기 위해 노력하고 있다. 반면, 고객만족의 초점은 기존고객, 즉 현재고객에게 있다. 그래서 자사제품/서비스를 한 번이라도 이용한 고객이 재구매/이용하도록 하기 위해 자사제품/서비스와 관련된 좋은 경험을 제공하는 것이 주목적이다.

산업이나 업종에 따라 마케팅 활동의 중심을 브랜드나 고객만족 중 어느 한쪽에 더 두는 경우도 있다. 신제품 개발이 빈번하고 경쟁이 매우 치열하며, 소비자의 관여도가 상대적으로 낮은 FMCG산업에서는 마케팅 활동의 중심이 브랜드인 반면, 의사결정과정이 복잡하고 소비자의 관여 정도가 상대적으로 높은 내구재나 패밀리 레스토랑 등의 서비스 업종에서는 고객만족활동에 더 비중을 둔다. FMCG는 경쟁제품별로 고객이 인식할 수 있는 품질차이가 크지 않고 관여도가 낮아 해당 제품에 대한 이전 경험이 재구매에 미치는 영향력이 상대적으로 낮고 오히려 매장에서의 제품배치와 같은 제품진열이나 할인과 끼워 팔기 등의 각종 프로모션 활동이 구매에 더 영향을 미치게 된다. 반면, 내구재나 서비스의 경우 반대로 제품/서비스의 이용경험이 재구매/재이용에 상대적으로 크게 영향을 미치게 되므로 무엇보다 기존 고객들의 경험관리가 가장 중요한 요소가 된다.

브랜드와 고객만족 비교

구 분	브랜드	고객만족
전략	Offense(New Customers)	Defense(Present Customers)
목적	신규고객의 획득	기존고객의 유지
대상	모든 잠재타겟 고객	현재고객
주요 구성항목	인지도, 이미지	인지품질(제품, 서비스), 인적서비스, 환경
개선활동	광고 등의 커뮤니케이션 활동	구매의사결정/서비스단계/접점별 개선활동

많은 기업에서 브랜드와 고객만족을 담당하는 조직을 따로 두어 각각 별도의 활동을 수행하고 있다. 그러나 브랜드와 고객만족이 서로 역할은 다르다 하더라도 모든 고객들에게 일관된 이미지와 경험을 주기 위해서는 통합된 활동이 필요하게 되었으며, 이러한 배경으로 등장한 것이 바로 IMC(Integrated Marketing Communication)라고 할 수 있다. 실제 현실에서는 잠재고객들을 타겟으로 한 광고 등의 커뮤니케이션 방향과 고객접점이나 현장에서 제공되는 고객경험의 방향이 일치하지 않아 고객에게 혼란을 주는 경우가 많다. 예를 들어 기업이 고객들에게 제공하는 서비스에 대해 TV 등의 광고를 통해서는 우수한 서비스를 강조하면서도 막상 고객이 해당 서비스를 경험하는 접점에서는 전혀 우수하지 않는 서비스를 제공하게 되면 우수한 서비스를 매개로 해당 브랜드를 선택했던 고객들이 우수하지 못한 서비스 경험을 통해 다시는 재이용하지 않을 수도 있다. 따라서 브랜드와 고객만족은 각각 별개의 활동이 아닌 전사 차원의 전략적 관점에서 동일한 방향으로 전개되어야 한다.

c. NPS와 고객만족

 NPS는 Bain & Company의 Fred Reichheld가 개발하여 지난 2003년에 *HBR(Harvard Business Review)*에 발표하면서 알려지기 시작하였으며, GE 등 미국의 주요 기업들이 KPI(Key Performance Indicator)로 채택하면서 미국뿐만 아니라 국내에도 확산되었다.

 NPS는 순추천지수(Net Promoter Score)로서 고객이 경험한 제품/서비스를 주위사람들에게 추천할 의향이 얼마나 있는지를 11점 척도로 묻게 된다. 그런 다음 9~10점에 응답한 고객집단을 Promoter, 7~8점에 응답한 고객을 Passive, 0~6점에 응답한 고객을 Detractor로 구분한 후 Promoter에서 Detractor의 비율을 차감하여 계산하게 된다.

* NPS 측정척도

* NPS 산출식

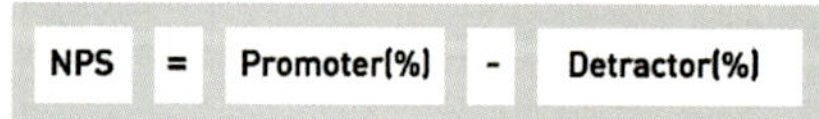

 이 지수를 개발한 Reichheld는 기존의 고객만족도조사 및 고객만족 개념 자체를 비판하면서 고객만족도조사를 NPS조사로 대체할 것을 주장하였으나, 마케팅 학자들이 과학적 검증을 통해 NPS가 우수한 지표가 아니라는 점을 여러 연구를 통해 입증하였다. NPS와 관련된 구체적인

문제점을 정리해 보면 다음과 같다.

첫째, NPS가 현재와 같이 널리 알려진 이유는 바로 기업의 성장성을 가장 잘 설명하는 지표라는 주장 때문이다. Reichheld는 그의 주장을 뒷받침하기 위해 여러 산업에 속한 기업들의 매출, 이익 등 재무성과와 NPS 간의 관계를 실증하였다고 주장하였으나, 이는 과학적으로 전혀 검증이 되지 않은 것이다. 실제 최근 미국 마케팅 저널에 실린 관련 논문들에서 Reichheld의 주장과는 달리 오히려 고객만족도가 NPS보다 기업의 성장을 더 잘 설명한다는 점을 입증하였다. 참고로 마케팅 학자들이 NPS의 성과분석에 대한 과학적 검증을 위해 Reichheld에게 NPS의 성과분석 데이터를 요청하였으나 응하지 않았으며, 결국 Reichheld는 자신이 연구한 결과가 과학적으로 검증되지 않았음을 시인하였다.

둘째, NPS를 측정하는 타인추천의향은 마케팅 학계에서 소비자 태도 연구 시 소비자 행동의 대용지표로 널리 활용되는 항목으로 전혀 새로운 개념이 아니다. 또한 일반적으로 마케팅에서는 소비자 행동보다는 태도를 더 중시하여 학자들의 연구뿐만 아니라 기업의 마케팅 노력들도 궁극적으로 소비자 행동 그 자체보다는 행동을 유발하는 태도에 집중되어 있다. 그 이유는 소비자의 행동에는 소비자의 태도로 설명되지 않은 부분도 포함되기 때문이다. 타인추천의향의 경우 고객별로 태도는 같다 하더라도 고객별 성향(주위사람들에게 자신의 경험을 이야기하기 좋아하는 사람 vs. 그렇지 않은 사람)에 따라 타인추천의향 정도가 달라질 수 있으며, 마케팅 활동을 통해 고객의 태도는 바꿀 수 있겠으나

고객의 성향 자체를 바꿀 수는 없다. 따라서 기업의 마케팅 활동을 측
정하는 지표는 기업이 통제 가능한 소비자 태도를 측정해야 하며, 브랜
드, 고객만족 등의 개념들이 모두 소비자 태도를 측정하는 주요 지표라
는 점이 검증되었기 때문에 현재 실무에서 가장 널리 활용되고 있는
것이다.

셋째, 엄밀하게 따져서 고객의 타인추천행동 자체가 매출 등 기업의
재무성과로 바로 연결된다고는 볼 수 없다. 타인추천의향과 더불어 구
매/재구매의향은 마케팅 학계에서 특정브랜드에 대한 고객의 태도로 나
타나는 주요 결과변수로 삼고 있는데, 이 두 변수 중 구매/재구매는 고
객의 행동이 해당 브랜드의 매출로 직결될 수 있지만, 타인추천의향은
해당 고객이 주위사람들에게 추천하는 행동 자체보다는 추천받은 또
다른 고객이 해당 브랜드를 구매할 경우에만 매출이 발생할 수 있다.
이런 논리로 본다면 고객의 타인추천행동이 구매/재구매 의향이나 고객
의 태도에 비해 매출 등 기업의 재무성과를 더 잘 설명할 것이라고 기
대하는 것은 상식적이지 않다. 타인추천의향으로 기대할 수 있는 가장
큰 효과는 기존고객이 주위사람들에게 해당 브랜드를 추천함으로써 홍
보하는 역할 정도일 것이다.

d. FMCG와 고객만족

대개 고객만족도조사는 내구재나 서비스 산업에서 별도의 조사로 정
기적으로 진행될 정도로 널리 활용되고 있으나 음식료품이나 일상생활
용품 등이 속한 FMCG산업에서는 U&A조사 시 질문문항에 추가해서

고객만족도를 측정할 뿐, 고객만족도 지표만을 따로 측정하여 관리하지는 않는 것이 일반적이다. 그 이유는 바로 해당 업종 특성 및 소비자의 관여도 때문이다. 음식료품이나 일상생활용품의 경우 경쟁 브랜드별 품질 차이가 크지 않고 소비를 하는 사람들의 관여도가 낮기 때문에 고객만족이 해당 제품의 재구매에 미치는 영향력이 작다. 실제 음식료품의 경우 아무리 고객이 만족하더라도 판매처, 제품 진열 위치 등의 유통채널이나 가격할인, 끼워 팔기 등의 프로모션 등에 따라 해당 제품이 아닌 경쟁제품을 선택할 가능성이 매우 높다.

하지만 내구재나 서비스 산업의 경우 해당 제품이나 서비스에 대한 관여도가 높아 해당 브랜드에 대한 이전 경험이 할인이나 프로모션 등의 다른 어떤 마케팅 활동보다 재구매/재이용에 미치는 영향력이 크다. 이러한 이유로 고객만족도조사와 같은 고객관계관리조사는 내구재나 서비스산업의 실무에서 주로 활용한다.

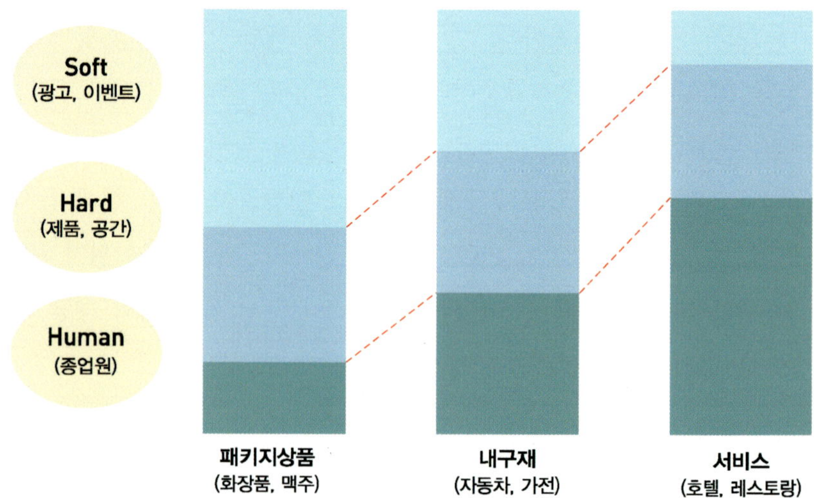

주) ㈜하쿠호도 브랜드 컨설팅 지음, 『브랜드 마케팅』, 김낙회, 유진형, 홍성민 옮김, 굿모닝미디어.

정보, 체험 요소의 산업별 영향력

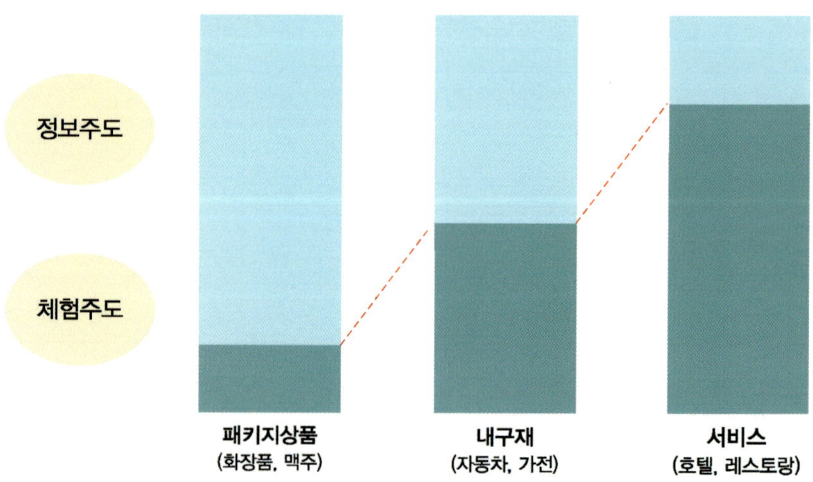

주) ㈜하쿠호도 브랜드 컨설팅 지음, 『브랜드 마케팅』, 김낙회, 유진형, 홍성민 옮김, 굿모닝미디어.

라. 미스터리쇼핑조사

흔히 모니터링이라 불리는 미스터리쇼핑조사는 매장, 고객센터, 콜센터 등의 접점 서비스 수준을 고객으로 가장한 모니터 요원을 통해 평가하는 것을 말한다.

a. 미스터리쇼핑조사란

미스터리쇼핑은 미국에서 은행지점이나 가게 등에서 직원들의 횡령을 방지하기 위해 몰래 관찰한 것이 시초이며, 1940년대에 들어서 Wilmark라는 사람이 Mystery Shopping이라는 용어를 처음 사용하면서 매장과 같은 고객접점의 서비스 평가에 활용한 것이 미스터리쇼핑의 첫 시도이다. 1970년대와 1980년대에 들어서면서 미스터리쇼핑은 널리 활용되기 시작하였으며, 1990년대와 2000년대에는 인터넷의 등장과 함께 관찰한 내용을 실시간으로 관리할 수 있게 되면서 미스터리쇼핑 산업이 크게 성장하였다. 실제 미국에서는 미스터리쇼핑만을 전문적으로 수행하는 업체들의 협회인 미스터리쇼핑 협회(MSPA, Mystery Shopping Provider Association)라는 단체가 있으며, 흔히 모니터 요원이라 불리는 미스터리쇼퍼 자격증 제도도 운영하고 있어 *How to be a mystery shopper*와 같은 미스터리쇼퍼가 되는 방법을 안내하는 다양한 서적들도 나와 있다.

미스터리쇼핑 명칭	미스터리쇼핑 방법
- Secret Shopping - Mystery Customers - Spotters - Anonymous Audits - Virtual Customers - Employee Evaluations - Performance Audits - Telephone Checks	- In person/on-site shops - Telephone shops - E-Commerce web site shops - Hidden video/audio recording - Full narrative shops (qualitative) - Checklist shops (quantitative) - Purchase & return shops - Discrimination (matched-pair) testing

우리나라에서 기업이나 기관에 따라 미스터리쇼핑을 활용하는 형태는 매우 다양하나 대개 월별/분기별/반기별로 개별 매장/고객센터별로 2~10회 정도 관찰하여 결과를 산출하는 것이 가장 일반적이다. 콜센터의 경우 콜센터 전체 혹은 개별 상담원별로 관찰을 실시한다.

미스터리쇼핑조사 활용사례

은행, 증권, 패밀리 레스토랑, 영화관, 백화점 등의 서비스 산업에서 지점별 고객서비스 수준을 파악하기 위해 월별 혹은 분기별로 지점 모니터링 조사를 실시한다. 대개 지점별 2~3명의 모니터 요원들이 고객을 가장해서 이용 한 후 사전에 정해진 기준에 따라 서비스 수준을 평가하여 지점별로 비교하게 된다.

뿐만 아니라, 이동통신이나 정유 업종에서도 모니터 요원들을 통해 각 대리점별 혹은 주유소별 고객 서비스 수준을 정기적으로 파악하여 우수 지점 포상, 부진 지점 관리 등의 활동을 위한 고객접점 서비스 개선 자료로 널리 활용하고 있다.

b. 미스터리쇼핑 vs. 고객만족도조사

흔히 미스터리쇼핑과 고객만족도조사를 혼동하는 경우가 있는데, 미스터리쇼핑은 고객만족도조사를 보완하기 위한 도구이다. 즉 미스터리쇼핑은 고객접점에서 사전에 정해진 매뉴얼대로 서비스가 제공되고 있는지를 체크하는 것이 주목적인 반면, 고객만족도조사는 해당 접점에서 제공된 서비스에 대해 고객이 어떻게 느끼는가를 파악하는 데 주안점을 둔다.

서비스 특징과 미스터리쇼핑

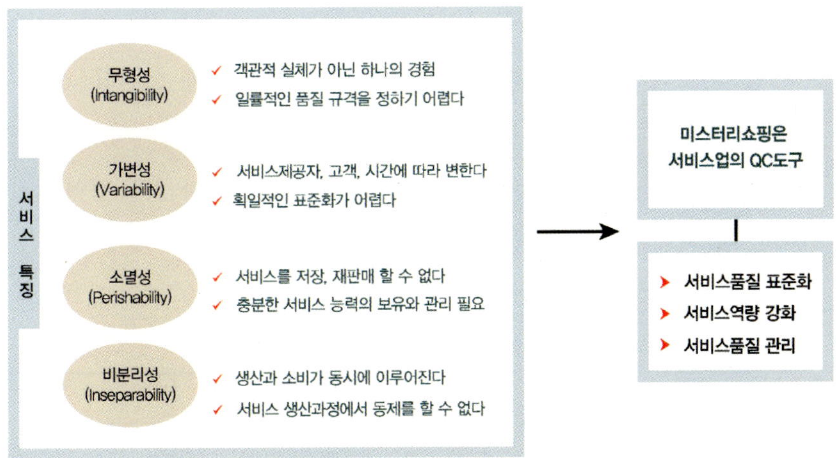

따라서 미스터리쇼핑은 고객만족의 필요조건이지만 충분조건은 아니므로 미스터리쇼핑 조사결과를 고객만족도 조사결과와 동일시하는 것은 옳지 않다. 고객을 응대하는 접점에서 서비스 매뉴얼을 잘 준수한다 하더라도 고객은 불만족할 수 있지만, 반대로 매뉴얼의 일부 내용을 준수하지 않더라도 고객은 만족할 수 있기 때문이다.

고객만족도조사와 미스터리쇼핑 비교

구 분	고객만족도조사	미스터리쇼핑
조사대상	제품/서비스 이용경험 고객	제품/서비스 접점 직원 및 환경
조사범위	Broad Organizational	Specific Unit Level
자료수집 방법	구조화된 질문지를 이용한 1 : 1 개별면접, 전화, 우편, 온라인 조사	가상의 시나리오와 훈련된 Shopper에 의힌 평가표 체크
결과유형	Customer Perception(Feeling)	Service Performance(Fact)
결과활용	Planning Strategy	Action

그럼 미스터리쇼핑조사와 고객만족도조사를 동시에 실시할 경우 두 조사결과 간의 차이에 대한 해석은 어떻게 해야 할까? 미스터리쇼핑 점수와 고객만족도 점수의 상대적인 수준은 크게 다음과 같이 4가지 유형으로 구분해 볼 수 있다.

미스터리쇼핑 점수와 고객만족도 점수의 상대적 수준에 따른 결과해석

점수 수준	유형별 결과해석
미스터리쇼핑 점수 ↑ 고객만족도 점수 ↑	고객에게 제공되는 서비스 품질의 수준이 잘 표준화되어 있으며, 고객들이 만족할 정도로 수준 또한 상대적으로 높음을 의미함
미스터리쇼핑 점수 ↑ 고객만족도 점수 ↓	고객에게 제공되는 서비스 품질의 표준화는 되어 있으나 고객들에게 만족을 줄 정도의 수준은 되지 못함. 따라서 서비스 품질의 수준을 높이기 위한 활동이 요구됨
미스터리쇼핑 점수 ↓ 고객만족도 점수 ↑	고객에게 제공되는 서비스 품질 수준이 표준화되어 있지 않으나 서비스 수준은 고객이 만족할 정도로 높다는 의미이므로 무엇보다 접점별 제공 서비스 품질을 표준화하기 위한 우선 노력이 요구됨
미스터리쇼핑 점수 ↓ 고객만족도 점수 ↓	고객에게 제공되는 서비스 품질의 표준화 정도 및 수준 모두 낮으므로 전면적인 개선 노력이 요구됨

c. 미스터리쇼핑조사 시 고려사항

소비자나 고객대상 조사에서는 전체 모집단으로부터 일부를 표본으로 추출하므로 표본오차라는 것이 존재하게 된다. 하지만 미스터리쇼핑에서는 평가자가 임의로 관찰횟수를 정하게 되므로 엄밀하게 따져서 모집단이라는 것이 존재하지 않게 되므로 최소 표본크기, 표본오차와 같은 개념들을 적용할 수 없다.

일부에서는 미스터리쇼핑조사 시 소비자나 고객대상 조사에서처럼 일정 수 이상 관찰횟수를 가지고 통계적인 대표성을 논하는 경우가 있는데, 이에 대한 이론적 근거는 전혀 없으며, 앞서 언급한 미스터리쇼핑의 특성을 바탕으로 할 때 논리적으로도 전혀 설득력이 없다.

미스터리쇼핑조사 시 가장 중요한 요소는 첫째, 서로 다른 훈련된 미스터리 Shopper가 해당 접점을 동일한 잣대로 제대로 관찰했는지 여부, 둘째, 시간대별/요일별 서비스 품질 변화를 감안해 관찰시기는 잘 배분했는지 여부 등이다. 일정한 오차가 있는 한 명의 미스터리 Shopper가 수백 번, 수천 번 관찰을 하는 것보다 서로 눈높이를 조정한 복수의 미스터리 Shopper가 한 번씩 관찰하는 것이 더 정확하다고 할 수 있으며, 미스터리쇼핑의 본래 취지와 목적에도 부합한다.

> 미스터리쇼핑조사는 사전에 눈높이를 맞춘 훈련된 모니터 요원을 통해 접점의 서비스 수준을 점검하는 것이다. 여기서 모니터 요원들의 눈높이를 맞추기 위해서는 일정한 기준이 필요한데 이러한 기준은 해당 접점의 서비스 매뉴얼이어야 한다. 즉 미스터리쇼핑조사를 위해서는 접점에서 지켜야 할 서비스 표준이라고 할 수 있는 매뉴얼이 반드시 있어야 하며, 접점에 종사하는 직원들은 서비스 매뉴얼의 내용을 최소한 인지는 하고 있어야 한다. 간혹 접점에서 제공해야 할 기본적인 서비스 매뉴얼도 없는 상태에서 무조건 미스터리쇼핑조사만 해 달라고 의뢰하는 경우를 보게 되는데 접점 직원들이 지켜야 할 서비스 기준이 없는 상태에서의 평가는 아무런 의미가 없다. 따라서 미스터리쇼핑조사를 위해서는 반드시 접점에서 준수해야 할 기준이 있어야 하며, 접점 직원들이 이러한 기준들을 최소한 알고는 있어야 한다.

d. 미스터리쇼핑조사의 오남용

일부 기업에서는 경쟁사의 접점서비스 수준평가 이외의 정보를 파악하기 위해 미스터리쇼핑조사를 활용하기도 한다. 예를 들어, 일부 입시학원에서는 미스터리쇼핑을 가장해 경쟁 입시학원의 학생 수, 교육프로그램, 가격 등의 정보를 얻으려고 시도하는 경우가 있다.

또한 많은 기업이나 기관에서 미스터리쇼핑을 위한 매장 방문 시 직원의 응대과정을 몰래카메라 형태로 촬영하거나 녹취하여 향후 해당 직원을 평가하는 목적으로 활용하며, 콜센터 상담직원 평가를 위해 미스터리쇼핑을 실시하면서 녹취를 하는 것은 이제는 자연스러운 일이 되어 버렸다.

미스터리쇼핑조사는 해당 접점에서의 서비스 수준을 기준에 맞게 평가하는 데 본래 목적이 있으므로 미스터리쇼핑조사의 진행이 해당 접점의 업무에 방해가 되어서는 안 되며, 대상 직원이 누구인지 밝혀질 수 있는 개인신상에 대한 어떠한 정보도 조사결과 피드백 시 공개되어서는 안 된다는 점을 세계적인 마케팅여론조사협회인 ESOMAR(European Society of Opinion and Marketing Research)에서 규정하고 있다.

미스터리쇼핑조사를 통해 기업이나 기관이 궁극적으로 추구해야 할 것은 접점에서의 서비스 수준의 개선이며, 이를 위해서는 무엇보다 접점 직원들의 협조가 필요하다. 미스터리쇼핑조사를 본래 취지와는 다르게 오남용하게 되면 접점 직원들의 반발 및 불신을 초래해 결국 접점 서비스의 악화를 가져올 수밖에 없을 것이므로 미스터리쇼핑조사를 활용하거나 향후 도입하고자 하는 기업이나 기관에서는 이러한 점을 분명히 인식해야 한다.

마. 신제품/서비스 관련 조사

내구재나 서비스 산업에서도 신제품/서비스 관련 조사를 수행한다. 가전이나 IT, 이동통신 등 신제품/서비스 개발이 상대적으로 빈번한 업종에서는 FMCG산업의 신제품 개발단계별 조사프로그램 중 일부를 벤치마킹하여 활용하기도 하며, 금융, 유통, 서비스 업종에서도 신제품/서비스 관련 조사를 제한적으로 활용한다.

최적 상품 구성을 위한 통신/가전제품 조사 사례

통신이나 가전제품 회사에서는 통신 신상품 혹은 신제품 가전제품 개발 시 소비자가 선호하는 기능 위주로 구성하기 위한 조사를 실시한다. 즉 디자인, 기능, 가격, 조건 등의 요소들을 소비자들의 선호에 따라 최적으로 구성하기 위해 1 : 1개별면접이나 Gang Survey, Central Location Test 등과 같은 방식으로 조사를 실시하여 컨조인트 분석(Conjoint Analysis)을 통해 최적 상품 구성에 대한 자료를 도출한다.

내구재나 서비스 산업에서는 대개 아이디어 도출, 컨셉테스트, 제품테스트 등의 신제품/서비스 관련 조사들이 가장 널리 활용되고 있다. 금융의 경우 법적/제도적 규제, 상품/서비스 차별화가 어려운 특성, 상품/서비스의 복잡성으로 인해 컨셉테스트가 가장 널리 활용되며, 패밀리 레스토랑 등의 외식 관련 산업에서는 신메뉴 출시에 따른 Product Test 혹은 매장 컨셉 변경에 따라 일부 매장만을 시범적으로 변경한 후 고객의 반응을 살피는 Test Market을 가장 널리 활용한다.

패밀리 레스토랑의 Test Market

시장에 진입한 지 오래된 패밀리 레스토랑 브랜드들은 외식 트렌드 및 소비자 니즈 변화와 신규 경쟁 브랜드에 대응하기 위해 레스토랑 내외부 이미지 업그레이드나 메뉴 변경과 같은 변화를 추구하게 되는데, 이때 주요 거점 지점을 선정해서 리뉴얼이나 신규메뉴를 먼저 적용하여 고객의 반응을 살핀 뒤 그 결과에 따라 전국에 있는 지점으로 확대하기 위한 목적으로 Test Market을 실시한다. 이미지나 메뉴 변경 안이 여러 개가 있을 경우에는 주요 지점별로 서로 다른 안을 적용하여 소비자 반응이 가장 좋은 안을 선정, 전 지점으로 확대하는 경우도 있다.

건설/부동산, 유통 업종에서는 신규 아파트, 상가, 해당 지역이나 상권 개발을 위한 조사를 널리 활용한다. 잠재 수요자나 해당 지역/상권 거주자를 대상으로 향후 개발될 아파트나 상가 혹은 유통점에 대한 잠재 니즈 및 수요를 파악하는 것이 주목적이므로 이들 조사도 일종의 신제품/서비스 개발 조사라고 할 수 있다.

서울 강남의 초고층 호화아파트의 대명사로 알려진 도곡동 타워팰리스 개발을 위해 사전에 마케팅조사를 실시하였다. 조사는 크게 잠재고객과 부동산 중개인을 대상으로 한 정량조사와 정성조사로 구성하였으며 조사설계는 아래와 같다.

조사설계

구분	정량조사	정성조사
잠재고객	강남, 서초, 송파 소재 50평 이상의 아파트에 거주하는 만 54세 이상 가구주 혹은 가구주 부인 중 초고층 고급아파트 분양 의향 혹은 호감이 있는 사람 350명을 1 : 1개별면접으로 조사	강남, 서초, 송파 소재 50평 이상의 아파트에 거주하면서 향후 5년 이내 강남의 현대식 고급아파트 분양의향 혹은 호감이 높은 만 60세 이하 주부 2그룹(그룹당 8명)을 FGD로 조사
부동산 중개인	강남, 서초, 송파 소재 만 55세 이하 공인중개사 50명을 1 : 1개별면접으로 조사	강남, 서초, 송파 소재 만 55세 이하 공인중개사 1그룹(8명)을 FGD로 조사

상기와 같은 설계로 마케팅조사를 실시하여 타워팰리스는 국내 최초의 초고층 호화아파트로서 성공적으로 분양되었으며, 부동산 시장에서의 마케팅조사를 잘 활용한 성공사례로 알려져 있다. 타워팰리스 사례에서처럼 신제품/서비스 개발을 위한 조사는 많은 경우 정량조사와 정성조사를 동시에 실시해서 각 조사방법별 단점을 보완하고 보다 풍부한 자료를 도출하게 된다.

주) 박무익, 이계오, 이기재 공저, 『여론조사의 이해』, 한국방송통신대학교출판부, 2006년, pp.230-234.

바. 기타 조사

지금까지 대체로 기업이나 기관에서 빈번하고 일상적으로 수행되는 마케팅 활동을 위한 조사유형들에 대해 살펴보았다. 때로는 일상적인 마케팅 활동 이외에 발생하는 이슈나 사안에 대한 의사결정을 위해 조사가 필요한 경우가 있는데, 내구재나 서비스업종뿐만 아니라 FMCG 산업에서도 필요시 활용되는 조사유형들은 다음과 같다.

구 분	조사예시
법적/제도적 환경변화에 따른 소비자 반응을 위한 조사	– 이동통신시장의 번호이동제 및 010 번호 도입에 대한 소비자 반응 조사 – 자본시장통합법에 따른 금융영역 붕괴에 대한 소비자 반응 조사
고객 관련 조사	– 신규 기입고객/이탈고객들의 성향 파악을 위한 조사 – 기업 통합 혹은 CI 변경에 대한 소비자 반응 조사 – 부정적인 이슈 혹은 언론 보도에 대한 소비자 반응 조사
직원의식/만족 파악을 위한 조사	– 기업의 합병 혹은 통합 등으로 인한 조직구조 변화에 대한 직원의식 조사 – 직원만족도 혹은 직원사기를 측정하기 위한 직원만족도조사 – 유통점주/가맹점주/보험설계사 만족도조사 – 매장/접점 직원의 만족도조사/고객지향성에 대한 의식조사
기타 조사	– 상표권 분쟁 관련 조사 – 프로모션/이벤트에 대한 소비자 반응조사

직원만족도조사의 활용유형

많은 기업에서 직원사기 혹은 직원만족 수준을 측정하여 향후 인사정책에 반영하기 위해 직원만족도조사를 실시하고 있다. 직원만족도조사는 조사유형에 따라 크게 사내행낭방식과 온라인 방식으로 구분될 수 있다.

사내행낭방식은 조사질문지와 회신용 봉투를 기업이나 기관 내부의 문서전달 방식인 사내행낭을 통해 각 팀별로 배포한 후 응답한 질문지를 회신용 봉투에 담아 회신하는 형태로 진행되는 것을 말한다. 기업문화가 보수적이거나 공장 근로자 등이 조사대상에 포함될 경우에는 사내행낭방식으로 조사를 진행한다.

온라인 방식은 온라인 조사 형태로 진행하는 것으로 다시 특정 홈페이지 방식과 이메일 방식으로 구분된다. 특정 홈페이지 방식은 조사를 위한 임시 홈페이지를 별도로 개설해서 응답자들이 사전에 임의로 부여받은 ID를 입력하여 로그인한 후 홈페이지상에서 응답하는 방식이며, 이메일 방식은 조사대상 직원들에게 응답링크가 포함된 이메일을 보내고 응답자들이 이메일에 포함된 링크를 통해 조사질문지에 접속해서 응답하는 방식이다. 이 두 가지 방식 중 실무에서는 주로 전자가 널리 활용된다.

직원을 대상으로 한 조사 진행 시 가장 유의해야 할 점은 직원들의 응답노출에 대한 우려를 최소화하도록 노력해야 한다는 점이다. 대개의 경우 직원들은 조사에 응답할 때 자신의 응답내용이 회사경영진에 노출되지 않을까를 염려해서 솔직하지 못한 응답을 할 가능성이 매우 높기 때문에 어떤 방식으로 진행하든 누가 응답했는지를 알 수 없도록 진행한다는 점을 응답하는 직원들이 분명히 인식할 수 있도록 하여야 한다.

STEP 01 마케팅조사 이해하기

STEP 02 마케팅조사 유형별로 살펴보기

STEP 03 마케팅조사 **제대로 활용하기**

마케팅조사 제대로 활용하기

1. 마케팅조사 기획하기
2. 마케팅조사 진행하기
3. 표본설계는 조사의 규격표
4. 질문지 개발하기
5. 실사진행하기
6. 자료처리하기
7. 분석과 보고서 작성하기

조사기획, 표본설계, 질문지 개발, 실사, 자료처리와 기초분석, 보고서 작성 등의 마케팅 조사 실무를 진행단계별로 구성하여 필요할 때 바로 적용할 수 있도록 한다.

STEP 03

마케팅조사
제대로 활용하기

지금까지 실무에서 주로 활용되고 있는 주요 조사유형들을 살펴보았다. 이제는 유형에 상관없이 조사를 진행할 때 거쳐야 하는 절차들을 구체적으로 하나씩 알아보도록 하겠다. 먼저 조사의 기획단계에서 수행해야 할 절차들에 대해 설명하기로 한다.

1. 마케팅조사 기획하기

조사의 기획단계에서는 먼저 조사를 진행하고자 하는 목적이 무엇인지를 명확히 하고, 기업이나 기관에서 자체적으로 진행할 것인지 아니면 전문조사회사에 의뢰할 것인지에 대한 결정, 외부에 의뢰해야 할 경우 조사회사를 선정할 때 고려해야 할 점들은 무엇인가에 대해 살펴보도록 하자.

(1) 조사목적의 명확화

마케팅조사를 제대로 활용하기 위해서는 무엇보다 조사의 목적을 명확하게 해야 한다. 조사를 통해 알고자 하는 내용이 정확하게 무엇인지 혹은 조사결과를 구체적으로 어떤 용도로 활용코자 하는지를 사전에 분명히 하여야 한다. 조사목적을 명확하게 하기 위해서는 문제를 단순하게 만들어야 한다. 단순히 문제를 정의만 할 것이 아니라 그 문제가 최소한 어디서 비롯되는지는 파악하여 단순화하는 것이 좋다. 또한 조사목적이 의사결정을 위한 것인지 아니면 의사결정을 위한 사전자료수집인지도 명확하게 하여야 한다.

예를 들어, 커피전문점의 매출이 지속적으로 떨어지고 있어 이에 대한 원인 파악을 위해 마케팅조사를 하려고 한다면 단순히 매출 부진이라는 큰 주제가 아니라 보다 구체적으로 매출 부진이 어디서 나타나고 있는지를 사전에 명확하게 할 필요가 있다. 즉 조사목적을 보다 명확하게 하기 위해 단골고객이 재방문을 덜하거나 이탈하는 것이 원인인지, 아니면 새로운 고객들이 오지 않아서인지를 먼저 파악하여야 한다. 또한 단골고객의 재방문 및 이탈이 원인이라면 매출이 저하된 시점 이전과 이후 마케팅 활동의 변화는 없었는지(예: 가격인상이나 할인축소, 프로모션/이벤트 활동 변화, 해당 커피전문점이 속한 상권의 변화) 등을 파악하여 이를 바탕으로 조사목적을 구체적으로 정의하여야 한다.

앞서 살펴본 '쌀생면 브랜드 리포지셔닝을 위한 조사활용 사례'에서도 신제품의 매출 부진을 위한 조사를 수행하기 전에 브랜드 매니저는 조사목적을 보다 구체적으로 하기 위해 면밀히 검토한 결과 컨셉과 제품이 아닌 소비자 구매의사결정과정에서의 인지와 지각단계에서 문제가 있을 것이라는 가정을 세운 후 이를 검증하기 위해 조사를 기획하였다. 만약 여기서 단순히 매출부진이라는 큰 주제로 조사를 진행하게 된다면 컨셉 및 제품테스트도 다시 수행해야 하고 이와는 별도로 소비자 인식상의 문제를 파악하기 위한 별도 조사를 시행했어야 한다.

이처럼 조사목적이 얼마나 명확하고 구체적인가에 따라 조사의 방향 및 범위가 달라질 수 있으므로 사전에 조사목적은 가급적 구체적으로 정하는 것이 좋다. 조사목적을 구체적으로 설정하기 어렵다면 조사의 결과를 구체적으로 어떻게 활용한 것인지를 명확히 하면 목적을 구체화하는 데 도움이 된다.

(2) 자체조사 vs. 용역의뢰

조사목적을 명확하게 했다면 이제는 전문조사회사에 의뢰를 할 것인지 아니면 기업 내부에서 자체적으로 수행할 것인지를 결정하여야 한다. 조사결과를 바탕으로 중요한 의사결정을 해야 한다거나 마케팅 활동에 대한 평가를 객관적으로 해야 하는 경우, 혹은 조사성격상 전문성이 요구되는 경우에는 전문조사회사에 의뢰하는 것이 좋다. 반면 현장이나 접점의 개선을 목적으로 한 조사나 이벤트/프로모션에 대한 고객평가, 특정이슈나 사안에 대한 고객의견 수렴 등 일상적인 마케팅 활동에 필요한 자료 도출이 목적이라면 기업 내부에서 자체적으로 수행할 수 있을 것이다.

단, 자체조사의 수행을 위해서는 기업이나 기관의 조사실무자들이 관련 지식과 수행능력이 있어야 하며, 자체조사 진행을 위한 고객DB나 콜센터 등의 여건도 갖추어야 한다. 기업 내부에 조사전문가나 조직을 보유하고 있는 일부 기업에서는 질문지 개발 및 실사만 조사회사에 의뢰하고 분석보고서는 자체적으로 쓰는 경우가 있으며, 조사인력이나 조직은 없으나 고객DB나 콜센터가 있는 경우는 실사는 자체적으로 수행하되, 질문지개발과 분석만을 전문가에 의뢰하여 조사를 수행함으로써 비용을 절감하는 경우도 있다.

Herts, Avis 등 미국의 전통적인 1, 2위 렌터카 업체를 제치고 현재 미국 1위의 렌터카 브랜드로 도약한 엔터프라이즈사는 고객만족도조사를 잘 적용한 기업으로 매우 유명하다. 불과 10년 전만 해도 사람들에게 잘 알려지지 않았던 엔터프라이즈사가 업계 1위를 차지한 주요 비결 중 하나가 자체적으로 실시하는 서비스 품질조사인 ESQI(Enterprise Service Quality Index)이다. 엔터프라이즈에서는 매월 모든 지점별 이용고객을 대상으로 전화를 이용해 핵심질문으로 구성된 ESQI 조사를 실시해서 5,000개가 넘는 모든 지점들에 조사결과를 거의 실시간으로 피드백함으로써 각 지점에서 개선활동을 전개할 수 있도록 한다. 이 과정에서 다양한 장려정책을 펼쳐 직원들의 사기를 고취시키고, 고객만족의 중요성 및 개선활동 전개를 위한 공감대를 형성하여 직원들의 자발적 참여를 유도하였으며, 그 결과 현재 엔터프라이즈사는 Herts사의 2배가 넘는 매출을 기록하는 업계 1위로 등극하게 되었다.

은행, 보험, 신용카드, 가전, 정유, 패밀리 레스토랑, 멀티플렉스 영화관 등 자체적으로 고객 데이터베이스나 콜센터 기능을 보유한 대부분의 업종에서 자체조사를 널리 활용하고 있다. 고객 데이터베이스가 잘 구축된 회사들은 온라인 조사시스템을 활용해 신상품/서비스, 프로모션, 만족도 등을 파악하기 위한 조사를 실시하고 있으며, 콜센터를 보유한 기업들에서도 프로모션에 대한 고객반응이나 간단한 만족도조사를 실시하는 경우가 많다.

한 가지 안타까운 점은 자체조사를 실시하는 많은 기업이나 기관에서 조사업무를 수행하는 실무자들의 관련 지식 부족으로 인해 잘못된 조사를 시행하는 경우가 흔하다는 사실이다. 조사는 마케팅, 소비자행동, 심리학, 통계학 등 다방면의 지식과 스킬이 요구되기 때문에 가급적 자체조사를 진행하기 전에 조사설계, 질문지, 분석방법 등에 대해 전문가의 자문을 받는 것이 좋다.

전문조사회사에 마케팅조사를 의뢰해야 할 경우에는 조사목적과 예산에 맞게 용역회사를 선정하여야 한다. 국내에는 약 100개 이상의 크고 작은 조사회사가 있으며, 현재 한국마케팅여론조사협회(KOSOMAR)에 가입한 회원사만 해도 42개에 이른다. 이 중 2008년 매출 기준 Top 10에 속하는 조사회사로는 닐슨컴퍼니코리아, TNS코리아, 한국갤럽, 한국리서치, RI 코리아, Synovate, 밀워드 브라운 미디어 리서치, 동서리서치, 나이스R&C, 엠브레인 등이 있으며, 각 사별 주요 특징은 다음과 같다.

국내 **Top10** 조사회사

회사명	직원 수(명)	특 징
닐슨 컴퍼니 코리아	250 ~ 300	세계적인 마케팅/미디어 정보 그룹인 VNU그룹의 한국지사 소매점 지표 조사인 Retail Index와 시청률 조사로 유명 최근 정부/공기업 등 공공부문의 조사시장에 진출

회사명	직원 수(명)	특 징
TNS코리아	250 ~ 300	세계 2위 마케팅조사전문기업인 TNS Global의 한국지사 TNSGlobal의 시스템(조사모델 및 실적)을 바탕으로 고가전략 추구 현재 여론/마케팅조사(TNS Korea), 미디어 조사(TNS Media) 수행
한국리서치	250 ~ 300	순수토종 국내 마케팅조사회사로 마케팅, 미디어, 사회/여론조사 수행 한국갤럽 다음으로 국내 조사시장에 진입, 마케팅조사 위주 수행 최근 사회/여론조사 부문을 크게 강화
리서치 인터내셔날	200 ~ 250	Research International의 한국지사로 마케팅/사회여론조사 수행 08년 모그룹(WPP)이 TNS를 인수하여 TNS Korea와 합병 *WPP에는 Millward Brown, TNS, RI가 속해 있음
한국갤럽	120 ~ 140	Gallup International의 한국대표 조사회사 선거예측조사, 여론조사로 가장 유명 국내 현존하는 조사회사들 중 가장 먼저 진입, 마케팅조사로 시작 현재 마케팅조사, 여론조사, 사회조사를 수행
Synovate	100 ~ 110	글로벌 조사회사인 Synovate의 한국지사 외국계 회사들이 주요 클라이언트이며 마케팅조사를 주로 수행
밀워드 브라운 미디어 리서치	90 ~ 100	밀워드 브라운과 순수토종회사인 미디어 리서치의 합작회사 현재 마케팅조사와 사회여론조사 수행
나이스R&C	90 ~ 100	신용평가회사의 자회사 금융권 고객만족/미스터리쇼핑조사를 전문적으로 수행 최근 자동차 산업 전문 조사회사인 ANR과 합병
동서리서치	90 ~ 100	FMCG 및 광고대행사가 주요 클라이언트 마케팅조사 위주로 수행
엠브레인	80 ~ 90	온라인 패널 조사로 출발한 회사 최근 몇 년간 가장 높은 성장률을 기록한 조사회사 중 하나 온라인 조사에 있어 가장 강점이 있는 것으로 알려져 있음

주) 2010년 현재 TNS와 RI는 합병됨

(3) 조사회사 제대로 활용하기

기업이나 기관에서 전문조사회사를 잘 활용하기 위해서는 다음과 같은 점들을 고려해야 한다.

가. 싼 게 비지떡이다

국내 약 100여 개의 크고 작은 조사회사들 중 상대적으로 규모가 작은 회사들이 과도하게 낮은 조사예산으로 조사 프로젝트를 수행하다 보니 조사결과의 신뢰성 등과 같은 문제가 제기되고 있는 것이 사실이다. 마케팅조사는 한계점이 많은 과학이기 때문에 조사설계, 질문항목 구성, 실사진행, 자료처리, 분석 등의 과정에서 자칫 오류가 생길 가능성이 매우 높다. 따라서 조사회사를 선택할 때는 가격적인 요소보다 그 회사의 인지도와 명성이나 담당 연구원의 조사역량을 보다 중요하게 고려해야 한다. 특히 조사의 목적이 경영진 등을 설득하기 위한 것이거나 본부별 혹은 지점별 평가를 위한 것이라면 조사회사나 담당 연구원에 대한 신뢰성은 매우 중요한 요소로 작용한다.

나. 연간계약을 통해 조사예산을 줄여라

조사프로젝트 기준으로 한 건보다는 두 건을 동시에 수행할 경우 전체 조사예산은 더 절감될 수 있으며, 단일조사에 대한 계약보다는 연간을 기준으로 조사방법별, 유형별 조사예산을 사전에 정하여 이를 바탕으로 계약하는 것이 조사예산을 절감하는 데 훨씬 더 유리하다. 실제로 많은 기업들이 매년 초에 이러한 방식으로 특정 조사회사와 연간 계약을 맺고 조사수요가 있을 때마다 연간 계약 시 책정한 조사예산을 바탕으로 조사 프로젝트를 발주함으로써 조사 예산을 절감한다.

다. 단수의 조사회사와 장기간 조사를 지속하는 것이 좋다

매번 조사를 할 때마다 혹은 매년 조사회사를 바꾸기보다는 한 회사와 장기간에 걸쳐 조사를 진행하는 것이 좋다. 조사회사는 조사에 대해서는 전문가이지만, 해당 산업에 대한 전문가는 아니다. 더구나 해당 기업의 내부 사정은 오랫동안 관계를 맺지 않는 이상 전혀 알 수가 없다. 반면, 조사회사의 담당자가 해당 산업과 의뢰회사의 문화에 대한 이해수준이 높으면 높을수록 해당 조사 프로젝트를 보다 효과적으로 수행할 수 있게 된다.

라. 조사회사의 수준이 비슷하다면 조사실무를 담당하는 연구원들의 역량이 더 중요하다

외국계 조사회사들은 일반적으로 그 회사가 가진 각종 조사모델 및 글로벌 네트워크를 통한 조사경험 등을 장점으로 내세우는 경향이 있다. 그러나 이러한 회사들이 가진 대부분의 조사모델은 미국 혹은 유럽 시장과 해당 시장의 소비자 특성을 반영하여 정형화된 형태로 만들어져 있으므로 한국적 시장특성과 소비자 특성은 잘 반영하지 못한다. 또한 실무 담당 연구원들은 이러한 모델을 수동적으로 적용하는 데 익숙해져 있어 의뢰회사의 상황에 맞게 조사 설계나 항목 등을 조정하는 역량이 부족할 수 있다. 따라서 조사회사의 규모나 수준이 비슷하다면 조사모델 등과 같은 시스템적인 측면보다 해당 프로젝트를 담당할 연구원들의 조사실무와 관련된 역량을 중점적으로 보는 것이 좋다.

2. 마케팅조사 진행하기

 이제부터는 마케팅조사를 실제 실무에서 진행하기 위한 절차와 내용에 대해 자세히 알아보기로 한다. 우선 실무에서 수행되는 마케팅조사는 표본설계 - 질문지개발 - 실사 - 코딩/편칭 - 자료처리 - 분석/보고서작성 등의 절차를 거친다. 어떤 조사유형이건 간에 모든 조사는 이러한 절차를 반드시 거쳐야 한다. 단, 동일한 조사를 시간의 흐름에 따라 지속적으로 반복하는 경우 표본설계와 질문지개발 단계는 생략될 수 있으나 나머지 절차는 밟아야 한다.

마케팅조사 진행절차

구 분	내 용
표본설계 (Sample Design)	누구를 대상으로 어느 지역에서 얼마나 많은 사람들에게 어떤 방식으로 그 사람들을 선택하여 어떻게 조사할지를 결정하는 것이다.
질문지 개발 (Questionnaire Design /Development)	조사대상자들에게 묻고 싶은 질문 항목들을 정리하여 질문지로 만드는 것이다. 정량조사는 사전에 만들어진 질문문항 그대로 모든 응답자에게 동일하게 질문을 하게 되므로 질문문항이 정형화되어 있으며, 설문지 혹은 질문지라 한다. 정성조사는 모든 응답자에게 동일하게 적용될 질문의 큰 흐름만을 정리하게 되는데 이를 가이드라인이라고 한다. 정성조사는 큰 흐름에 대한 질문은 동일하지만, 질문에 대한 응답자의 응답에 따라 후속 질문 내용은 달라진다.

구 분	내 용
실사 (Fieldwork)	개발된 질문지를 표본설계에서 정한 바에 의거하여 실제로 응답을 받아내는 과정을 말한다. 정량조사를 조사회사에서 수행할 경우 전화나 1 : 1개별면접조사는 전문면접원이 수행하게 되며, 기업이나 기관에서 자체적으로 수행할 경우 온라인에 의한 자기기입 혹은 콜센터 상담직원을 통해 수행할 수 있다. 정성조사는 모더레이터(FGD)나 인터뷰어(In-depth Interview)가 가이드라인에 따라 진행하게 되며, 응답내용에 따라 후속 질문은 달라지게 되므로 대개 전문모더레이터나 조사회사 연구원이 실사를 진행하게 된다. * 모더레이터(Moderator)는 FGD를 진행하는 사람으로서 전문프리랜서나 조사회사 연구원이 수행하는 것이 가장 일반적이다. In-depth Interview의 인터뷰어는 대개 조사회사의 연구원인 경우가 많다.
코딩/펀칭 (Coding/Punching)	정량조사에서 응답내용을 숫자로 바꾸는 과정(부호화)을 말한다. 질문지에서 오픈응답(주관식 문항에 대한 응답내용으로 텍스트로 구성)을 숫자로 변환하는 작업을 코딩이라 하고, 질문지에 응답된 모든 응답내용을 숫자로만 구성된 데이터 형태로 가공하는 작업을 펀칭이라 한다. 정성조사는 질문에 대한 응답이 텍스트형태로 되어 있으며, 응답자에 따라 후속질문과 응답내용이 다르므로 정량조사와 같이 정형화된 형태로 부호화할 수 없다. 정성조사 진행 시에는 응답자의 응답내용을 녹음을 하게 되므로 녹음내용을 텍스트로 변환하는 Script(녹취록) 작업을 하게 된다.
자료처리 (Data Processing)	정량조사에서 코딩/펀칭이 완료된 데이터를 이용해 교차집계표(Cross Tabulation)를 만드는 것을 말하며, 통계학의 빈도분석과 교차분석을 활용한다. 쉽게 말해 기초적인 통계처리를 하는 것이다. 정성조사는 응답한 내용을 글로 변환한 녹취록을 이용해 실무자가 주요 내용으로 요약, 정리하는 것을 자료처리라고 할 수 있다. 실무자에 따라 요약정리를 사전에 하지 않고 녹취록을 보면서 바로 보고서를 작성하는 경우도 있다.
분석 및 보고서 작성 (Analysis)	정량조사에서는 자료처리과정에서 산출된 교차집계표와 데이터를 활용한 실무자의 추가 통계분석 결과를 바탕으로 분석결과 보고서를 작성한다. 정성조사도 녹취록이나 요약한 내용을 바탕으로 분석하여 보고서를 작성한다.

3. 표본설계는 조사의 규격표

이제는 앞서 언급한 마케팅조사 진행절차를 단계별로 보다 구체적으로 살펴보도록 하자. 먼저 조사의 규격표라고 할 수 있는 표본설계에 대해 알아보기로 한다.

이 세상에 존재하는 모든 사물이나 대상은 나름대로 특징을 규정한 규격 같은 것이 있다. 사람의 경우 이름, 주민등록번호, 출생지, 거주지, 현재 직업/소득 등으로 그 사람의 특징을 알 수 있으며, 제품이나 상품의 경우에는 크기, 모양, 사양 등과 같은 규격을 통해 해당 제품의 특징을 파악할 수 있다. 마케팅조사에도 이와 같은 규격이 존재하는데 이것이 바로 표본설계이다. 표본설계를 어떻게 하느냐에 따라 조사결과는 달라질 수 있으며, 조사결과에 대한 해석 또한 달라져야 하므로 마케팅조사를 수행할 때는 표본설계를 사전에 잘 정리해야 하고 조사결과를 확인하기 전에 반드시 표본설계를 먼저 확인해야 한다.

최근 정보통신 기술의 발전으로 조사를 전문적으로 수행하지 않는 사람도 쉽게 조사를 진행할 수 있다 보니 요즘 인터넷에서는 구체적으로 누구를 대상으로 어떻게 어떤 방법으로 조사가 이루어졌는지를 자세히 밝히지 않은 채 조사결과 그 자체만을 부각하는 경우가 흔하다. 보다 구체적인 사례를 통해 살펴보도록 하자. 다음은 모 신문의 인터넷 기사로 게재한 내용이다.

직장인 70% "나는 워킹푸어"

대한민국 남녀직장인 10명 중 7명은 본인 스스로를 워킹푸어라고 생각하고 있었으며, 그중 비정규직 기혼여성 직장인이 스스로를 워킹푸어라고 생각한다는 응답이 가장 높은 것으로 조사됐다. 이는 온라인 취업포털 잡코리아가 최근 국내외 기업에 재직 중인 남녀직장인 765명을 대상으로 워킹푸어 인지 정도에 관해 설문한 결과 밝혀진 사실이다.

설문 참가자들에게 본인 스스로를 워킹푸어라고 생각하고 있는지를 질문한 결과, 직장인 10명 중 7명에 해당하는 70.1%(536명)의 응답자가 그렇다고 응답했다.

아시아경제, 2009년 8월 5일

위 기사에서 언급한 조사는 특정 온라인 취업포털에 등록된 회원이거나 홈페이지를 방문한 직장인 765명을 대상으로 한 것으로 보이지만, 마치 우리나라 직장인 전체 중 일부를 대상으로 시행한 조사결과를 바탕으로 한 것처럼 되어 있다. 상기의 기사와 같은 결론을 내리기 위해서는 '서울(혹은 5대 광역시)에 거주하는 정규직 및 주 OO시간 이상 일을 하는 비정규직 및 계약직을 모두 포함한 20세 이상 59세 이하 직장인 OOO명'을 대상으로 조사를 시행했어야 하며, 사전에 이러한 표본설계를 명확하게 정했어야 했다. 상기 조사는 구체적인 표본설계는 언급하지 않은 채 조사결과만을 제시하여 특정 온라인 취업포털 회원 혹은 방문한 직장인이 마치 전체 직장인을 대표하는 것처럼 주장하는 오류를 범하고 있다.

앞서 살펴본 기사와 같은 오류를 범하지 않기 위해서는 조사시행 전에 반드시 정확한 표본을 먼저 설계하여야 한다. 표본설계는 조사의 규격표 역할을 하며, 일반적으로 조사대상, 조사지역, 표본크기, 표본추출방법, 자료수집방법 등의 5가지로 구성된다.

구 분	내 용
조사대상	누구를 대상으로 하는지를 구체적으로 밝혀야 한다. 신상품에 대한 조사라면 해당 신상품의 잠재고객이 될 것이며, 자사고객들의 니즈를 파악하기 위한 조사의 경우 자사고객들이 조사대상이 되어야 할 것이다.
조사지역	조사대상이 소재한 지역을 말한다. 앞서 잠재고객이 서울지역에 소재하고 있다면 조사지역은 당연히 서울지역이 되어야 할 것이다.
표본크기	표본의 크기, 즉 최종 분석에 사용할 응답자 수를 말한다. 표본크기의 산정은 조사목적과 조사대상에 따라 달라질 수 있다.
표본추출방법	응답자를 선정하는 방법을 말하는 것으로 크게 무작위추출법과 할당추출법으로 구분할 수 있다.
자료수집방법	응답자에게 응답을 받는 방법을 말하며, 전화, 1 : 1개별면접, 우편, 온라인 (인터넷) 등이 있다.

상기에 제시된 표본설계의 구성요소는 정량조사 기준이다. 정성조사의 경우 In-depth Interview는 정량조사와 같은 방식으로 표현해도 무방하나 FGD의 경우에는 표본크기를 '그룹 수', 표본추출방법을 '리크루팅 조건'으로 표기하는 것이 더 정확하다.

위에서 제시한 5가지 구성요소는 조사목적을 설정한 후 조사를 시행하기 전에 정의가 되어야 하므로 조사를 시행하는 사람은 누구나 반드시 숙지하고 있어야 하며, 조사결과를 확인하거나 리뷰할 때도 반드시 표본설계부터 확인해야 조사결과를 제대로 해석할 수 있다.

조사실무에서는 마케팅조사보다 사회조사 분야에서 표본설계를 더 중요하게 인식한다. 앞서 언급한 것처럼 표본설계는 조사의 규격역할을 하는 것으로 표본설계가 잘못되면 아무리 조사진행이 잘되거나 고급 통계분석기법을 적용한다 하더라도 아무 의미가 없기 때문이다. 특히 사회조사 분야에서는 국가나 정부의 정책에 조사결과가 활용되는 경우가 많으므로 조사결과가 해당 정책에 영향을 받는 국민이나 시민 모두의 의견들을 객관적으로 잘 반영하고 있어야 하므로 무엇보다 표본설계가 가장 중요한 요소로 인식된다.

표본설계를 구성하는 5가지는 모두 단독으로 다루어야 할 정도로 내용이 많으므로 각각에 대해 하나씩 순차적으로 제시하도록 하겠다.

(1) 조사대상 정의

조사의 규격 역할을 하는 표본설계의 출발점은 조사대상을 규정하는 일이다. 구체적으로 누구를 대상으로 조사를 할 것인가를 명확하게 구체적으로 정의하는 것이다.

가. 조사대상 정의 시 고려사항

조사대상을 정의할 때 가장 먼저 고려해야 할 점은 조사의 대상이 되는 전체 집단인 '모집단(Population)'을 명확히 하여야 한다는 것이다. 패밀리 레스토랑에 대한 이용실태조사를 실시한다면 모집단은 '패밀리 레스토랑 잠재고객 전체'가 되어야 하며, HP노트북에 대한 만족도조사를 하려고 한다면 '조사시점 현재 HP노트북을 사용하고 있는 고객집단 전체'가 되어야 한다. 마케팅조사는 대부분의 경우 모집단 중의 일부만을 조사하는 '표본'조사이므로 표본이 포함된 모집단 전체가 조사대상이 되는 것이다. 마케팅조사 실무에서 가장 널리 활용되는 조사유형별 조사대상 예시는 다음과 같다.

정량조사 대상 예시

	조사유형	조사대상
신제품/ 서비스 개발단계별	스포츠 음료 이용실태조사	만 17세 이상 29세 이하 일반인 남, 여
	냉동식품 이용실태조사	가구 내에서 식품을 주로 구입하는 만 25세 이상 59세 이하 기혼여성
	샴푸 신제품 컨셉테스트 조사	조사시점 현재 샴푸를 사용하는 만 20세 이상 35세 이하 남, 여
	이동통신 신서비스 컨셉테스트 조사	조사시점 현재 이동통신 서비스를 이용하는 만 19세 이상 39세 이하 남, 여
	신제품 담배 테스트 조사	조사시점 현재 하루 10개비 이상 담배를 피우는 만 19세 이상 39세 이하 남자
	신제품 주방세제 사전 광고효과 조사	만 29세 이상 49세 이하 가정주부
조사목적별	은행 이용실태조사	만 19세 이상 59세 이하 일반인 남, 여
	주유소 이용실태조사	만 19세 이상 59세 이하 자가운전자
	기업이미지 조사	만 19세 이상 59세 이하 일반인 남, 여
	아파트 브랜드 광고효과 조사	만 30세 이상 49세 이하 일반인 남, 여

조사유형		조사대상
조사목적별	이동통신 광고효과 조사	만 13세 이상 39세 이하 일반인 남, 여
	OO호텔 투숙객 조사	최근 3개월 이내 OO호텔을 투숙한 경험이 있는 고객
	할인점 고객만족도조사	조사시점 현재 OO할인점을 월 1회 이상 방문하는 주 이용고객
	직원만족도조사	조사시점 현재 회사에 재직 중인 모든 정규직 직원 단 계약직 및 임시직 직원은 제외

상기에서 제시한 예는 가장 일반적인 형태로서 같은 유형의 조사라 하더라도 조사목적에 따라 조사대상은 크게 달라질 수 있다. 예를 들어 신제품 샴푸가 모발 보호를 위한 제품이라면 조사대상은 조사시점 현재 모발 보호 샴푸를 사용하는 고객이 되어야 할 것이며, 신제품 담배가 젊은 여성을 타겟으로 삼고 있다면 당연히 조사대상은 해당 신제품 담배의 잠재타겟이 되는 여성이 되어야 한다.

정성조사는 일반적으로 정량조사에 비해 조사대상이 보다 구체적이다. 정성조사를 통해 해당 제품/서비스에 대한 소비자들의 인식과 태도, 구매/이용행동 등에 대한 심층적인 내용을 도출해야 하므로 조사주제가 되는 제품/서비스를 평균 이상 이용하는 소비자를 대상으로 하는 것이 일반적이다. 그래서 조사대상 선정을 위해 스크리닝 질문지를 별도로 만들어 엄격하게 대상을 선별하게 된다.

	조사유형	조사대상
신제품/서비스 개발단계별	욕실세제 신제품 Idea 도출을 위한 조사	조사시점 현재 욕실세제를 월 1회 이상 구입하는 Heavy User 및 3개월에 1회 구입하는 Light User
	스포츠음료 이용실태 조사	만 17세 이상 29세 이하 일반인 남, 여 중 주 1회 이상 스포츠음료를 구매하여 마시는 소비자
	신제품 냉동식품 컨셉테스트조사	가구 내에서 식품을 주로 구입하는 만 25세 이상 59세 이하 기혼여성 중 주 1회 이상 냉동식품을 구매하여 취식하는 소비자
조사목적별	주유소 이용실태조사	만 19세 이상 59세 이하 자가운전자 중 주 1회 이상 주유를 하는 고객
	패밀리 레스토랑 브랜드조사	만 19세 이상 49세 이하 일반인 남, 여 중 3개월에 1회 이상 패밀리 레스토랑을 이용하는 고객
	OO호텔 투숙객 조사	최근 3개월 이내 OO호텔을 투숙한 경험이 있는 고객
	할인점 고객만족도조사	조사시점 현재 OO할인점을 주 1회 이상 방문하면서 평균 구매금액이 10만 원 이상인 주 이용고객

나. 조사대상의 현실적인 범위

기업이나 기관에서는 가끔 현실적으로 조사하기 어려운 대상들에 대한 조사 가능 여부를 물어보는 경우가 종종 있다. 즉 연령이 아주 낮거나 높은 층이나 소득이 많거나 적은 층 혹은 특수계층 등이 대표적인 예라고 할 수 있다.

우선 관찰조사가 아닌 질의응답 방식의 모든 조사는 최소 초등학교 고학년인 만 11세 이상에서 최대 만 69세 이하를 조사가 가능한 연령 대로 본다. 초등학교 저학년이나 미취학 아동들은 너무 어려서 질문내 용을 이해하거나 자신의 생각이나 느낌을 제대로 알거나 표현할 수 없 으며, 만 70세 이상의 고연령층의 경우에도 질의응답 방식의 조사에 제 대로 응답할 수 없을 것이라고 간주하기 때문이다.

소득수준에 따른 조사대상 가능층은 일반적으로 상하위 5~10%는 조 사하기 어려운 층으로 간주된다. 특히, 일반인을 대상으로 조사를 진행 할 경우에는 자연스럽게 소득이 너무 높거나 낮은 층은 접근하기 어려 워 조사대상에서 제외되게 된다. 최근에는 보안 문제로 인해 고소득층 을 가구방문 형태로 조사하기는 더 어려워지고 있는 것이 현실이다.

장애인, 성매매 종사자, 이혼한 사람 등과 같은 특수계층도 현실적으 로 조사하기가 매우 어렵다. 다행히 마케팅조사에서는 이들을 타겟으로 한 조사가 거의 없으나 사회여론조사에서는 이들 계층을 대상으로 조 사를 해야 하는 상황이 생기는 경우를 종종 보게 된다.

> 브랜드나 광고는 자사 브랜드나 제품을 고객들에게 알리거나 좋은 이미지를 심어 주는 데 그 목적이 있으므로 브랜드/광고효과 조사의 조사대상은 해당 브랜드/광고의 잠재고객 전체가 되어야 한다. 그러나 많은 경우 브랜드/광고효과의 조사대상을 잠재고객이 아닌 현재고객으로 정의해서 조사결과가 왜곡되는 경우가 있다.
>
> 예를 들어, 패밀리 레스토랑에 대한 이미지 조사를 실시한다고 가정해 보자. 이 경우 조사대상은 패밀리 레스토랑을 이용해 본 경험이 있는 고객뿐만 아니라 패밀리 레스토랑을 이용한 경험이 없는 잠재고객 전체를 대상으로 하여야 한다. 만약 여기서 조사대상을 이용경험자로 한정한다면 브랜드/광고효과에 대한 조사결과는 잠재고객 전체를 대상으로 했을 때와 다를 가능성이 높아 조사결과가 왜곡될 수 있다.
>
> 기업이나 기관의 광고제작 및 집행을 대행하는 광고대행사에서 주관하는 브랜드조사나 광고효과 조사의 조사대상 또한 잠재타겟 전체가 아닌 이용경험고객 또는 해당 제품/서비스 관심고객으로 범위를 좁히는 경우가 있다. 그러나 이는 브랜드 및 광고 인지도가 잠재타겟 전체를 대상으로 했을 때보다 더 높아질 가능성이 있어 자칫 조사결과가 왜곡될 가능성도 있다.
>
> 광고대행사 입장에서는 광고집행에 따른 효과가 조사결과로 나타나야 하는 부담 때문에 조사대상의 범위를 좁히는 것이 필요할지 모르나 잠재고객들에게 자사 브랜드를 알리고 호의적인 이미지를 형성하게 하여 궁극적으로 해당 브랜드를 구매하도록 하는 것이 브랜드 혹은 광고의 주요 목적임을 고려한다면 일반적인 브랜드조사나 광고효과조사의 대상은 잠재타겟 전체가 되어야 한다.

(2) 조사지역 선정

표본설계에서 조사지역은 조사대상이 거주하거나 소재해 있는 지역으로 정하면 된다. 잠재타겟 전체를 조사대상으로 하는 경우는 당연히 잠재타겟이 소재해 있는 전국을 조사지역으로 정하여야 하며, 특정지역에서만 제공되는 제품/서비스 혹은 특정지역의 고객들만을 대상으로 한다면 당연히 그 지역으로 한정해야 한다.

가. 정량조사의 조사지역

정량조사 시 일반적으로 가장 널리 적용되는 조사지역은 조사목적 혹은 유형에 따라 크게 서울, 서울 및 광역시, 전국(제주 제외), 전국(제주 포함) 등이다.

a. 서울

신제품/신서비스 등의 컨셉테스트나 수용도 조사, 광고 관련 테스트 조사 시 가장 널리 적용된다. 즉 새로운 상품이나 서비스에 대해 사람들이 어떤 반응을 보이는지를 알아보기 위해 서울 지역으로만 한정하여 조사를 진행함으로써 경제성 및 효율성을 고려하는 것이다.

최근에는 서울생활권을 누리는 신도시가 많이 생겨 분당, 일산을 조사지역에 포함하는 추세이며, 일부의 경우 인천 및 경기 주요 도시(예: 수원)를 포함하는 경우도 있다. 여기서 서울지역으로만 한정하는 근거가 되는 기본적인 가정은 '신제품/서비스나 광고에 대한 소비자 태도가 서울과 기타 지역이 크게 차이가 나지 않을 것이며, 만약 차이가 나더라도 서울지역이 정치/경제/사회 등 모든 면에서 한국의 중심이고, 대부분의 신제품/서비스 등이 서울지역에 먼저 출시되므로 소비자들이 타 지역 소비자들에 비해 더 까다롭다.'는 것이다. 서울지역으로 조사지역을 한정하는 또 다른 현실적인 이유는 바로 조사예산 및 일정 때문이다. 음식료품이나 일상생활용품의 경우 상대적으로 예산도 적고, 일정 또한 늘 촉박하므로 서울로 조사지역을 한정하게 된다.

단, 같은 신제품/신서비스 조사라 하더라도 조사목적이 잠재수요를 파악하기 위한 것이라면 전국 단위로 진행하게 된다. 타겟고객집단 전체의 잠재수요를 추정하는 것이므로 모든 지역이 당연히 포함되어야 잠재수요를 정확하게 추정할 수 있기 때문이다.

b. 서울 및 광역시

이용실태조사, 브랜드조사, 고객만족도조사 등 대부분의 마케팅조사 시 가장 널리 활용되는 지역기준이다. 광역시는 4대 권역이라고 할 수 있는 부산, 대구, 광주, 대전을 포함하는 것이 가장 일반적이며, 필요에 따라 인천, 울산을 포함하는 경우도 있다. 4대 권역별 광역시들은 부산 – 경남지역, 대구 – 경북지역, 광주 – 전라지역, 대전 – 충청지역을 대표할 수 있고, 해당 권역 내에서 해당 광역시들이 경제나 상권의 중심이므로 마케팅조사에서는 시간과 비용 등의 현실적인 점들을 고려해 4개 광역시를 조사지역으로 선정한다.

c. 전국(제주 제외)

이용실태조사, 브랜드조사와 더불어 기업이미지조사를 할 때 가장 널리 활용된다. 제주의 경우 전국 인구에서 차지하는 비중이 매우 작아 제주의 포함여부가 전체 조사결과에는 영향을 미치지 않기 때문에 조사의 효율성과 경제성 측면에서 제주도를 제외하는 것이 일반적이다.

d. 전국(제주 포함)

제주의 포함여부가 전체 조사결과에 미치는 영향은 거의 없지만, 논리적으로 제주가 조사지역에 포함되어야 하는 경우가 있다. 특히 전 국민의 의견을 수렴해야 하는 조사라면 대한민국 모든 국민의 의견을 대표해야 하기 때문에 제주를 포함한 전국지역으로 조사를 진행하여야 한다.

e. 기타(특정지역)

조사목적상 타겟고객이 특정지역에만 있는 경우(예: 특정공단에 소재한 기업고객), 특정지역에서만 제품/서비스를 제공하는 경우(예: 부산은행, 광주신세계백화점 등)는 당연히 해당지역만을 조사지역으로 규정하면 된다.

나. 정성조사의 조사지역

정성조사는 대개의 경우 조사지역이 서울로 한정된다. 대표적인 정성조사라고 할 수 있는 FGD는 녹화/녹음 시설 및 모니터룸(FGD 진행상황을 참석자들이 눈치 채지 못하게 다른 벽면에서 일면경을 통해서 관찰하는 방)을 갖추어야 하며, 이런 시설을 갖춘 조사회사나 룸 대여 전문회사는 대개 서울 지역에 소재해 있기 때문이다. 현실적으로도 조사기간이나 효율성 측면에서 볼 때 서울지역에서 진행하는 것이 가장 좋은 대안이다. 광역시 중에서는 부산지역에 FGD룸 시설을 갖추고 대여해 주는 전문회사들이 있어 때에 따라서는 가끔씩 활용되기도 한다.

FGD시설이 갖추어져 있지 않은 지방에서 FGD를 실시해야 하는 경우에는 때에 따라 다르기는 하지만, 대개 호텔의 비즈니스 미팅룸을 대여하거나 조사의뢰를 한 기업이나 기관의 지방사무실에서 진행된다. 진행내용에 대해 녹음기를 통해 녹음은 가능하나 녹화는 불가능하며, 의뢰기업/기관의 실무자들이 실시간으로 관찰할 수 없다는 것이 단점이다.

FGD와 더불어 널리 활용되는 대표적인 정성조사기법인 In - depth Interview

의 경우 별도의 시설이 필요 없기 때문에 지역적인 제약은 상대적으로 적게 받는다. 다만 In-depth Interview는 일반 면접원이 아닌 조사회사의 담당연구원이 면접을 진행하게 되므로 지방으로 인터뷰를 다녀야 하는 경우 조사예산이 서울에서만 진행하는 것에 비해서는 더 높아진다. 조사회사의 연구원이 직접 지방으로 인터뷰를 다님에 따라 발생하는 기회비용이 조사예산에 포함되는 것이다.

(3) 표본크기 산정

표본설계에서 가장 중요하면서도 의사결정이 쉽지 않은 것이 바로 표본크기이다. 정량조사의 경우 통계학에서는 적정 표본크기에 대한 의사결정을 할 때 표본오차 수준을 기준으로 삼으라고 권하고 있으나 실무에서는 이 기준만으로는 현실성이 떨어질 때가 많다.

실무적인 관점에서 표본크기를 산정하기 위해 가장 우선시되는 기준 중 하나는 조사목적이다. 만약 브랜드에 대한 만 20세 이상 일반인들의 인식을 알고 싶은 것이라면 상대적으로 표본크기는 커져야 할 것이며, 브랜드에 대한 특정계층(예: 10대 후반 20대 초반의 젊은 층)의 인식을 알고 싶다면 표본크기는 상대적으로 작아질 수 있다. 또한 전국 단위의 조사가 이루어져야 한다면 표본크기는 커져야 할 것이며, 특정 지역만 대상으로 한다면 표본크기는 작아져도 되는 것이다.

가. 실무에서 사용되는 표본크기 산정의 주요 기준

표본크기는 조사유형, 실사여건, 조사결과 활용 등에 따라 많이 달라질 수 있으므로 사전에 모든 요소를 고려해서 표본크기를 결정하여야 한다. 조사목적별, 조사유형별, 실사여건별 실무에서 가장 널리 활용되는 표본크기는 다음과 같다.

a. 조사유형별 표본크기

산업, 상품/서비스 특성 및 조사목적에 따라 크게 달라질 수 있으나 실무적으로 가장 널리 활용되는 조사유형별 표본크기의 범위는 아래와 같다.

조사유형별 일반적인 표본크기

구 분	내 용
이용실태조사	300~1,500명(음식료품 : 300~500명, 내구재/서비스 : 500~1,500명)
브랜드조사	500~1,000명
만족도조사	200~800명(자사 브랜드 : 500~800명, 경쟁사 브랜드 : 200~500명)
광고효과조사	300~500명(서울지역 : 300명, 서울 및 4대 광역시 : 500명)
컨셉조사	200~1,000명(수용도 : 200~500명, 수요예측 : 800~1,000명)

b. 실사여건에 따른 표본크기

부유층, 마니아층, 기업고객 등과 같이 특정계층을 대상으로 조사를 진행해야 할 경우 현실적으로 많은 표본 수를 확보하기가 어렵기 때문에 상대적으로 표본크기를 작게 설정하여야 한다. 부유층 혹은 마니아

층의 경우 정의를 어떻게 내리느냐에 따라 다르기는 하지만 일반적으로 200~300명으로 구성하게 되며, 기업고객은 모집단 수에 따라 크게 달라질 수 있다.

나. 최소 표본크기

표본크기와 관련하여 가장 중요한 부분 중 하나는 최소 표본크기를 어느 정도로 해야 하는가이다. 최소 표본크기의 수준을 크게 통계적인 관점과 실무적인 관점으로 나누어 볼 수 있다.

a. 통계적인 관점에서의 최소 표본크기

통계학에서는 최소 표본크기를 30명으로 보는 것이 가장 일반적이다. 30명을 기준으로 삼는 가장 큰 이유는 바로 통계학의 중심극한정리 이론 때문이다. 이 이론에 따르면 표본크기가 증가할수록(일반적으로 30명 이상) 표본평균의 분포는 정규분포가 되므로 평균과 분산을 통해 통계적 추정이 가능하므로 30명 이상이면 된다는 것이다.

중심극한정리(Central Limit Theorem)

> 표본크기가 일정크기 이상이 되면 모집단의 분포형태와 상관없이 표본평균(비율)의 분포는 종모양의 정규분포를 띤다는 이론이다. 여기서 일정 수준 이상의 표본크기란 학자에 따라 다르기는 하나 대개 20~30명으로 보며, 정규분포를 띤다는 것의 의미는 표본의 평균과 분산을 이용해 표본의 성격을 규명할 수 있다는 것을 의미한다.

b. 실무적 관점에서의 최소 표본크기

통계학에서의 최소 표본크기는 현실이 고려되지 않은 이론적인 것이다. 실제 질문지를 가지고 응답을 받기 위해 응답자를 선택하는 데 있어 현실적으로 어려운 점이 매우 많기 때문에 이러한 현실을 고려하여 표본크기는 30명보다는 훨씬 더 많아져야 한다.

우선, 소비자 인식이나 반응을 전체 소비자 집단 관점에서 간략하게 파악하고자 하는 경우에는 일반적으로 150~200명 정도를 최소 표본크기로 본다. 반면, 전체 소비자 집단뿐만 아니라 성, 연령 등의 집단 특성별로 조사결과를 세분화해서 보고자 하는 경우에는 집단 특성별 최소 30~100명 이상이 되도록 구성해야 한다. 예를 들어, 신상품에 대한 20대 잠재고객층 전체의 반응을 보기 위한 것이라면 150명이나 200명이면 충분하겠지만, 20대 잠재고객층 안에서 성별(남자/여자), 직업별(대학생/직장인), 라이프스타일별 (3개로 가정) 분석이 필요하다면 성/연령/라이프스타일별 12개 집단(성 2개 × 직업 2개 × 라이프스타일 3개)에 대해 각각 최소 30명 혹은 100명 이상(평균 비교는 최소 30명, 비율 비교는 최소 100명)은 되어야 하므로 이 경우 전체 표본크기는 360명 혹은 1,200명이 되어야 한다.

평균비교와 비율비교

> 응답자 특성별 5점, 7점 등의 척도의 평균점수를 비교하는 것이 주목적인 경우라면 비교하고자 하는 집단별로 최소 30~50명 정도의 표본크기면 되지만, 평균이 아닌 응답비율을 비교해야 하는 경우에는 최소 100명 정도는 되어야 한다. 표본크기 100명을 기준으로 할 때 응답자 1명의 응답은 1%의 비중을 차지하므로 표본크기가 작을수록 응답자 1명이 가지는 비중이 커지게 되므로 비율자료의 조사결과를 해석하기가 어려워진다.

시간의 경과에 따라 시계열적으로 추세를 분석하고자 하는 경우에 표본크기는 상대적으로 큰 것이 좋으며, 조사방법에 따라서는 다른 모든 조건이 동일하다면 출구(Intercept) 조사로 진행할 때 표본크기가 커야 한다. 또한 평가항목 척도 수의 경우 7점, 9점 척도보다 5점 척도일 때 표본크기를 상대적으로 크게 하는 것이 좋다.

대수의 법칙(Law of Large Numbers)

표본의 크기가 커지면 커질수록 표본의 평균은 모집단의 평균에 점점 근접하게 되는 현상을 말한다. 즉 10명이 응답한 표본의 평균보다는 100명이, 100명보다는 1,000명이 응답한 표본의 평균이 전체 모집단 평균에 근접할 것이라는 논리이다. 다음에 나오는 표본오차 수준에서 언급하겠지만, 표본크기를 무한대로 높인다고 해서 이에 비례하여 표본오차 수준이 줄어드는 것이 아니라 표본크기가 일정 수준에 이르면 표본오차의 줄어드는 폭은 작아지게 된다. 이와 마찬가지로 대수의 법칙도 표본크기의 증가에 비례하여 모집단 평균에 근접하지는 않으며, 이론적으로 명확한 기준이나 근거가 없지만 실무적 경험으로 볼 때 대개의 경우 표본크기 300~400명 수준에 이르면 1,000명이나 1,500명인 표본과 전반적인 조사결과의 경향이나 방향은 큰 차이가 없다.

다. 표본오차와 비표본오차

조사대상 전체 중 일부만을 표본으로 선정함에 따라 오차라는 것이 생기게 되는데, 이것이 우리가 흔히 알고 있는 '표본오차'이다. 표본과 관련된 오차는 크게 '표본오차'와 '비표본오차'가 있으며, 각각 다음과 같은 의미가 있다.

a. 표본오차와 비표본오차

표본오차란 모집단 중 일부 표본만을 선정함에 따라 생기는 오차로 전수조사를 하지 않는 이상 반드시 생기는 오차이다. 여론조사를 언론에 발표할 때 흔히 볼 수 있는 몇 % 신뢰수준에 오차는 ± 몇 %라고 하는 것이 바로 표본오차이다. 표본오차를 계산하는 공식이 따로 있고 손쉽게 계산할 수 있으므로 여기서는 표본오차의 해석에 대해서만 언급하고자 한다.

예를 들어, 95% 신뢰수준에 표본오차가 ± 3.0%라고 하고, 특정 질문에 대한 yes 응답률이 50%이면, 동일한 조건에서 100회를 반복해서 조사를 시행할 경우 95회의 조사결과는 47～53%의 범위 안에 들어오게 된다는 것을 의미한다. 단 표본오차는 이론적으로 무작위추출법(Random Sampling)으로 표본을 추출한 경우에만 산출이 가능하다. 왜냐하면 표본오차 산출은 기본적으로 모든 표본이 추출될 확률이 동일함을 가정하고 있기 때문이다.

* 표본오차 계산 공식	* 응답비율별 표본오차 크기 예시		
	표본크기	응답비율		
		50%/50%	70%/30%	90%/10%

$$SE = \pm 1.96 \sqrt{\frac{P(100-P)}{n} \times \left[1 - \frac{n}{N}\right]}$$

SE = 표본 오차
P = 관찰치
n = 표본 크기
N = 모집단 크기

표본크기	50%/50%	70%/30%	90%/10%
100	±10.0%	±9.2%	±6.0%
300	±5.8%	±5.3%	±3.5%
500	±4.5%	±4.1%	±2.7%
700	±3.8%	±3.5%	±2.3%
1,000	±3.2%	±2.9%	±1.9%
1,500	±2.6%	±2.4%	±1.6%
2,000	±2.2%	±2.1%	±1.3%

주) 표본오차 크기 예시는 단순무작위추출법, 95% 신뢰수준 기준

앞서 언급한 오차는 이론적 오차라고 할 수 있다. 즉 조사대상 전체에서 일부만을 표본으로 선정함에 따라 발생하는 불가피한 오차인 것이다. 비표본오차는 실무적 오차라고 할 수 있는데, 조사대상자를 선정하

는 과정에서 면접원에 의해 생기는 오차, 조사결과의 처리과정에서 발생하는 오차 등이 대표적인 비표본오차에 해당된다. 예를 들어, 면접원이 면접을 진행하는 과정에서 응답자에게 질문내용을 잘 전달하지 못하여 응답자가 해당 질문에 잘못 응답함으로써 오차가 발생할 수 있고, 응답결과를 처리하는 과정에서 1이라고 응답된 내용을 실수로 2로 입력하여 처리하게 되면 이 또한 오차가 된다. 표본오차와는 달리 비표본오차는 알려져 있지 않기 때문에 오차수준을 측정할 수 없으며, 조사를 실시하는 과정에서 비표본오차의 최소화를 위해 노력해야 한다.

b. 브랜드별/지점별 비교 시 표본크기

자사와 경쟁사를 비교하거나 매장이나 지점별 조사결과를 비교하기 위해 진행되는 조사의 경우 비교대상이 되는 브랜드나 매장/지점의 전체 고객 수 크기에 따라 표본크기도 달라져야 하는지에 대한 이슈가 있다. 표본오차 공식을 이용해 실제 계산을 해 보면 모집단 크기 10,000명 이상이 되면 모집단이 1만 명이든, 10만 명이든, 100만 명이든 간에 표본크기가 동일해도 표본오차 수준은 거의 차이가 없다. 즉 비교대상이 되는 브랜드별 모집단 수가 모두 1만 명을 넘는다면 브랜드별 모집단 수가 차이가 나더라도 동일한 표본크기로 비교해도 논리적으로 전혀 무리가 없다는 의미이다. 단 모집단 수가 1만 명 이하인 경우에는 모집단 크기에 따라 비교대상이 되는 브랜드나 매장/지점별 표본크기도 달라져야 한다. 이때 표본크기 산정은 표본오차를 기준으로 하면 된다. 예를 들어, 모집단 크기가 각각 1,000명, 5,000명인 두 매장 간 고객만족도 수준을 비교하기 위한 최적 표본크기를 결정한다고 할 경우 두 매장이 ±5%의 동일한 표본오차 수준을 가지기 위해서는 모집단이 1,000명인 매장은 277명, 모집단이 5,000명인 매장은 표본크기를 356명으로 해야 두 집단을 비교하는 데 논리적으로 전혀 문제가 없게 된다. 단 여기서 표본오차 수준을 몇 %로 하느냐 하는 것은 별개의 문제이다.

1만 명 이상인 모집단 수의 크기와 표본오차 수준

모집단 수	1만 명	10만 명	100만 명	1,000만 명
표 본 수	1,000명	1,000명	1,000명	1,000명
표본오차	±2.94%	±3.08%	±3.09%	±3.09%

1만 명 이하인 모집단 수와 표본오차 수준

모집단 수	1,000명	3,000명	5,000명	8,000명	10,000명
표 본 수	277명	340명	356명	366명	369명
표본오차	±5%	±5%	±5%	±5%	±5%

c. 기업고객 조사 시 표본크기

기업고객 조사에서 표본크기와 관련된 주요 이슈는 조사대상 기업고객 수가 적은 경우 최소 몇 개 기업을 조사해야 의미가 있는가 하는 것이다. 예를 들어 전체 조사대상이 되는 기업고객 수가 100개인데 이 중 최소 몇 개를 조사해야 대표성이 있다고 할 수 있는가의 문제이다. 모집단의 수가 작으면 작을수록 표본의 크기 변화에 따른 오차수준은 커지게 되므로 가급적 모집단 수가 작은 경우에는 전수조사로 진행하는 것이 좋다. 실제 실무에서 기업고객을 대상으로 한 조사는 대부분 전수조사로 진행한다. 여기서 모집단 수가 작은 것에 대한 명확한 기준은 없으나 대개 1,000개 이하인 경우는 전수조사로 하는 것이 바람직할 것이다.

라. 정성조사의 표본크기

정량조사와는 달리 정성조사는 소수의 응답자만을 대상으로 하기 때문에 표본크기라는 것이 별로 의미가 없다. 정성조사의 목적이 전체 조사대상을 대표하는 객관적인 결과를 얻는 것이 아니라 현상에 대한 다양한 원인이나 깊이 있는 내용들을 도출하는 것이기 때문이다.

a. FGD의 그룹 수

대표적인 정성조사기법인 FGD는 몇 개의 그룹으로 구성해야 하며, 한 그룹당 몇 명의 참석자가 적정한 것인가에 대한 이슈가 있다. 우선 그룹 수와 관련해서는 특별히 정해진 기준은 없으나 대개 2그룹에서 8그룹을 진행하는 것이 가장 일반적이며 목적에 따라 20그룹까지도 진행하는 경우도 있다. 그룹 수의 선정은 조사목적에 따라 크게 달라진다.

그룹별 참석자 수는 6~8명이 가장 이상적이며, 실무에서는 8명을 기준으로 삼는다. FGD를 경험하지 않았거나 잘 모르는 실무자들이 8명 중 한 명이라도 빠지면 안 되는 것으로 생각할 수 있으나 경험적으로 볼 때 오히려 6명이 가장 좋다고 생각한다. 8명으로 구성하면 그중 한두 명 정도는 소극적으로 참여하는 경향이 있어 FGD가 원활하게 진행되지 않을 수 있으나 6명으로 구성할 경우 참석자 수가 상대적으로 적어 모든 참석자가 적극적으로 참여해서 보다 활발하게 진행이 된다.

그룹을 구성할 때 빠질 수 없는 중요한 요소 중 하나는 그룹의 동질성이다. 즉 성별, 연령별, 직업별 등의 인구통계 특성이나 주 이용브랜드, 이용빈도와 같은 이용특성별로 동질적인 참석자들로 구성하여야 한다. 한 그룹에 포함된 참석자들의 특성이 이질적일 경우 일부 참석자들만 적극적으로 참석을 한다거나 참석자들이 서로를 의식하여 진행 자체가 되지 않을 가능성이 매우 높다. 그룹 구성 시 가장 일반적으로 실수하는 유형들을 아래와 같이 정리해 보았다.

FGD그룹 구성 시 발생하는 일반적인 실수유형

구 분	내 용
성별 구성	남자와 여자를 한 그룹으로 구성하게 되면 대개 어느 한쪽이 소극적으로 참여할 가능성이 매우 높다.
연령별 구성	10대와 20대, 30대와 40대를 한 그룹으로 구성하게 되면 서로 눈치를 보며 소극적으로 참여할 가능성이 높다. 학생의 경우 저학년과 고학년을 한 그룹으로 구성하는 경우 저학년이 고학년의 눈치를 살피면서 소극적으로 참여할 가능성이 높다. 중, 고등학생이 특히 심하며, 대학생의 경우에도 2학년과 3학년은 그런대로 괜찮으나 1학년과 4학년을 한 그룹으로 구성하는 것은 좋지 않다.
직업별 구성	화이트칼라와 블루칼라를 한 그룹으로 구성하거나 여성의 경우 직장여성과 전업주부를 같은 그룹으로 구성하는 것은 가급적 피해야 한다.
주 이용 브랜드별 구성	조사목적에 따라 다르기는 하지만 주 이용브랜드가 서로 다른 참석자들을 한 그룹으로 구성하게 되면 특정 브랜드에 대한 응답이 너무 많아지거나 적어질 가능성이 매우 높다. 대개 1위 브랜드에 대한 응답내용은 많으나 후발 브랜드에 대한 응답이 적어지거나 참석자들이 왜곡되게 응답하는 경우가 있으므로 브랜드별 평가가 조사목적인 경우 서로 다른 브랜드 이용자를 한 그룹으로 구성하지 않는 것이 좋다.

구 분	내 용
직급별 구성	직원의견 수렴을 위한 조사의 경우 낮은 직급과 높은 직급의 직원들을 같은 그룹으로 구성하면 안 된다. 어떤 사안이건 낮은 직급의 직원들이 높은 직급의 직원들에게 주눅이 들어 소극적으로 참여하거나 실제와 다르게 응답할 가능성이 매우 높다. 조직의 특성에 따라서는 사원과 대리, 대리와 과장, 과장과 차장 간에도 이런 현상이 발생할 수 있음을 유의해야 한다.

b. In-depth Interview의 표본크기

심층인터뷰 또한 소수를 대상으로 하기 때문에 표본크기라는 것이 큰 의미는 없으나 대개 5명에서 20명 정도가 가장 일반적이다. 대개 심층인터뷰는 기업고객이나 전문가를 대상으로 하게 되므로 같은 성격의 조사대상을 2~3명 많게는 5명 정도로 구성하게 된다. 예를 들어 여론선도층을 대상으로 심층인터뷰를 진행한다면 방송/신문기자 3~5명, 기업체 홍보실무자 3~5명, 광고/홍보 전문가 3~5명, 관련 교수/연구원 3~5명 등과 같이 구성을 하는 것이 일반적이다.

(4) 표본추출방법의 결정

표본을 추출하는 방법이라는 것은 쉽게 말해서 조사대상을 선정하는 방법을 말한다. 일정한 기준이 없다면 임의대로 조사대상을 선정할 수밖에 없어 결국 왜곡된 조사결과를 가져오게 되므로 표본추출방법을 결정하는 것도 매우 중요한 일이다.

가. 이론적인 표본추출방법

통계학에서는 표본추출방법을 크게 확률표본추출과 비확률표본추출로 구분한다. 여기서 확률이라는 것은 전체 조사대상 중에서 표본으로 선택될 확률을 말하는 것으로 모든 조사대상이 응답자로 선택될 확률이 동일하다면 확률표본추출이 되며, 조사대상별로 응답자로 선택될 확률이 동일하지 않다면 비확률표본추출이 된다.

 예를 들어, 자사 브랜드를 이용하는 고객들의 만족도조사를 실시한다고 할 경우 자사 브랜드를 이용하는 모든 고객들의 전화번호나 주소가 포함된 리스트를 가지고 있다면 이 리스트를 이용해서 조사대상이 되는 응답자를 무작위로 선정할 수 있으므로 모든 고객들이 응답자로 선정될 확률은 동일하게 되며 이것은 확률표본추출이 된다. 반면 자사 브랜드를 이용하는 고객들에 대한 정보가 전혀 없다면 면접원이 각 지역별로 흩어져서 자사 브랜드를 이용하는 고객들을 찾아서 조사를 진행해야 하므로 면접원이 활동하는 지역이나 시간에 따라서 조사대상 중 응답자로 선정될 확률은 달라지게 되기 때문에 비확률표본추출이 된다. 통계학에서의 표본추출방법을 간략하게 제시하면 다음과 같다.

구 분		내 용
확률표본 추출 (Probability Sampling)	단순무작위추출 (Simple Random Sampling)	단순무작위추출(Simple Random Sampling)과 계통추출(Systematic Sampling)로 구분된다. 단순무작위추출은 말 그대로 모든 조사대상별로 난수를 부여한 뒤 난수에 따라 표본을 추출하는 것이며, 계통추출은 전체 조사대상에서 일정한 간격을 두고 추출하는 것이다(예: 리스트상 10번째 조사대상을 추출).
	층화추출 (Stratified Sampling)	전체 조사대상을 먼저 여러 층으로 구분한 후 모든 층별로 조사대상을 선정하여 진행하는 것을 말한다. 서울지역에 소재한 소비자를 대상으로 조사한다고 할 경우 '구'를 층으로 구분하여 각 구별로 조사대상을 선정하는 것을 말한다.
	군집추출 (Cluster Sampling)	전체 조사대상을 먼저 여러 군집으로 구분한 후 이들 군집 중 일부 군집만을 대상으로 조사대상을 선정하여 진행하는 것을 말한다. 서울지역에서 '구'를 군집으로 구분할 경우 층화추출과는 달리 25개 구 중 일부 구만을 선정하여 해당 구에 소재한 조사대상을 선정하여 조사를 진행하는 것을 말한다.
비확률표본 추출 (Non- probability Sampling)	할당추출 (Quota Sampling)	성, 연령, 지역 등에 대해 인구비율 혹은 고객분포비율대로 표본을 할당한 후 해당 조건에 맞는 조사대상을 찾아서 조사를 진행하는 것을 말한다.
	임의/편의추출 (Purposive/ Judgmental Sampling)	조건에 맞는 조사대상을 면접원의 편의에 의해 선정하여 진행하는 것을 말한다.

나. 실무에서의 표본추출방법

실무에서는 주로 무작위추출법(Random Sampling)과 할당추출법(Quota Sampling)을 가장 널리 활용한다.

a. 무작위추출법

실무에서 활용하는 무작위추출법(Random Sampling)은 모집단(전체 조사대상) 리스트를 바탕으로 표본을 추출하게 된다. 전화조사의 경우 전화번호부, 1 : 1면접조사의 경우 전국 가구의 주소(통, 반 단위)가 모집단 리스트이며, 기업이나 기관에서 자사고객을 대상으로 조사를 실시하고자 하는 경우에는 자사고객의 리스트가 모집단 리스트가 된다.

실무에서는 이용실태조사, 브랜드/광고효과조사, 고객리스트가 있는 고객만족도조사 시 무작위추출법을 널리 활용한다. 조사대상 고객리스트를 활용하여 표본을 추출하는 경우 무작위로 난수를 발생시켜 응답대상을 선정하게 하게 된다. 엑셀상에서 RANDBETWEEN(a, b) 함수를 사용하면 난수를 만들 수 있으며, 같은 방법으로 난수발생을 몇 번 반복하여 충분히 섞은 후 난수순으로 정렬해서 최종 응답대상을 선정하거나 앞서 언급한 계통추출법으로 난수번호를 기준으로 일정한 간격에 해당되는 응답대상을 선정하면 된다.

> 1920년부터 10여 년간 Literary Digest紙는 대통령 선거 때마다 지상투표식(紙上投票式) 여론조사를 실시하여 꽤 성공을 거두었다. Literary Digest紙의 조사방법은 전화번호부와 자동차소유자 명부에 실린 수만 명에게 엽서로 된 질문지를 보내는 식이었다. 공화당의 랜던(Landon) 후보와 민주당의 루즈벨트(Roosevelt) 후보가 맞붙은 1936년 대선에서 Literary Digest는 당시 최대 규모인 1천만 장의 엽서설문지를 배포하였으며, 이는 당시 가구 수를 기준으로 3가구당 1장꼴로 배송된 것이었다. 그리하여 총 236만 7,230명이 엽서설문지에 의견을 적어 회송해 왔으며, 조사결과를 바탕으로 Literary Digest는 공화당 랜던 57%, 루즈벨트 43%로 랜던의 압도적인 승리를 예측하였다. 그러나 결과는 루즈벨트 63%, 랜던 37%로 정반대의 결과가 나왔으며, 이때까지 횡행하던 Literary Digest紙와 같은 대규모 표본의 지상투표방식의 조사는 그림자조차 사라지게 되었으며 Literary Digest도 곧 폐간되었다.
>
> 1935년부터 Literary Digest紙와 같은 대규모 표본의 지상투표방식의 조사를 비판해 오던 Gallup과 Roper, Crossley 등은 새로운 표본조사 방식을 도입하여 1,000~3,000명 정도의 표본으로 전국 조사의 예측을 실시하였다. 그 결과, Gallup은 루즈벨트 56%, 랜던 44%의 조사결과를 발표하였고 이후 많은 조사에서 체계적인 표본추출조사가 보편화되는 계기를 맞이하였다.
>
> 조지 갤럽 지음, 『갤럽의 여론조사』, 박무익 옮김, 한국갤럽조사연구소.

현실에서는 모집단 리스트의 확보 혹은 응답을 받게 되는 실제 환경에 따라 한계가 존재한다. 우선 전화조사의 경우 모집단 리스트로 활용되는 전화번호부에 등재된 가구의 비율은 전체 가구의 절반 정도밖에 되지 않는다. 즉 우리나라 전체 가구 중에서 절반 정도만이 전화번호부에 등재되어 있으므로 전화번호부로 조사를 아무리 정확하게 진행하더라도 절반만이 전체 조사대상이 되는 한계가 있다. 또한 전화조사의 특성상 전화를 걸었을 당시 가구에 없는 조사대상은 조사가 불가능하며, 가장 대표적인 예가 바로 젊은 층이다. 전화조사는 대개 오전 10시부터 저녁 9시까지 진행되는데 이 시간에 젊은 층이 해당 가구에 없어 조사가 되지 않는 경우가 많다. 그래서 전화조사로 20/30대 젊은 층을 대상으로 조사하는 것은 현실적으로 쉽지 않다.

최근 전화번호부의 한계를 극복하기 위해 RDD(Random Digit Dialing, 존재 가능한 전화번호를 무작위로 생성한 후 이를 기준으로 조사를 진행)라는 방식을 도입하여 활용하는 사례가 늘고 있다.

가구방문을 통한 1 : 1개별면접 조사의 경우 실무에서 널리 활용하는 방법 중 하나가 조사지점이 되는 통/반을 무작위로 추출하여 면접원이 해당 지역에 가서 일일이 가구방문을 하면서 조사를 진행하는 것이다. 그러나 이때 선정된 지역이 아파트 단지이거나 부자들이 사는 지역이라서 가구방문 자체가 현실적으로 불가능하는 경우가 발생할 수 있다. 또한 가구방문을 통해 조사대상을 선정할 때도 가구 구성원 중 생일이 가장 빠른 사람을 조사대상으로 선정하여야 하는데 이 기준 역시 현실적으로 적용하기가 쉽지 않다. 개인 사생활을 중시하는 경향이 강화되고, 범죄 발생의 우려로 인해 갈수록 가구방문을 통한 실사진행이 어려워지고 있는 상황에서 무작위로 가구를 선정하고 조사대상 또한 무작위로 선정한다는 것은 현실적으로 매우 어려운 것이 사실이다.

b. 할당추출법

무작위추출법과 더불어 마케팅조사에서 가장 널리 활용되는 할당추출법(Quota Sampling)은 조사대상의 조건에 맞게 표본을 선정하는 것이다. 무작위추출법과 가장 다른 점은 모집단 리스트가 없이 성, 연령 등의 조건에 맞게 대상을 찾는다는 것이다. 예를 들어 만 20세 이상 일반인을 1 : 1개별면접으로 진행한다고 가정할 경우, 무작위추출법은 면접원에게 조사지점(통/반)을 지정해 주어 가구방문을 통해 해당 가구에서 생일이 가장 빠른 사람을 대상으로 조사를 진행하게 되지만, 할당추출법은 면접원에게 조사지역(동)을 정해 주어 해당 지역 내에서 성, 연령 등 조건에 맞는 대상을 선정하여 조사를 진행하게 하는 것이다. 갈수록 실사가 어려워지고 있어 무작위추출법으로 조사를 진행하기에는 현실적으로 불가능하므로 마케팅조사 실무에서는 할당추출법을 널리 활용하고 있다.

할당추출법을 활용하기 위해서는 먼저 모집단의 구성정보를 알아야 한다. 즉 해당 모집단이 성, 연령 등의 특성별로 어떻게 구성되어 있는지를 사전에 알고 있어야 하며, 이 정보를 토대로 전체 표본을 비율에 맞게 표본 수를 계산한 할당표를 만들어 실사를 진행하게 된다.

할당표 예시

구분	20대	20대	30대	30대	40대	40대	50대	50대	계
	남	여	남	여	남	여	남	여	
서울	15	15	20	20	15	15	10	10	120
부산	5	5	4	4	2	2	1	1	24
대구	5	5	4	4	2	2	1	1	24
광주	4	4	3	3	1	1	1	1	18
대전	4	4	3	3	1	1	1	1	18

단, 이론적으로 무작위추출법은 모집단의 모든 조사대상이 표본으로 선택될 확률이 동일하므로 표본오차 수준을 계산할 수 있지만, 할당추

출법은 그렇지 않기 때문에 표본오차를 산출할 수 없다.

조사실무에서는 인구비율이나 고객특성별 분포 비율과 같이 모집단 비율을 기준으로 비례 할당하는 경우도 있으나 특정 목적을 위해 성, 연령 등과 같은 응답자 특성에 대해 동일한 표본크기로 할당하기도 한다. 이러한 동일할당은 응답자 집단별 차이를 비교하고자 할 때 가장 널리 활용된다. 예를 들어, 신제품 컨셉에 대한 반응조사를 실시한다고 할 때 이 신제품에 대해 어떤 고객집단에서 더 호의적으로 반응하는지를 알아보기 위해 잠재타겟의 성, 연령과 같은 집단별 표본크기를 최소 50~100명씩 동일하게 할당하여 추후 집단별 반응을 비교분석한다.

동일할당표 예시

구분	20대	30대	40대	계
남자	50	50	50	150
여자	50	50	50	150
계	100	100	100	300

상기와 같이 동일하게 할당할 경우 전체 결과를 그대로 집계하게 되면 왜곡되게 된다. 성별, 연령별 비율에 차이가 있는데 동일한 표본크기로 구성함으로써 비율이 낮은 특성이 전체 결과에 상대적으로 더 많이 반영되어 표본의 대표성이 문제가 될 수 있다. 그래서 이러한 문제를 해결하기 위해 실무에서는 모집단 비율에 따라 가중치를 주어 전체

결과를 분석하게 된다. 예를 들어 성별 비율이 실제로는 남자 : 여자 = 3 : 7이라고 한다면 남자 집단의 표본이 현재의 50%에서 30%의 비중을 가지게 하고 여자의 비율은 현재의 50%에서 70%를 가지도록 가중치를 부여하여 계산함으로써 전체 100%의 구성 중 남자와 여자의 비율이 모집단 비율과 동일하게 3 : 7로 구성되게 하는 것이다.

가중치 부여 후 표본할당의 변화

구분	20대	30대	40대	계
남자	30	36	24	90
여자	70	84	56	210
계	100	120	80	300

직원만족도조사와 기업고객조사 시 표본추출방법

직원 만족도 조사	기업이나 기관에서 실시하는 직원만족도조사는 일반적으로 전수조사로 진행한다. 즉 모든 직원에게 응답을 받는다. 일반 소비자와는 달리 직원들은 상대적으로 전체 모집단 수가 적고 직원이 속한 팀, 직급, 직무 등에 따라 개인 간 편차가 클 가능성이 매우 높기 때문에 아무리 정교하게 표본을 설계하여 추출한다 하더라도 일반 소비자에 비해 오차가 커질 수밖에 없다. 그래서 일반적으로 직원만족도조사는 전수조사로 진행하며, 전수조사로 진행하더라도 모든 직원이 응답하지는 않는다. 조직의 특성이나 문화에 따라 다르기는 하나 대개 60~80% 정도의 응답률을 보이는 것이 일반적이다.
기업고객 조사	개인이 아닌 기업고객을 대상으로 하는 조사에서도 표본조사가 아닌 전수조사로 진행하는 경우가 많다. 기업이나 기관에 따라 다르기는 하지만 대개 기업고객의 수는 매우 적기 때문에 표본의 의미가 별로 없으며, 보다 정확한 조사를 위해 전수조사로 진행한다.

c. Booster Sampling

부스터는 우리말로 후원자 혹은 우주로켓에서 주 엔진의 보조역할을 하는 보조엔진을 의미한다. 마케팅조사에서의 Booster Sampling도 전체 표본을 보완하는 차원에서 특정 표본을 일부 추가하는 것을 말한다. 즉 특정집단의 인식이나 태도를 분석하기 위해 일반 표본 이외에 특정집단의 표본을 추가로 추출하는 것을 Booster Sampling이라고 한다.

예를 들어, 시장점유율이 각각 50%, 45%, 5%인 A, B, C 3개 브랜드가 경쟁하는 시장에서 소비자들의 이용실태를 파악하기 위해 잠재타겟 1,000명을 대상으로 조사를 실시했다고 가정해 보자. 잠재타겟 1,000명의 표본을 이용해 전체 시장 관점에서 소비자들의 전반적인 이용실태만을 파악하는 데는 전혀 문제가 없을 것이나 브랜드별 이용소비자들의 특성을 비교할 때는 다소 문제가 될 소지가 있다. 즉 시장점유율대로라면 A 브랜드 이용고객 500명, B 브랜드 이용고객 450명, C 브랜드 이용고객 50명이 표본으로 잡힐 것이므로 C 브랜드 이용고객을 A, B 브랜드와 비교하기에는 표본크기가 충분하지 않다. 이런 경우 Booster Sampling을 통해 C 브랜드 이용고객 100~200명 정도를 1,000명과는 별도로 더 확보해서 추후 타 브랜드와 비교 시 활용하면 된다.

(5) 자료수집방법의 결정

가. 정량조사

표본추출방법에 따라 응답대상을 컨택하여 조사를 진행하는 방식을 자료수집방법이라고 한다. 표본설계의 마지막 단계에 해당되는 자료수집방법은 정량조사로는 크게 전화조사, 1 : 1개별면접조사, 우편조사, 온라인 조사 등이 있으며, 정성조사로는 FGD(Focus Group Discussion), In-depth Interview 등이 있다. CLT(Central Location Test)나 Gang Survey와 같이 정량조사와 정성조사를 조합한 형태의 자료수집방법도 있다.

a. 정량조사 방법과 특징

정량조사의 각 자료수집방법별 특징과 장, 단점을 아래와 같이 정리해 보았다.

정량조사 자료수집방법별 장단점

구 분	특 징	장 점	단 점
전화조사	– 간단하고 짧은 문항으로 단시간 내 조사 가능 – 여론/선거조사 시 가장 널리 활용	– 낮은 비용 – 적은 시간 소요	– 어려운 내용 불가 – 문항 수의 제한
1 : 1 면접조사	– 깊이 있는 많은 문항을 조사 가능 – 각종 실태조사, 마케팅조사 시 가장 널리 활용	– 깊이 있는 조사 가능 – 많은 문항 가능	– 높은 비용 – 많은 시간 소요
우편조사	– 전화나 면접으로 접근이 어려운 리스트가 있는 층을 조사 가능 – 금융권에서 자사고객 대상 조사, 기업임직원 조사 시 널리 활용	– 저렴한 비용 – 민감한 문항 가능 – 솔직한 응답에 따른 응답신뢰성	– 리스트 필요 – 많은 시간 소요 – 낮은 응답률
온라인조사	– 전화와 면접의 단점을 보완하여 시간, 비용측면에서의 경제성 – 인터넷 주 이용층 대상 조사 시 널리 활용	– 저렴한 비용 – 적은 시간 소요 – 동영상 시현을 통한 평가 가능	– 표본대표성 부재 – 인터넷 비사용층 조사 불가

상기에 제시된 방법 이외에 매장 앞에서 해당 매장을 이용하고 나오는 고객들을 대상으로 실시하는 출구조사(Exit Survey, Intercept Survey)도 있다. 조사목적에 따라 자기기입식 조사 혹은 1 : 1개별면접으로 실시한다. 출구조사를 활용하는 업종은 백화점, 할인점 등의 유통업, 은행, 증권 등의 금융업, 패밀리 레스토랑 등의 외식업, 이동통신(지점, 대리점) 등의 IT업종, 리조트 등의 숙박업 등으로 다양하다.

b. 온라인조사의 특징과 장·단점

최근 IT기술의 발전, 인터넷 이용인구의 증가, 실사상황의 어려움, 비용 및 시간 등의 경제성 등으로 인해 온라인 조사가 많이 활용되고 있다. 마케팅조사 실무에서 주로 활용되는 온라인 조사는 사전에 정해 놓은 응답패널을 대상으로 하며, 대부분의 조사회사에서는 온라인 조사를 위해 일정 수 이상의 자체패널을 확보해 놓고 있다.

온라인조사의 가장 큰 단점은 바로 여기에 있다. 전화조사나 1 : 1개별면접과는 달리 온라인 조사는 조사의 대상이 되는 Pool이 특정 조사회사의 패널로 한정이 되어 있어 이들 패널을 대상으로 한 조사결과는 엄밀하게 따져서 패널 전체를 대표하는 것이지 모집단 전체를 대표하지는 못한다. 예를 들어 20~40대 일반인 남, 여를 대상으로 온라인 조사를 실시했다면 표본이 우리나라 20~40대 일반인 남, 여 전체 인구를 대표하는 것이 아니라 해당 조사회사의 온라인 패널 전체를 대표하게 된다. 따라서 온라인 조사로 실시할 경우 표본의 대표성이 가장 문제시된다.

온라인조사 유형

온라인조사 유형

구 분	특 징
패널대상 조사	응답대상이 되는 응답자 Pool인 패널을 사전에 확보하여 이 패널을 대상으로 조사 진행(전문조사회사에서 가장 널리 활용)
팝업을 이용한 조사	특정 홈페이지를 방문하는 방문자를 대상으로 팝업을 통해 진행하는 것으로 표본 대표성 문제로 거의 활용되지 않음 * 이 방법은 사람이 많이 모인 장소에 가서 지나가는 사람을 대상으로 조사하는 것과 같은 원리이므로 표본의 대표성이 전혀 없음

일부 조사회사에서는 패널의 수가 상대적으로 많고, 패널구성이 전체 인구구성비율과 동일하므로 대표성이 있다고 하는 경우도 있으나 논리적으로 설득력이 떨어진다. 매년 한국인터넷진흥원에서 실시하는 인터넷 이용실태 조사결과 1개월 이내 인터넷을 이용하는 연령별 인구비율을 보면 40대 초반까지는 거의 90% 이상이 인터넷을 이용하나 40대 후반 이후부터는 이용률이 급격하게 떨어진다. 따라서 40대 후반 이후는 인터넷 이용인구 자체가 적고, 그나마 이들 중 일부가 포함되어 있는 패널을 대상으로 응답을 받는 것이므로 대표성에 문제가 있을 수밖에 없다. 더군다나 응답에 따른 금전적 보상이 주어지는 경우 특정 성향의 사람들이 패널에 참여함에 따라 표본의 대표성과 신뢰성 문제가 제기된다.

연령별 인터넷 이용률

연령	10대	20대	30대	40대	50대	60대
인터넷이용률(%)	99.8	99.3	96.5	79.2	46.5	17.6

주) 한국인터넷진흥원(2008)

비록 온라인 조사가 대표성에 대한 문제는 있으나 특정 연령층이나 집단의 경우 온라인 조사로 진행하는 것이 더 현실적일 수 있다. 20대나 30대와 같이 인터넷 이용률이 높은 연령층이나 Early Adopter와 같이 새로운 제품/서비스나 트렌드에 민감한 층을 대상으로 조사하고자 하는 경우에는 오히려 온라인 조사가 더 효율적이고 정확한 자료수집 방법일 수 있다. 실제로 젊은 층을 대상으로 하는 전자제품, 이동통신 서비스 등의 경우 온라인 조사를 많이 활용하고 있다.

c. 서로 다른 자료수집방법 간 조사결과 비교가능 여부

 조사대상, 표본크기, 표본추출방법, 질문항목 등 다른 모든 조건이 동일하다 하더라도 자료수집방법이 달라지면 조사결과는 달라질 수 있다. 이는 여러 가지 요인이 있을 수 있으나 자료수집방법에 따른 면접진행 방식의 차이 및 조사에 대한 응답자의 관여수준이 다르기 때문인 것으로 풀이된다.

 심지어 자료수집방법까지 모든 조건이 동일하더라도 조사회사에 따라 결과는 달라질 수 있다. 실제로 추적조사에서 이러한 현상이 자주 나타나 지난번까지 다른 조사회사에서 진행하던 조사를 새로운 조사회사에서 그대로 진행하더라도 전체 조사결과가 일관성이 떨어지는 경우를 흔히 보게 된다. 따라서 추적조사를 진행하는 경우에는 조사회사 변경에 매우 신중해야 할 필요성이 있다.

나. 정성조사

 조사실무에서 가장 널리 활용되는 정성조사 유형으로는 FGD(Focus

Group Discussion)와 In-depth Interview가 있다. 대개 FGD는 일반 소비자나 고객들을 대상으로 할 때 널리 사용되며, In-depth Interview는 FGD로 진행할 수 없는 응답자(기업고객, 전문가층, 고소득층, 특수계층 등)를 대상으로 할 때 주로 활용된다.

정성조사 자료수집방법별 장·단점

구 분	특 징	장 점	단 점
FGD	6~8명으로 구성된 참석자들을 한 자리에 모아 놓고 특정주제에 대해 자유롭게 토론하는 방식으로 진행	시간/비용 측면의 경제성	참석자들 상호간 영향 및 Big Mouse로 인한 왜곡 가능성
In-depth Interview	개별 응답자를 대상으로 1시간 내외의 심층 인터뷰를 진행	1 : 1이므로 참석자 간 영향 없음	상대적으로 많은 시간/비용 소요

다. Gang Survey와 CLT

정량조사와 정성조사의 단점을 보완한 Gang Survey, CLT(Central Location Test)도 실무에서 널리 활용된다. 전화조사나 1 : 1개별면접 등의 정량조사는 조사결과의 대표성은 있으나 현상이나 문제에 대한 심층적인 원인이나 내용을 파악하는 데 한계가 있는 반면, Focus Group Discussion이나 In-depth Interview와 같은 정성조사는 깊이 있는 정보는 얻을 수 있으나 소수의 의견이므로 조사결과의 대표성이 문제가 된다. Gang Survey와 CLT는 다른 유형의 정량조사 방법으로는 조사를 수행할 수 없는 경우나 정량조사나 정성조사 어느 한 방법으로 해결할 수 없는 조사를 수행해야 하는 경우에 주로 활용된다.

Gang Survey와 CLT 비교

구분	Gang Survey	CLT
특징	사전에 리크루팅한 응답자 10~30명을 특정 룸에 모아 놓고 1~2시간 정도 조사를 진행하는 것으로 Hall Test라고도 불림. 대개 조사회사에 특정 룸을 만들어 두고 조사대상을 오게 하는 경우가 대부분임	번화가 지역에서 지나가는 행인 중 조건에 맞는 사람을 현장에서 리크루팅하여 사전에 지정한 장소(예: 카페)에 가서 1시간 내외로 조사를 진행하는 방식
용도	신상품 테스트(시음, 시식 등) 신서비스 테스트(장시간의 설명 혹은 시연이 필요한 경우)나 사전/사후 광고효과조사	신상품/서비스 테스트(장시간의 설명 혹은 시연이 요구되는 경우)
장단점	정량/정성적 자료를 동시에 수집 가능하다는 장점이 있는 반면 1 : 1개별면접조사에 비해 비용이 많이 든다는 단점이 있음	

Gang Survey와 CLT는 상기에 제시한 용도 이외에도 상대적으로 질문 내용이 길고 복잡한 조사이거나 고객가치, 고객니즈 등을 심층적으로 파악하기 위한 조사에 활용되는 경우도 있다.

Gang Survey를 활용한 아이스크림 맛 테스트

> 빙과류 시장에서는 매년 수많은 아이스크림 신제품이 출시된다. 다른 모든 식품과 마찬가지로 아이스크림 제품도 우선 맛이 가장 중요한 제품품질의 요소이다. 그래서 빙과류 신제품의 맛 테스트를 위해 Gang Survey를 활용한다. 해당 아이스크림의 잠재타겟인 고객들에게 시식을 하게 한 후 맛을 평가하도록 해야 하므로 조사대상들을 일정장소로 불러 모아 연구자가 사전에 정해 놓은 규칙에 따라 여러 제품의 맛을 번갈아 가면서 먹어 보게 한 후 사전에 작성된 질문문항에 대해 응답하는 과정을 거친다.

라. 기타 자료수집방법

Gang Survey와 CLT 이외에 독특한 형태의 자료수집방법으로는 Diary

조사, HUT(Home Use Test), In-home Visit Study 등이 있다.

Diary 조사는 일정 수의 응답자 Pool을 사전에 리크루팅한 후 실제 생활하면서 조사의 주제에 대해 다이어리 형태로 그때그때 실생활을 기록하도록 하는 조사이다. 조사주제나 목적에 따라 차이는 있으나 통상 일주일 정도의 다이어리를 쓰게 하며, 대개의 경우 소비생활이나 특정 제품/서비스 이용행태 파악을 위한 조사에 널리 활용된다.

HUT(Home Use Test)는 가정에서 쓰이는 일상생활용품이나 음식료품, 화장품 등의 신제품을 실생활에서 사용하게 한 후 평가를 받는 조사이다. 대개 주방 혹은 욕실세제나 비누, 샴푸 등의 일상생활용품, 카레와 같은 즉석식품, 화장품, 향수 등 여성 화장품의 신제품 테스트에 주로 활용된다.

In-home Visit Study는 가정에서 사용되는 가전제품과 같은 내구재나 일상생활용품을 실제 가정에서 어떻게 사용하는지를 관찰하는 조사이다. 조건에 맞는 대상을 사전에 리크루팅하여 스케줄을 잡은 후 해당 가구를 직접 방문해서 사진이나 동영상으로 촬영하고 실생활에서의 사용행태를 기록하여 분석하게 된다.

신제품 음식물 처리기를 개발하기 위한 아이디어를 얻기 위해 음식물 처리기를 사용하고 있는 고객들의 집을 직접 방문해서 제품 설치 위치 및 실제로 사용하는 과정을 하나하나 관찰하면서 동영상도 촬영하고 즉석에서 인터뷰를 진행하여 기존 제품의 사용상 문제점을 파악, 고객의 미충족 니즈를 신제품 아이디어로 연결하기 위한 기초자료로 활용한다.

마. 신조사기법

a. 정량조사 신조사기법

관찰조사의 일종으로 응답자들에게 질문을 하여 응답을 받는 것이 아니라 그들의 감각이나 행동변화(눈동자의 움직임, 뇌신경 반응의 변화, 매장에서의 이동행태 등)를 특정 프로그램이나 장비를 통해 관찰하는 기법인 뉴로마케팅이 일부 실무에서 활용되고 있다.

수년 전 킴벌리 클라크(Kimberly – Clark)는 하기스 물티슈 판매가 떨어지자 전통적인 방식의 조사가 설득력 있는 정보를 제공하지 못한다고 판단하여 카메라가 장착된 안경을 소비자들에게 쓰게 하여 실제 생활에서의 물티슈 이용행태를 파악하고자 하였다. FGD에서는 소비자들이 기저귀 탁자에서 기저귀를 교체하는 행동에 대해 이야기했지만, 실제로는 침대, 마루, 세탁기 위 등에서 어설픈 자세로 기저귀를 교체하고 있음을 발견하였으며, 이러한 환경에서 기저귀를 교체할 때 두 손을 모두 써야 하는 물티슈 용기나 로션을 매우 어렵게 사용하고 있음을 알게 되었다. 그래서 조사결과를 바탕으로 한 손으로 버튼을 누르면 되는 물티슈와 한 손으로 쥐면서 쉽게 사용할 수 있는 로션과 샴푸 병을 개발하게 되었다.

Philip Kotler, Gary Armstrong 지음, 『Kotler의 마케팅 원리』, 안광호, 유장조, 전승우, 옮김, 제12판, 시그마 프레스. pp.138 – 139.

기존에 활용되는 질문 방식의 조사는 응답자가 질문에 응답한 내용과 실제로는 다르게 행동할 수 있다는 점과 무의식적으로 발생하는 인지나 태도에 대해서는 파악할 수 없다는 단점이 있는데, 뉴로마케팅은 이러한 단점을 보완해 주는 역할을 한다. 눈동자의 움직임을 추적하여 매장 진열, 광고, 제품 디자인을 평가하거나 자극에 대한 뇌신경의 반응을 파악하여 어떤 자극이 소비자에게 어필하는지를 파악할 수 있다.

뉴로마케팅조사를 전문적으로 수행하는 브레인앤리서치라는 회사에서는 MRI를 이용한 광고물 등에 대한 고객 반응 분석이나 눈동자의 움직임을 추적하는 특수안경을 이용해 제품이나 진열대를 보는 소비자의 시선 추적 분석 등을 수행한다.

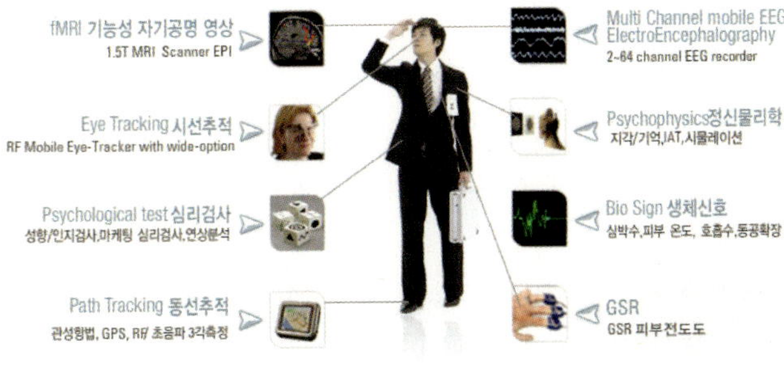

주) http://www.bnr.co.kr/

축구 등의 스포츠 마케팅 활동에 대한 각종 광고/홍보효과를 전문적으로 측정하는 레퓨컴코리아에서는 각종 스포츠 경기 시 노출되는 후원기업의 브랜드명이나 로고 등의 노출빈도와 강도를 인간의 정보처리 과정을 반영한 프로그램을 활용하여 측정해서 후원활동에 대한 효과를 전문적으로 분석한다.

b. 정성조사 신조사기법

인류학에서 사용되는 민속지학적 조사(Ethnographic Research)가 최근 기존 정성조사를 보완하는 대안으로 주목을 받고 있다. 이 방법은 연구자가 관찰대상의 실제 삶 속으로 들어가서 그들과 생활하면서 몸소 체험하는 것으로 기존 정성조사의 한계라고 할 수 있는 제3자 입장에서의 관찰이 아닌 연구자 본인이 관찰대상이 되어 실생활을 직접 느끼고 경험하는 1인칭 관점으로 접근하는 것이 가장 큰 특징이다.

할리데이비슨은 지난 90년대 초반 마니아 집단 Biker의 문화를 관찰하기 위해 민속지학적 조사를 활용하였다. 민속지학자 및 인류학자들이 팀을 구성하여 총 3년에 걸쳐 해당 집단에 직접 참여하면서 동화되는 과정을 연구하여 집단구조, 집단사상, 자기변신 등의 특징을 발견, 이를 마케팅전략에 적극 활용하였다.

'불황 때는 팔릴 물건을 만들어라', 『CEO Information』, 2003년 6월 18일(제 405호)

바. 기타 조사유형

지금까지 자료수집방법에 대해 살펴보았다. 조사실무에서는 자료의 수집방법뿐만이 아니라 자료수집의 연속성과 자료수집의 대상에 따라

Ad hoc조사와 Tracking 조사 및 패널조사로 구분해 볼 수 있다.

a. Ad hoc조사와 Tracking조사

 조사의 연속성 여부에 따라 Ad hoc조사와 Tracking조사로 구분할 수 있다. Tracking조사는 동일한 조사를 일정주기에 따라 반복시행해서 시간의 경과에 따라 조사결과의 변화추이를 비교하기 위한 목적으로 활용된다. 브랜드 지표 조사나 고객만족도조사, 소비자 트렌트 변화를 추적하기 위한 조사가 가장 대표적이다. Tracking조사에서는 지난 조사와의 비교가 가장 중요하므로 표본설계와 조사항목의 일관성을 유지하는 것이 핵심이 된다. 조사대상이나 지역은 물론이고 자료수집방법만 바뀌어도 조사결과는 차이가 날 수 있으며, 조사항목도 항목내용의 수정이나 항목순서가 조금만 달라지더라도 조사결과의 일관성이 떨어지므로 Tracking조사를 진행할 경우 설계나 항목변경에 유의해야 한다.

 Ad hoc조사는 Tracking조사와 정반대의 개념으로 특정이슈나 문제의 원인 파악을 목적으로 한 번만 시행하게 된다. 정부정책이나 법적/제도적 변화에 대한 잠재고객들의 인식이나 특정이벤트나 프로모션에 대한 고객의 반응을 파악하고자 할 때 혹은, 금융위기에 대한 일반인의 인식 파악 혹은 자본시장통합법 시행에 대한 고객인식 파악을 위해 조사를 진행하는 경우가 좋은 예라고 할 수 있다. Ad hoc조사로 시작했다 하더라도 동일한 이슈가 계속 생겨 시간경과에 따라 동일한 조사를 반복시행하여 비교하는 경우에는 Tracking조사가 된다.

b. 패널(Panel)조사

패널조사란 조사대상이 되는 집단을 사전에 구성한 다음 이 집단의 구성원을 대상으로 조사를 진행하는 것을 말한다. 패널조사의 실무적 활용은 목적에 따라 다음과 같이 3가지 유형으로 구분할 수 있다.

* 실태추적에 주목적이 있는 경우

마케팅조사에서는 닐슨의 소비자 패널조사, 사회조사에서는 특정목적을 위한 패널조사(노동, 복지, 장애인, 농가, 청소년, 고령인구 등)가 대표적이다. 이들 조사의 공통점은 조사대상의 의식이나 인식이 아닌 실태에 초점이 맞추어져 있다는 것이다. 닐슨 패널조사는 주로 해당가구에서 소비한 구매품목을 파악하는 것이 주목적이며, 사회조사에서의 패널조사 또한 인구, 소득, 자산 변화와 같은 실태 파악에 주안점을 두어 동일한 패널 구성원들을 계속 유지해 가면서 시간의 흐름에 따라 반복 조사를 실시하게 된다.

주) http://www.klosa.re.kr/KLOSA/default.asp

* 소비자의견 수렴을 반영하고자 하는 경우

일반 기업에서 자체 소비자 패널을 구축하여 신제품/서비스 혹은 각종 마케팅 활동에 대한 반응을 테스트하는 경우이다. 기업들이 자체적으로 소수의 소비자 패널을 구축하여 의견을 수렴하거나 마케팅 활동에 대한 모니터링을 하게 하는 것이다. 식품, 가전, 유통 등 대부분의 산업에서 소비자 패널을 널리 활용하고 있다.

* 조사의 한 방법으로서 활용하는 경우

조사회사에서 어려운 실사상황을 극복하고자 응답자 Pool을 구성해 놓고 필요할 때마다 해당 풀에서 조사대상을 선정하여 조사를 실시하는 것으로 온라인 조사를 위한 온라인 패널이 대표적이다. 사전에 구성한 응답자 Pool을 대상으로 한 패널조사는 시간, 비용 등의 경제성 측면에서는 유리하나, 모집단을 대표하지 못한다는 결정적인 단점이 있다. 예를 들어 만 20세 이상 일반인을 대상으로 조사를 실시할 경우 전화나 1 : 1개별면접 등의 방법을 활용할 경우에는 모집단에 대한 대표성이 있다고 할 수 있으나, 패널조사의 경우 엄밀히 말해서 해당 조사회사의 응답자 Pool을 대표하는 것이므로 모집단 전체를 대표한다고 볼 수 없다. 따라서 조사의 목적상 모집단에 대한 대표성이 중요한 경우에는 일반적인 자료수집방법을 활용해야 하며, 신상품/서비스 컨셉조사, 젊은 연령층 대상 조사, 광고효과 조사 등은 온라인 패널조사가 더 효과적일 수 있다.

엠브레인 패널 예시

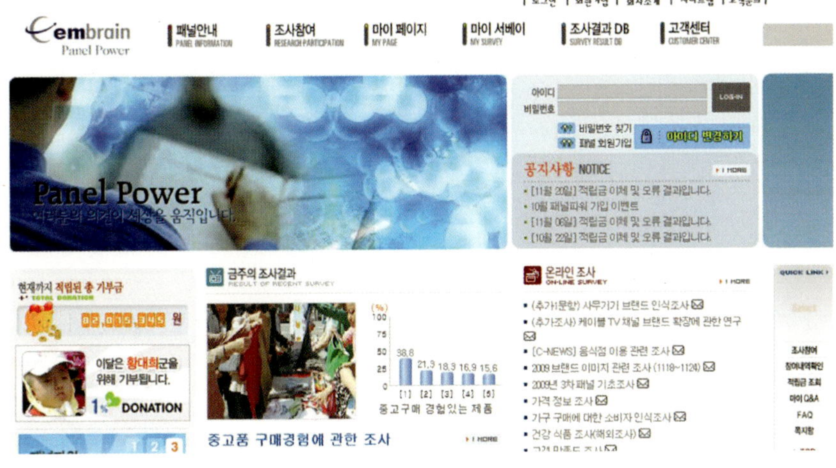

주) http://panel.co.kr

c. 신디케이트(Syndicate) 조사

의뢰를 받아 건별로 조사하는 것이 아니라 조사회사에서 자체적으로 기획해서 조사를 진행한 후 조사결과를 필요로 하는 기업이나 기관에 보고서 형태로 판매하는 조사형태를 말한다. 닐슨의 Retail Index가 대표적인 예로 이 조사는 패널조사이면서 신디케이트 조사의 성격을 동시에 띤다. 신디케이트 조사의 대표적인 유형 중에는 옴니버스 조사도 있다. 이는 한 건의 조사에 여러 기업이나 기관이 참여해서 필요한 문항 단위로 조사를 진행하는 것으로 한국갤럽의 옴니버스 조사가 대표적이다.

1980년부터 현재까지 운영해 오고 있는 조사로 전국 성인 남녀 1,500명을 1 : 1개별면접으로 매월 조사를 진행하며, 알고 싶은 내용을 질문문항 단위로 의뢰할 수 있다. 문항 수나 문항의 형태(객관식, 주관식)에 따라 비용은 달라지나 몇몇 문항만을 알고 싶은 경우에 유용하다.

4. 질문지 개발하기

조사에서 가장 중요한 부분 중 하나가 바로 질문항목의 개발 및 구성과 관련된 질문지 개발이다. 질문지라 하면 정량조사를 위한 질문지를 일컬으며, 흔히 설문지라고도 불리는 질문지를 만들기 위해서는 다양한 노하우와 지식이 요구된다.

(1) 질문지 왜 중요한가

마케팅조사에서 질문지를 제외한 나머지 요소가 아무리 정확하다 하
더라도 질문지가 잘못되면 소용이 없다. 비표본오차를 야기하는 주요
원인 중 하나가 바로 잘못된 질문지 구조 혹은 질문항목에 있지만 현
실에서는 이러한 질문지의 중요성이 너무 간과되고 있다.

기업이나 기관의 실무자들은 질문지보다는 화려한 통계분석이나 분석
기법에 현혹되어 분석 아웃풋 이미지를 더 중시하는 경향이 있으며, 소
위 전문가들이라고 할 수 있는 관련 학자들이나 일부 전문조사회사에
서도 응답자로 하여금 오류를 일으킬 수밖에 없을 정도로 허점이 많은
질문지를 활용해 조사를 실시하는 경우를 흔히 보게 된다.

조사방법론 측면에서 볼 때 가장 일반화하기 어려울 정도로 활용목적
이나 상황에 따라 질문구조나 항목이 달라질 수밖에 없고, 관련 이론
연구도 미흡하여 객관적으로 활용할 수 있는 이론적 근거가 부족한 것
이 사실이지만, 질문구조, 질문문항, 질문의 워딩에 따라서 조사결과는
크게 달라질 수 있으며, 질문지의 구성에 따라 사전에 의도한 대로 특
정 결과를 도출할 수도 있으므로 마케팅조사에서 질문지는 매우 중요
한 요소로 인식되어야 한다.

(2) 응답자의 심리 이해하기

인간은 모든 관계에 있어 서로 상대방의 행위를 해석하고 정의하려고 한다. 즉 상대방에 따라 자신에게 맞는 행동을 하려고 노력하게 된다. 가령, 백화점에서 제품/서비스를 구매하기 위해 점원을 대하는 태도와 행동은 재래시장에서 노점상으로부터 제품/서비스를 구매할 때와 달라지게 된다. 이러한 현상을 '상징적 상호작용론'(Blumer, 1969)이라고 하는데 마케팅조사 시 면접원과 응답자 사이에서도 동일한 현상이 발생하여 응답자는 무의식적으로 면접원이 의도하는 바를 파악해서 그에 맞게 응답하려고 노력하게 된다. 따라서 좋은 질문지는 면접과정에서 사회적 상호작용이 일어나지 않도록 해서 응답자가 면접과정 내내 의미 찾기를 하지 않도록 하는 것이다. 응답과정에서 발생할 수 있는 일반적인 응답자의 심리유형들은 다음과 같다.

응답과정에서 나타나는 응답자 심리유형들

응답자는 질문받은 내용만을 검토하는 것이 아니라 질문자가 무슨 대답을 듣고 싶어 하는지, 어떤 응답을 하는 것이 상황에 적합한지를 생각하게 된다.

응답자는 질문자의 Pace에 따라 응답하도록 무언의 압력을 느끼게 된다. 일반적으로 면접은 매우 빠르게 진행되므로 응답자는 질문에 대한 완벽한 응답보다는 빠른 응답을 중요하게 생각하게 되며, 이는 응답자로 하여금 기억의 실패를 초래하게 한다.

응답자는 질문에 대한 자신의 의견이 없음에도 불구하고 질문에 응답하는 경향이 있으며, 극단적인 경우 80%가 자신의 견해가 없는데도 태도질문에 응답하게 된다.

응답자는 대답하기 어려운 질문에 대해 자신 스스로가 쉽게 응답할 수 있도록 질문을 수정하는 경향이 있다. 그래서 전체 질문내용 중 어려운 질문은 넘어가고 자신이 아는 범위 내에서만 응답하려고 노력한다.

응답과정에서 응답자는 '자아보호' 심리가 작용하여 민감한 질문에 대해서는 답변을 거부하거나 실제와는 다르게 왜곡해서 응답하는 경향이 있다.

조병희, 『설문지 작성기획』, 한국조사연구학회 워크숍 자료집, 2006년 6월.

(3) 응답대상에 대한 가정

마케팅조사에서 응답자들은 매우 다양한 사람들로 구성된다. 일반적으로 가장 널리 활용되는 U&A조사를 생각해 보자. 예를 들어 만 20세 이상~59세 이하 일반인 남, 여를 대상으로 금융이용실태조사를 실시할 경우 조사대상은 성, 연령은 물론이고, 직업별로도 대학생, 블루칼라 종사자, 화이트칼라 종사자, 자영업자, 가정주부 등 매우 다양한 응답자들로 구성된다.

또한 대부분의 경우 응답자는 전혀 예상하지 못한 상황에서 면접에 임하게 되며, 면접과정 또한 매우 빠르게 진행되므로 아무리 지적수준이 높은 사람이라 하더라도 응답상황에서는 본인의 지적수준을 모두 활용하여 응답할 수 없다.

따라서 면접과정의 이러한 현실을 감안하여 질문지를 구성할 때는 응답자들의 지적수준을 가급적 낮은 것으로 간주하는 것이 좋다. 실제 한국갤럽에서는 조사의 종류나 유형에 상관없이 응답자를 초등학교 졸업 수준으로 간주하고 그에 맞게 질문지를 구성하도록 강조한다. 특히, 개인고객이나 일반인을 대상으로 한 정량조사의 경우 설사 학력수준이 높은 집단만을 대상으로 조사를 실시한다 하더라도 응답자들이 면접상황에서 쉽게 응답할 수 있도록 최대한 간결하게 질문지를 구성하기 위해 노력한다.

(4) 질문지 구조

 모든 질문지는 대개 조사소개 및 협조요청 - 조사대상 선정 질문 - 본문 - 응답자 특성 등 4단계로 구성된다.

가. 조사소개 및 협조요청

 응답 대상자에게 조사의 목적과 취지를 간략하게 설명한 후 조사에 응답해 줄 것을 요청하는 협조의 내용이 포함된다. 대개 질문지의 맨 상단에 위치하며 다음과 같은 문구로 작성된다.

조사회사용

> 안녕하십니까? 저는 OO조사회사의 면접원입니다. 이번에 저희는 OOO를 대상으로 OOO에 대한 소비자조사를 실시하고 있습니다. 본 조사에 응답해 주시는 모든 내용은 통계법에 의거하여 보호될 것입니다. 바쁘시더라도 잠시만 시간을 내어 답변해 주시면 감사하겠습니다.

자체조사용

> 안녕하십니까, 고객님? 이번에 저희 OOO에서는 고객님들을 대상으로 OOO에 대한 조사를 실시하고 있습니다. 고객님께서 응답해 주시는 모든 내용은 향후 제품/서비스 개발/개선을 위한 기초자료로 활용될 예정이오니 잠시만 시간을 내어 답변해 주시기를 부탁드립니다.

 이 부분은 가급적 최대한 간략하게 구성하여야 한다. 특히, 전화조사로 진행할 경우 응답자가 자칫 지루해할 수 있으므로 조사목적과 협조요청을 간략하게 하는 것이 좋다. 많은 경우 인사말에 통계법 관련 내용을 포함하게 되는데 반드시 필요한 경우가 아니라면 제외해도 무방

할 것이다. 과거 조사가 널리 활용되지 않았던 시절에는 이러한 내용을 주지시킬 필요가 있었을지 모르나 요즘은 많은 응답자들이 이러한 내용을 기본적으로 알고 있을 것이므로 굳이 넣을 필요는 없다. 단 매우 민감한 주제이거나 자기기입식조사, 조사대상이 직원 등의 내부 구성원인 경우에는 응답내용에 대한 비밀유지와 관련된 사항을 사전에 반드시 알리는 것이 좋다.

나. 조사대상 선정질문

표본설계에서 조사대상에 해당되는 응답자를 선별하기 위한 질문으로 크게 조사목적에 관계없이 공통적으로 들어가는 질문과 조사목적에 따라 추가되거나 달라지는 질문으로 구분해 볼 수 있다.

a. 모든 조사에 공통적으로 포함되는 조사대상 선정질문

'귀하 본인 또는 가족, 친지, 친구 등 주위사람들 중 조사회사, 광고대행사, OO업종에 종사하시는 분이 계십니까?' 이 질문은 조사 자체나 해당 주제에 대해 너무 잘 아는 사람들을 제외하기 위한 것이다. 조사회사나 광고대행사에 종사하는 사람이나 주변 사람들은 조사 자체에 대해 일반인에 비해 더 잘 알고 있을 가능성이 높아 응답 과정에서 오류가 나타날 수 있으므로 제외하는 것이고, 해당 업종에 종사하는 사람들도 조사주제가 되는 업종에 대해 일반인에 비해 너무 잘 알게 되면 이 역시 편향된 응답내용으로 이어질 소지가 있기 때문이다.

'귀하께서는 최근 6개월 이내에 OO 관련 조사에 응하신 적이 있습니까?' 이 질문은 최근 일정기간 내에 조사에 응답함에 따라 발생할 수 있는 응답자의 편향을 방지하거나 기존에 응답된 동일한 표본을 제외하고 표본을 추출할 필요가 있을 경우에 활용한다. 주로 FGD 등의 정성조사에서 참석자 선정을 위한 질문으로 널리 활용된다.

b. 조사목적에 따라 추가되거나 달라지게 되는 질문

'귀하의 연령은 올해 만으로 어떻게 되십니까?' '귀하께서는 현재 OO을 보유(이용)하고 계십니까?' '귀하께서는 최근 3개월 이내에 OO을 이용해 보신 적이 있습니까? (있다면) 얼마나 자주 이용하셨습니까?' 이러한 질문들은 사전에 정의된 조사대상을 선별하기 위한 것으로 조사목적에 따라 달라지게 된다.

여기서 주의할 점은 조사대상 선정을 위한 질문들이 여러 단계에 걸쳐 있는 경우 원인결과의 순서에 따라 질문지를 구성해야 하며, 가급적 조사대상에 선정되지 않을 확률이 높은 질문들을 먼저 제시해야 한다. 예를 들어, 패밀리 레스토랑 이용고객 조사를 실시할 경우 먼저 연령을 물어 사전에 정의된 조사대상으로 한정한 다음, 패밀리 레스토랑 이용빈도, 패밀리 레스토랑 이용브랜드, 해당 브랜드 이용빈도 등의 순으로 물어야 한다. 여기서 패밀리 레스토랑 이용경험을 모두 물은 뒤 맨 나중에 연령을 물어 조사대상에서 최종적으로 제외하는 것은 매우 소모적인 일이며, 응답자를 당황하게 한다.

다. 본문 질문

조사목적이나 주제 혹은 유형에 따라 본문질문의 구조와 흐름은 달라질 수 있으나 일반적으로 적용되어야 하는 원칙들은 다음과 같다.

a. 일반적(큰 질문) - 구체적(작은 질문)

 이용 여부, 이용 브랜드, 브랜드별 이용 시기, 이용 방법 등 이용실태나 특정 주제에 대한 인식이나 태도를 파악하기 위한 질문들은 큰 주제를 먼저 물어 응답자에게 조사주제에 대한 환기를 시킨 후 작은 주제를 묻는 순서로 구성하는 것이 좋다.

 예를 들어, 도넛전문점 이용실태에 대한 질문지를 구성한다고 가정해 보자. 맨 먼저 도넛전문점 카테고리 전체를 얼마나 이용하는지를 질문한 후 어떤 브랜드를 이용하는지, 각 브랜드별로 얼마나 자주 이용하는지를 물어야 한다. 그런 다음 각 브랜드별로 왜 이용하는지, 이용경험에 대한 태도는 어떤지 등의 순서로 구성함으로써 응답자가 큰 질문을 바탕으로 구체적인 경험들을 머릿속에서 순차적으로 떠올려 보다 정확하게 응답할 수 있다.

b. 쉬운 질문 - 어려운 질문 혹은 덜 민감한 - 민감한

 자동차도 시동을 켠 후 엔진을 예열하는 과정을 거치듯 응답자의 경우에도 응답과정에서 이러한 워밍업의 과정이 필요하다. 아무런 준비도 되지 않았고 전혀 예상치 못한 가운데 응답을 해야 하는 상황에서 어렵거나 민감한 질문을 받게 되면 응답자는 당황할 수밖에 없고 이는 결국 부실응답 혹은 응답거절로 이어질 가능성이 매우 높기 때문이다. 예를 들어, '자본시장통합법'에 따른 금융소비자 변화라는 주제로 조사를 진행해야 한다고 가정해 보자. 이 조사에서 핵심이라고 할 수 있는 자본시장통합법에 따른 소비자의 금융회사에 대한 인식과 태도 관련 질문문

항들을 질문지의 서두 부분에 바로 배치하기보다는 워밍업 차원에서 응답자의 금융이용행태와 관련된 일반적인 질문을 먼저 하는 것이 좋다.

c. 중요한 - 덜 중요한

상대적으로 질문항목이 많은 1 : 1개별면접 조사의 경우 중요한 질문을 앞쪽에 배치해 두는 것이 좋다. 응답자는 응답과정에서 일정시간 이상이 되면 집중력이 떨어지고 지루함을 느끼게 되어 질문항목이 많으면 많을수록 면접 후반부에서 부실하게 응답할 수밖에 없다. 따라서 가급적 중요한 질문은 질문지의 앞쪽으로 배치해서 응답을 받아야 한다. 단 아무리 중요한 질문이라 하더라도 어렵거나 민감한 질문의 경우 사전에 워밍업을 위한 관련 질문들을 먼저 묻는 것이 좋다.

컨셉테스트 질문문항의 순서

FMCG 산업에서 신제품 컨셉테스트 조사를 할 때 맨 먼저 컨셉을 보여주고 컨셉에 대한 호감도와 구매의향부터 질문한다. 컨셉테스트 조사에서 핵심은 해당 컨셉에 대한 잠재타겟의 태도와 구매의향을 파악하는 데 있으므로 가장 먼저 호감도와 구매의향부터 물어본 후 컨셉의 구성요소에 대한 세부항목별 평가, 컨셉이 속해 있는 제품군 사용행태 등의 순서로 질문을 구성하게 된다.

d. 논리적/인과적/주제별 순서

이용행태, 브랜드, 만족도조사를 위한 질문지를 구성할 때는 응답자의 인지구조 및 태도형성 과정에 따라 질문항목을 구성하는 것이 좋다. 소비자행동에서 소비자의 태도형성 과정은 크게 인지 - 경험 - 태도 형성 등의 단계를 거치게 되므로 이를 바탕으로 전체적인 질문지 구조를 잡아야 한다. 브랜드의 경우 비보조 인지도 - 보조 인지도 - 이미지

– 태도 – 의향의 순서로 질문하는 것이 전형적인 예라고 할 수 있으며, 만족도조사의 질문문항들도 세부항목 만족도 – 항목들의 상위개념인 차원만족도 – 전반적 만족도 – 구매(이용)의향 순으로 구성하는 것이 좋다.

고객만족도조사 질문순서 방식의 비교

구 분	Top–down 방식	Bottom–up 방식
문항순서	전반만족 → 충성도 → 차원만족 → 세부항목만족	세부항목만족 → 차원만족 → 전반만족 → 충성도
특징	선행 요인들이 완전히 배제된 전반적 고객만족도로 평가	응답자의 이성적 평가에 대한 인지구조순으로 평가
장/단점	전반 – 차원 – 세부항목 만족도 지수 간 일관성 결여 ex) 전반만족 60점, 차원만족 70점, 세부항목 만족 75점	Top–down 방식에 비해 만족도 지수 간 일관성이 높음 단, 여기서 전반적 만족도는 사전에 평가한 차원들에 대한 제한된 평가임
실무활용	잘 활용되지 않음	일반적으로 널리 활용됨

e. 순서효과(Ordering Bias)

응답과정에서 앞 질문의 응답이 다음에 나오는 질문의 응답에 영향을 미치게 되는데, 이러한 현상을 순서효과라 한다. 순서효과의 가장 좋은 예가 브랜드 인지도 부분이다. 예를 들어 음료 브랜드에 대한 조사를 실시한다고 할 경우 브랜드에 대한 인지도를 묻기 전에 이용브랜드를 먼저 묻는다거나 여러 브랜드들을 보기로 제시하는 보조 인지도를 물은 후 비보조 인지도(음료하면 떠오르는 브랜드는?)를 묻게 되면 앞선 질문의 응답에 의해 다음 질문의 응답결과에 영향을 받게 된다.

고객만족도조사의 경우에도 순서효과가 매우 중요한데 맨 먼저 전반적 만족도를 물은 후 구체적인 세부항목에 대한 만족도를 묻게 되면 앞서 응답한 전반적 만족도 수준이 뒤따르게 되는 세부항목 만족도들의 응답에 영향을 미칠 수밖에 없다. 또한 세부항목 만족도를 구성할 때도 상대적으로 만족도가 낮을 수밖에 없는 항목(가격, 할인/제휴, 이벤트 등)을 여러 세부항목 중 가장 먼저 묻게 되면 뒤따르는 항목들의 만족도 수준도 영향을 받아 낮아질 가능성이 매우 높다.

순서효과는 조사주제나 제시브랜드 혹은 응답 보기의 제시순서에 따라서도 나타날 수 있다. 즉 먼저 제시한 보기가 나중에 제시한 보기에 비해 응답될 가능성이 높다는 것이다. 앞서 언급한 것처럼 대개의 경우 면접과정은 빠르게 진행되어 응답자가 주어진 정보를 충분히 검토하여 응답할 만한 여유가 없어 최소한의 정보를 이용해 판단하려는 경향이 나타나게 되므로 보기의 순서에 따라 응답이 달라질 수 있다. 특히 제시되는 보기항목이 많으면 많을수록 이러한 경향은 더욱 두드러진다. 조사실무에서는 이러한 순서효과를 방지하기 위해 조사주제나 응답 보기를 응답자별로 로테이션하여 진행한다.

조사주제의 경우 주제별로 아예 순서를 달리한 질문지를 면접원들에게 무작위로 배분하여 순서효과를 최소화하게 된다. 특히, 여러 컨셉에 대한 평가를 받는 조사의 경우 컨셉의 제시 순서에 따라 영향을 받을 수 있어 질문지를 여러 타입으로 만들어 각 타입별 컨셉 제시순서를 달리 구성하여 조사를 진행하는 것이 일반적이다.

　제시브랜드나 응답 보기의 경우 대개 질문지는 동일하게 구성하되 면접원이 조사 진행 시 제시 순서를 달리하는 것이 일반적이다. 그래서 제시브랜드나 보기 옆란에 면접원이 면접진행시 제시한 보기순서를 기록하도록 한다.

보기순서 기록 예시

문) 귀하께서는 다음 보기 중 어떤 음료브랜드를 가장 선호하십니까? 제가 불러 드리는 보기 중 가장 선호하시는 것을 하나만 말씀해 주십시오.
(면접원: 보기제시순서를 기록하고 응답 브랜드를 보기에서 골라 체크할 것)

보기제시순서	보기
	1. 보성녹차
	2. 차애인
	3. 하늘보리
	4. 17차
	5. 차애인
	6. 차우린

f. 보기제시여부

　정량조사는 보기의 제시여부에 따라서 응답결과가 크게 달라질 수 있음을 유의하여야 한다. 일반적으로 보기를 제시하게 되면 설사 응답자 본인의 응답내용이 보기에 없다 하더라도 응답자들은 대개 주어진 보기 내에서 응답을 선택하는 경향이 있다. 따라서 이러한 점들을 감안해서 보기제시 여부를 결정할 필요가 있다. 일반적으로 조사결과로 도출되어야 할 이슈가 명확한 경우에는 관련 이슈가 반영된 보기만을 제시하는 것이 좋고, 그렇지 않은 경우라면 보기를 제시하지 않고 응답을 받는 것이 바람직할 것이다.

조사방법에 따라 보기제시 여부를 신중히 결정할 필요도 있다. 전화조사의 경우 보기를 응답자에게 일일이 불러 주어야 하며, 1 : 1개별면접은 별도의 보기카드로 보여주게 되므로 전화조사 질문지 작성 시 보기제시여부 및 구성에 더 유의해야 한다. 전화조사 특성상 보기가 너무 길거나 많거나 어려우면 응답하기 힘들기 때문이다.

보기 구성 시 한 가지 유의할 점은 보기로 제시되는 내용이 MECE(Mutually Exclusive, Collectively Exhaustive) 원칙에 맞아야 한다는 것이다. 즉 보기는 응답 가능한 모든 내용이 포함되어 있어야 하며, 중복이 있어서는 안 된다. 예를 들어, 제품을 구매할 때 가장 중요하게 고려하는 점이 무엇인가에 대한 질문을 하면서 먼저 보기를 1. 가격 2. 품질 3. 서비스 4. 기타로 제시했다고 해 보자. 이 경우에는 '브랜드'가 제시되지 않아 제품 선택 시 브랜드의 중요성이 누락되게 되므로 소비자가 해당 제품을 구매할 때 고려하게 되는 모든 요소들이 보기에 있어야 한다는 원칙에 맞지 않게 된다(Collectively Exhaustive).

MECE

MECE(Mutually Exclusive and Collectively Exhaustive의 약자, 상호배제와 전체 포괄)는 항목들이 상호 배타적이면서 모였을 때는 완전히 전체를 이루는 럿을 의미한다. 이를테면 '겹치지 않으면서 빠짐없이 나눈 것'이라 할 수 있다. 영어권에서는 '미시'라고 읽는다.

예 [편집]

사람을 예로 들면, "나이"에 의한 분류는 어떤 사람이 20세이기도 하고 21세이기도 한 경우는 없기 때문에, 모든 사람을 OO세라는 집단으로 나누는 것은 MECE인 경우이다. 한편, "직업"에 의한 분류는 겸업을 하는 사람도 있기 때문에 MECE가 아니다.

수학적 예를 들면, 어떤 집합 U를 집합 A, B, C로 나누었을 때 아래 조건들을 모두 만족한다면 MECE를 따른 분류라고 할 수 있다.

- $A \cap B = \varnothing$
- $B \cap C = \varnothing$
- $C \cap A = \varnothing$
- $A \cup B \cup C = U$

활용 [편집]

WBS 개발, 상품 기획, 각종 조사 대상 품목 선정 등에서 요인을 빠짐없이 검토해보고 싶을 때 MECE에 따른 분류를 자주 사용한다. 예를 들면 새로운 상품을 기획하는 경우 상품라는 전체 집단을 "행동"과 "판매 가격대" 등의 측면에서 MECE가 되도록 분할하고 경쟁 상품이 없는 분야의 상품 개발을 우선시하는 등의 활용 방법이 있다. MECE인지 확인하면서 연역적으로 분류를 하면, 직감에 따른 분류보다 포괄성이 높아지면서 뜻밖의 신상품 시장을 발견하게 되는 경우도 있다. 제조회사는 품질은 높고 가격은 낮은 제품을 만들기 위하여 MECE를 활용하여 다음과 같이 아이디어를 창출할 수 있다.

- 제품에 필요한 "기능" – 제품에 필요한 성질(예, 건강 기능), 없어야 할 성질(예, 유해 기능)을 빠짐없이 검토해 본다.
- 공정(원자재 – 제조 – 가공 – 수송 – 판매 – 사용 – 폐기)에서 "시간"을 기준으로 빠짐없이 검토해 본다.
- 제품의 고장을 없애고 생산성을 늘리기 위해, 발생 부위 원인 부분을 "공간"을 기준으로 빠짐없이 검토해 본다.
- 고장율을 낮추기 위해 대책 방안을 과학적 측면(예, 중력, 자기력, 고체, 액체, 기체 등)에서 빠짐없이 검토해 본다.

주) http://ko.wikipedia.org/wiki/MECE

만약 상기 질문에 대한 보기를 1. 가격 2. 제품품질 3. 브랜드 4. 서비스 5. 할인 6. 기타로 제시했다고 해 보자. 이 경우에는 가격과 할인이 중복되게 되어 실제보다 가격적인 측면의 응답비율이 높게 나타날 수 있으므로 보기에 제시된 요소들 중 중복이 있어서는 안 된다는 원칙에 위배된다(Mutually Exclusive).

> 전화조사 질문지 구성 시 면접조사에 비해 더 유의해야 한다. 전화조사는 질문과 보기사항을 목소리로 만 듣게 되므로 1 : 1개별면접과 비교해 응답자의 조사에 대한 집중도가 떨어질 수밖에 없으므로 보기 가 길어서도 안 되며, 문장도 매우 단순하면서도 간결해야 한다.

g. 응답방식(면접방식, 자기기입방식)

응답방식을 크게 면접원에 의한 방식과 응답자 스스로 질문항목을 읽어 가며 응답해 가는 자기기입방식으로 구분해 볼 때 면접원에 의한 방식보다는 자기기입식일 때 질문구조와 편집, 질문순서, 단어사용 및 지시문 등에 더욱더 유의해야 한다. 면접방식에서는 질문지 구조나 문항이 다소 매끄럽지 않더라도 면접원에 의해 보완이 될 수 있으나 자기기입식의 경우 질문지 구조나 항목의 에러는 응답자의 응답오류로 귀결되게 되므로 우편조사나 온라인 조사와 같은 자기기입식 질문지를 작성할 때는 질문 구조나 문항 및 지시문 등에 유의해야 한다.

우편/온라인 등의 자기기입식 조사에서의 지시문 예시

1. 아래 모든 질문에 대해 귀하의 평소 느낌이나 생각, 경험을 기준으로 응답해 주십시오.
2. 하나의 질문에 대해 오래 생각하지 마시고 질문을 읽고 바로 떠오르는 생각이나 느낌을 그대로 응답해 주십시오.
3. 질문항목의 순서대로 응답해 주십시오. 작성 도중 뒤 질문이나 다음 장의 질문을 보시게 되면 앞 질문의 응답에 영향을 받을 수 있으므로 반드시 번호 순서대로 읽고 응답해 주십시오.
4. 처음부터 끝까지 해당되는 모든 질문에 대해 빠짐없이 응답해 주십시오. 특히, 마지막 장 '자료분류용 질문'은 통계처리를 위해 꼭 필요하니 반드시 응답해 주십시오.
5. 지시문이 있는 경우에는 반드시 지시문에 따라 응답해 주십시오.

라. 응답자 특성 질문

조사대상 선정을 위한 것이 아니라면 가급적 연령, 직업, 소득 등과 같은 응답자 개인 특성과 관련된 질문들은 맨 나중에 배치하는 것이 일반적이다. 응답자 특성 질문은 대개 응답자 특성별 비교를 위해 활용되므로 '주변적 혹은 부차적인 성격'이 강하고 응답자에 따라 개인 특성에 대한 질문을 민감해할 수 있기 때문에 뒤쪽으로 배치하는 것이다.

(5) 질문항목 만들기

가. 질문항목의 척도 유형에 따른 분류

질문항목은 항목의 척도에 따라 명목척도, 서열척도, 등간척도, 비율척도 등의 4가지 유형으로 구분할 수 있다.

a. 명목척도

질문에 대한 응답이 yes/no로 나타나는 것으로 인지, 경험 등을 질문할 때 널리 활용된다.

문) 귀하께서는 오늘 이전에 'OOO'에 대해 들어본 적이 있습니까?

1. 있다 2. 없다

문) 귀하께서는 'OOO'을 지금까지 한 번이라도 이용해 보신 적이 있습니까?

1. 있다 2. 없다

---

b. 서열척도

보기를 제시한 후 모든 보기를 순서대로 서열을 매기는 형태로 응답하기가 어렵고, 결과의 해석이 난해하여 특정조사목적(컨조인트 분석)을 제외하고는 실무에서 잘 활용되지 않는다.

문) 다음의 카드들을 가장 선호하시는 순서대로 골라 주십시오.
   (면접원: 응답자가 불러 주는 순서를 아래 해당 카드번호에 순위로 기입할 것)
   (컨조인트 분석용 질문)

구 분	선호순위	구 분	선호순위
카드1		카드8	
카드2		카드9	
카드3		카드10	
카드4		카드11	
카드5		카드12	
카드6		카드13	
카드7		카드14	

c. 등간척도

보기의 간격이 일정하다고 가정하는 형태로 브랜드 이미지나 만족도 평가 시 활용되는 리커트척도가 대표적이다.

문) 귀하께서는 'OOO'에 대해 전반적으로 얼마나 만족 혹은 불만족하십니까?

1. 매우 불만족
2. 불만족하는 편
3. 보통
4. 만족하는 편
5. 매우 만족

d. 비율척도

무게, 길이 등과 같이 중간에 끊김이 없이 연속적인 숫자로 연결되는 형태를 말한다.

문) 귀하께서는 향후 A제품을 구매할 가능성이 어느 정도나 되십니까? 구매할 가능성을 0%에서 100% 사이의 확률로 말씀해 주십시오.

구매확률 __________%

나. 응답유형에 따른 분류

응답의 유형에 따라 개방형(Open – ended Question)과 폐쇄형(Close – ended Question)으로 구분할 수 있다. 개방형은 질문에 대한 보기가 없는 주관식 질문이며, 폐쇄형은 응답에 대한 보기가 주어지는 객관식 질문이다.

a. 객관식 형태의 질문문항

보기가 주어지는 모든 질문의 형태를 말하며, 크게 Yes/No형, 단수응답, 복수응답, 리커트척도형 등으로 구분할 수 있다.

* Yes/No형

질문에 대해 Yes 또는 No로 응답되는 모든 질문

문) 귀하께서는 최근 3개월 이내에 패밀리 레스토랑을 이용해 보신 적이 있습니까?

1. 예 2. 아니요

* 단수응답

 3가지 이상의 주어진 보기 중 하나만을 선택하게 하는 것을 말하며, 이용실태 조사 시 가장 널리 활용되는 질문유형이다.

문) 귀하께서는 백화점을 수로 어느 요일에 방문하십니까? 가장 자주 방문하시는 요일을 하나만 선택해 주십시오.

1. 월요일 2. 화요일 3. 수요일 4. 목요일 5. 금요일 6. 토요일 7. 일요일

* 복수응답

 3가지 이상의 주어진 보기 중 두 개 이상을 선택하게 하는 것을 말하며, 이는 다시 단순 복수응답과 순서가 가미된 복수응답으로 구분된다. 순서복수응답의 경우 주로 브랜드나 제품/서비스 선택 이유 등과 같은 구매의사결정 관련 질문에 널리 활용된다. 일반적으로 소비자들은 제품/서비스 구매/이용 의사결정 시 두 가지 이상의 요소를 고려한다고 가정하기 때문이다.

문) 귀하께서는 백화점을 주로 어느 요일에 방문하십니까? 가장 자주 방문하시는 요일을 두 개만 선택해 주십시오.

1. 월요일 2. 화요일 3. 수요일 4. 목요일 5. 금요일 6. 토요일 7. 일요일

문) 귀하께서는 백화점을 주로 어느 요일에 방문하십니까? 가장 자주 방문하시는 요일을 순서대로 두 개까지만 선택해 주십시오.

1 순위: ________________   2 순위: ________________

1. 월요일 2. 화요일 3. 수요일 4. 목요일 5. 금요일 6. 토요일 7. 일요일

* 리커트척도형

　전혀 그렇지 않다 ～ 매우 그렇다와 같이 정도를 묻는 모든 형태의 질문을 말하며, 크게 중간점을 제시하지 않는 형태(4점, 6점과 같이 짝수로 구성되는 척도)와 제시하는 형태(5점, 7점과 같이 홀수로 구성되는 척도)로 구분될 수 있다.

　중간점을 제시하지 않는 형태는 사회조사에서 많이 활용되며, 홀수척도는 마케팅조사에 널리 활용된다. 사회조사에서는 짝수형 척도로 응답받은 후 이를 비율자료(찬성 % 혹은 반대 %)로 활용하는 경우가 많으나, 마케팅조사에서는 홀수척도를 받은 후 평균점수를 산출하여 분석하는 것이 일반적이기 때문이다. 단 목적이나 질문성격에 따라 사회조사에서 홀수척도를 쓰거나 마케팅조사에서 짝수척도를 쓰는 경우도 있다.

문) 귀하께서는 얼마나 행복하다고 생각하십니까? 혹은 행복하지 않다고 생각하십니까?

1. 전혀 행복하지 않다
2. 별로 행복하지 않다
3. 보통이다
4. 행복한 편이다
5. 매우 행복하다

문) 귀하께서는 얼마나 행복하다고 생각하십니까? 혹은 행복하지 않다고 생각하십니까?

1. 전혀 행복하지 않다
2. 별로 행복하지 않다
3. 행복한 편이다
4. 매우 행복하다

짝수척도의 단순한 찬/반보다는 정도를 넣어 줌으로써 응답자는 보다 자신의 의견을 정확하게 표현할 수 있으나 대개의 경우 매우와 같은 극단치보다는 다소로 응답하는 경향이 있다는 점을 유의해야 한다. 홀수척도에서는 중간점(보통)의 존재 여부에 대해 다소 논란이 있으며, 응답자들이 응답하기 난해하거나 잘 모르는 항목의 경우 보통을 선택하는 경향이 있다.

행복감에 대한 정도를 묻는 질문을 흔히 하게 되는데 중간점을 주는 것과 주지 않는 것 간에는 조사결과가 크게 차이가 날 수 있다. 중간점을 줄 경우에는 다소 행복하다, 매우 행복하다의 비율이 상대적으로 낮게 되나 중간점이 없을 경우 행복하다는 비율이 높아지는 경향이 나타난다.

b. 리커트척도의 실무활용

브랜드, 광고, 서비스품질, 고객만족, 컨셉테스트 등의 조사에 가장 널리 활용되는 5점 혹은 7점 형태의 리커트척도와 관련된 주요 이슈들을 다음과 같이 정리해 보았다.

5점 vs. 7점

5점과 7점은 언제 사용하는 것이 좋은가에 대한 것이다. 다른 모든 조건이 동일하다면 5점보다는 7점이 상대적으로 더 정확하다. 여기서 정확하다는 의미는 측정의 정확성을 말하는 것으로 이론적으로 척도항목의 수가 많을수록 표본의 상관계수는 모집단의 상관계수에 더 근접하게 된다. 경험적으로 볼 때 동일한 조사를 시간의 흐름에 따라 반복 시행하여 비교하고자 하는 Tracking조사 시 5점보다 7점 척도를 활용하는 경우 조사결과가 훨씬 더 안정적이다. 특히, 표본 수가 상대적으로 적다면 더더욱 7점 척도를 쓰는 것이 바람직하다. 서비스 기업에서 서비스접점(지점, 점포)별 서비스품질 혹은 고객만족도를 평가하는 경우에는 7점 척도를 사용하는 것이 좋다.

반면, 응답자 입장에서 볼 때 7점 척도보다는 5점 척도가 훨씬 응답하기가 유리하다. 또한 7점 척도는 항목 간 의미 차이가 5점에 비해 다소 모호하다는 단점도 있다.

척도항목과 상관계수 관계

두 변수 척도	모집단에서의 상관계수				
	0.100	0.500	0.700	0.800	0.900
10 - 10	0.092	0.485	0.670	0.777	0.873
10 - 8	0.090	0.479	0.668	0.768	0.868
8 - 8	0.095	0.479	0.675	0.768	0.862
8 - 6	0.091	0.474	0.653	0.750	0.843
6 - 6	0.095	0.455	0.640	0.738	0.828
6 - 4	0.079	0.432	0.614	0.695	0.790
4 - 4	0.081	0.413	0.587	0.664	0.770

주) 이영준, 『다변량분석』, 도서출판 석정, 1998년, p.14.

평균값 vs. Top 2%

5점 혹은 7점으로 측정된 항목에 대해 실무에서는 대개 평균값을 산출하여 비교하거나 아니면 매우 그렇다＋그렇다의 응답비율을 활용하게 된다. 평균값은 다시 5점 혹은 7점을 만점으로 평균을 내어 그대로 활용하는 경우와 100점으로 환산하여 분석하는 경우로 나누어 볼 수 있다.

5점 혹은 7점 척도는 기본적으로 대상 혹은 특정사안에 대한 소비자 인식이나 태도를 측정하기 위해 사용되는 척도라는 점과 항목 간 혹은 시간적 흐름에 따른 비교가 주목적이라는 점을 고려할 때 매우 그렇다＋그렇다의 응답비율보다는 평균값을 활용하는 것이 바람직하다. 응답비율로 분석하는 경우 예, 아니요로 응답받는 명목척도와 다를 바 없으며, 항목 간 혹은 시계열적으로 조사결과를 비교하고자 할 때 명확하게 해석하기 어려울 수 있다. 한국은행이나 정부기관, 혹은 연구기관들이 정기적으로 측정, 발표하는 소비자 태도지수 혹은 경기실사 지수 등이 응답비율이 아닌 평균값 혹은 지수형태로 활용한다. 5점 혹은 7점 척도를 만점으로 하여 평균값을 계산하는 것보다는 100점으로 환산하는 것이 절대점수 및 점수의 변화를 해석하는 데 훨씬 더 수월하며, 누구나 쉽게 해석할 수 있다.

척도항목의 순서

리커트척도 항목의 순서를 부정－긍정(전혀 그렇지 않다 → 매우 그렇다)이 아닌 긍정－부정(매우 그렇지 않다 → 전혀 그렇지 않다)으로 배열하는 경우가 종종 있다. 특히, 기업에서 자체적으로 조사를 진행하여 평가할 때 척도를 긍정－부정으로 활용하는 경우가 많다.

 항목의 순서는 부정－긍정으로 배열하는 것이 바람직하다. 그 이유는 첫째, 소비자행동 및 마케팅 관련 이론 연구에서 소비자 인식이나 태도 측정 시 긍정－부정으로 배열하는 경우가 거의 없어 과학적으로 정확한지 여부를 판단할 근거가 없으며, 둘째, 측정이론 관점에서 볼 때 다른 모든 조건이 동일하다면 부정－긍정 배열보다 긍정－부정 배열 시 평균값이 더 높아질 가능성이 높기 때문이다. 아마 기업실무에서는 평균값의 절대수준을 높이기 위해 의도적으로 척도항목 순서를 긍정－부정 순으로 배열하는 경우도 있는 것으로 보이나 이는 측정의 정확성 관점에서 볼 때 바람직하지 않다.

c. 주관식 형태의 질문문항

 개방형으로 된 주관식 질문도 크게 단답과 중복응답 두 가지 형태로 구분할 수 있다. 또한 응답을 언어로 받을 수도 있고 숫자로 받을 수도 있다. 특정 브랜드에 대한 선호이유를 받는 것이 전자의 예이며, 통신이용요금을 만 원 단위로 숫자로 받는 질문이 후자에 해당된다. 객관식에 비해 주관식 질문에 대한 응답내용이 매우 다양하고 풍부할 수 있으나 자료를 처리하는 과정이 더 어렵다는 것이 단점이다. 특히 전자와 같이 언어로 응답을 받게 되면 개별 응답에 일일이 코드를 부여하여 숫자로 변환하는 작업을 한 번 더 거쳐야 하므로 시간과 비용이 증가하게 된다.

중복응답의 경우 주로 브랜드 인지도나 자유연상 질문 시 널리 활용된다. 브랜드 인지도를 질문할 때는 몇 개까지 응답을 받을 것인가를 결정해야 하는 문제가 있다. 예를 들어 청량음료 하면 생각나는 브랜드에 대해 응답받는다고 할 때 몇 개까지 받아야 할지를 결정해야 한다. 브랜드 비보조 인지도에서 응답브랜드의 개수는 해당 시장에서 경쟁브랜드의 수를 고려하여 정하는 것이 가장 좋다. 만약 경쟁브랜드가 상대적으로 많다면 응답 가능한 브랜드를 5개~10개 정도 받으면 되고 브랜드 수가 많지 않다면 2개 혹은 3개만 받아도 충분할 것이다.

d. 객관식과 주관식의 중간형태

객관식도 아니고 주관식도 아닌 형태로는 순서 매기기 혹은 비율 정하기 질문이 있다. 순서 매기기는 앞서 컨조인트 분석을 위한 질문형태와 같이 제시된 보기 각각에 대해 순서를 매기는 것을 말하며, 비율 정하기는 순서 대신 비율을 배분하게 하는 것을 말한다. 이러한 형태의 문항은 응답하기가 어려워 개인소비자나 고객조사 시에는 잘 쓰이지 않으며, 주로 기업고객 대상 조사 시 활용된다.

문) 귀하께서는 'OOO시스템'을 사용하실 때 어떤 점을 얼마나 중요하게 고려하십니까? 다음 보기들의
총합을 100이라고 할 때 각각의 비중을 숫자로 적어 주십시오.

항 목	중요도
시스템 안정성	
시스템 기능	
시스템 장애	
직원 서비스	
계	100

다. 질문문항 작성 시 일반원칙

응답자의 지적수준이 낮다고 가정하게 되면 질문문항 또한 응답자의 수준에 맞게 최대한 쉽고 간결하게 작성해야 하는 것은 당연한 일이다. 쉽고 간결한 질문문항의 원칙들은 아래와 같다.

일반적이고 쉬운 단어를 선택한다.

귀하께서 할인점을 방문하시는 <u>빈도는 어떻게</u> 되십니까? (X)

귀하께서는 할인점을 <u>얼마나 자주 방문하십니까?</u> (O)

단어의 의미가 명확해야 한다.

귀하께서는 <u>평소 운동을</u> 하십니까? (X)

귀하께서는 <u>월 1회 이상 땀이 날 정도의 운동을</u> 하십니까? 단 노동은 제외됩니다. (O)

가능한 한 적은 수의 단어로 질문을 구성한다.

귀하께서는 <u>직원이 친절하다는 점에</u> 대해 얼마나 만족 혹은 불만족하십니까? (X)

귀하께서는 <u>직원의 친절성에</u> 대해 얼마나 만족 혹은 불만족하십니까? (O)

가급적 짧은 문장일수록 좋다. 문장이 길면 길수록 응답자는 그것을 중요하게 생각한다. 특히 객관식 문항의 보기항목은 더더욱 그렇다.

귀하께서는 <u>과거 1년 전과 대비해 볼 경우에 현재 사용하시는 조미료 양이</u> 어떻게 달라졌습니까? (X)

귀하께서는 <u>지난 1년 전에 비해 현재 조미료 사용량이</u> 어떻게 달라졌습니까? (O)

민감한 질문은 가급적 객관식으로 응답받는 것이 좋다.

귀하의 월 평균 소득은 얼마나 되십니까? <u>구체적인 금액을 말씀해 주십시오.</u> (X)

귀하의 월 평균 소득은 얼마나 되십니까? <u>다음 보기 중 하나만 선택해 주십시오.</u> (보기 제시) (O)

응답자의 역량을 넘는 지나친 상세함은 피한다.

귀하께서는 월 평균 이동통신 요금으로 얼마나 지출하십니까? <u>백 원 단위를</u> 기준으로 응답해 주십시오. (X)

귀하께서는 월 평균 이동통신 요금으로 얼마나 지출하십니까? <u>천 원 단위를</u> 기준으로 응답해 주십시오. (O)

이중부정을 넣어서는 안 된다.

귀하께서 <u>이용하시지 않으셨던</u> 제품을 구매하고 싶은 생각을 <u>하신 적은 없으십니까</u>? (X)

귀하께서는 <u>이용하시지 않으셨던</u> 제품을 구매하고 싶은 생각을 <u>하신 적이 있습니까</u>? (O)

가급적 양 방향적으로 언급한다.

귀하께서는 이 제품에 대해 <u>전반적으로 얼마나 만족하십니까</u>? (X)

귀하께서는 이 제품에 대해 <u>전반적으로 얼마나 만족 혹은 불만족하십니까</u>? (O)

두 가지 의미를 하나의 질문으로 하지 않는다.

귀하께서는 직원의 업무처리 <u>신속성과 정확성</u>에 대해 얼마나 만족 혹은 불만족하십니까? (X)

귀하께서는 직원의 업무처리 <u>신속성</u>에 대해 얼마나 만족 혹은 불만족하십니까? (O)

라. 워딩의 중요성

우리말에 '아' 다르고 '어' 다르다는 표현이 있는데 질문항목에서 이 표현은 딱 맞게 적용된다. 질문문항의 단어 하나하나를 워딩이라고 하는데 질문지 작성 시 문항의 워딩은 매우 중요하다. 워딩을 어떻게 하느냐에 따라 조사결과는 달라질 수 있다. 조사를 진행하는 면접원이나 조사에 응답하는 응답자는 다양한 사람들로 구성되어 있으므로 일반적으로 널리 통용되는 워딩을 사용해야 한다. 그래서 가급적 단순하고 쉽플한 워딩이 필요하다. 워딩이 추상적이고 어려울수록 면접원들이나 응답자들에게 자의적으로 혹은 주관적으로 해석을 할 여지를 주기 때문에 응답과정에서 오류가 생길 가능성이 매우 높아진다.

예를 들어, 직원서비스를 평가한다고 생각해 보자. 여러 직원서비스 구성 요소 중 '직원의 외모'에 대해 평가받기 위해 직원외모라는 표현을 그대로 썼다고 가정해 보자. 여기서 이 질문은 당연히 직원의 얼굴, 헤어스타일, 옷차림 등의 단정함을 의도하고 물었을 것이나 일반적으로 통용되는 '외모'의 의미는 아름다운 정도를 나타내는 말이므로 어떤 사람에게는 아름다움을 판단하는 본래 의미로 해석될 여지가 매우 크다. 반면 이 질문의 의도를 잘 파악한 사람들은 직원 외모의 단정성으로 해석하여 응답하게 될 것이다. 이 경우 동일한 워딩에 대해 응답자 간 다른 의미로 해석해 응답을 하게 되면 결과적으로 조사결과가 치명적인 오류를 가지게 되는 것이다. 실무에서는 직원외모 평가 항목을 대개 '직원의 용모 및 복장 단정성'으로 워딩을 단다.

(6) 조사유형별 기본적인 질문구조와 항목

지금까지 질문지를 작성하는 여러 가지 기본 원칙들을 살펴보았다. 그러나 막상 질문지를 개발하고자 할 때 이러한 원칙들을 당장 적용해서 질문지를 만드는 것이 쉽지 않다. 다행스럽게도 마케팅조사 실무에서는 마케팅조사 유형별로 기본적인 질문 구조나 항목은 어느 정도 정해져 있으므로 유사한 유형의 질문지를 바탕으로 목적에 맞게 변형하면 보다 쉽게 질문지를 구성할 수 있다.

가. U&A조사

 U&A조사는 거의 모든 기업에서 가장 널리 활용되고 있는 조사유형 중 하나로서 말 그대로 해당 산업 혹은 카테고리에서 소비자 혹은 고객들의 산업/카테고리에 대한 인식, 브랜드에 대한 인식과 태도, 이용행태 등 시장 전반에 걸친 현황을 파악하는 것이다.

a. U&A조사 질문구조 및 항목 예시

 U&A조사 시 활용되는 주요 질문카테고리와 항목들은 다음과 같다.

대분류	조사항목
현재 구매(이용)행태	구매(이용)빈도(연간 기준) 구매(이용)량 1회 구매(이용)금액 구매(이용)장소/채널 구매(이용)상황(Time, Place, Occasion) 구매(이용)용도
구매(이용)의사결정	구매(이용)관련 정보 습득원 구매(이용) 시 주요 고려사항 구매(이용) 고려 브랜드 주 구매(이용) 브랜드 주 구매(이용) 브랜드 선택이유
브랜드/만족도	브랜드 인지도 브랜드 호감도/선호도 구매(이용)브랜드 만족도 구매(이용)브랜드 만족/불만족사항
응답자특성	성/연령/직업/소득/학력 라이프스타일

상기 예시에서 브랜드와 만족도 문항도 일부 포함되어 있으나 질문문항이 너무 많아져 핵심문한 위주로 구성하는 것이 일반적이며, 보다 구체적으로 파악하기 위해서는 별도의 독립조사를 실시해야 한다. 조사목적에 따라 상기 내용 이외에 당해 마케팅 이슈와 관련된 질문을 추가하기도 한다.

b. U&A조사 주요 질문문항 예시(1 : 1개별면접조사 기준)

문) 귀하께서는 평소 'OOO제품/서비스'를 얼마나 자주 구매(이용)하십니까? 브랜드와 상관없이 전체를 기준으로 응답해 주십시오.

(면접원: 보기를 제시한 후 응답을 받아 해당 보기에 체크할 것)

1. 거의 매일
2. 2~3일에 한 번 정도
3. 1주일에 한 번 정도
4. 2~3주에 한 번 정도
5. 한 달에 한 번 정도
6. 2~3개월에 한 번 정도
7. 4~6개월에 한 번 정도
8. 1년에 한두 번 정도
9. 1년에 한 번 미만

(제품인 경우)

문) 그럼 귀하께서는 'OOO제품'을 한 번 구매하실 때 몇 개를 구입하십니까?

(면접원: 응답을 아래 공란에 숫자로 적을 것)

평균 ＿＿＿개

(서비스인 경우)

문) 그럼 귀하께서는 'OOO서비스'를 한 번 이용하실 때 평균 얼마 정
　　도를 지출하십니까?

（면접원: 응답을 아래 공란에 숫자로 적을 것)

평균 ＿＿＿＿천 원

문) 귀하께서는 'OOO제품/서비스'를 언제 주로 구매(이용)하십니까? 다
　　음 보기 중 해당되는 것을 모두 선택해 주십시오.

（면접원: 보기를 제시한 후 응답을 받아 해당 보기에 체크할 것)

1. 출퇴근 또는 등하교 시

2. 내가 출출하거나 생각날 때

3. 친구들과 같이 있을 때

4. 가족들과 즐기려고 할 때

5. 선물할 때

（면접원: 문)부터 문)까지는 아래 표에 해당 응답을 체크할 것)

문) 다음의 'OOO제품/서비스' 브랜드 중 귀하께서 지금까지 한 번이라
　　도 구매(이용)해 보신 적이 있는 브랜드는 무엇입니까? 해당되는 것
　　을 모두 말씀해 주십시오.

문) 그럼 'OOO제품/서비스' 브랜드 중 최근 1년 이내에 한 번이라도
　　구매(이용)해 보신 적이 있는 브랜드는 무엇입니까? 해당되는 것을

모두 말씀해 주십시오.

문) 그럼 최근 6개월 이내에 한 번이라도 구매(이용)해 보신 적이 있는
브랜드는요?

문) 그럼 최근 3개월 이내에 한 번이라도 구매(이용)해 보신 적이 있는
브랜드는요?

문) 그럼 최근 1개월 이내에 한 번이라도 구매(이용)해 보신 적이 있는
브랜드는요?

구 분	지금까지	최근 1년	6개월	3개월	1개월	주 이용
A브랜드						
B브랜드						
C브랜드						

(주 이용 브랜드에 대해)

문) 그럼 귀하께서 'OOO브랜드'를 주로 구매(이용)하시는 이유는 무엇
입니까? 다음 보기를 보시고 순서대로 2개까지 선택해 주십시오.
(면접원: 보기를 제시한 후 응답한 순서대로 해당 난에 번호를 적
을 것)
1순위: ______________, 2순위: ________________

1. 제품품질이 우수해서

2. 브랜드 이미지가 좋아서

3. 가격이 저렴해서

4. 구입하기 편리해서

5. 서비스가 좋아서

6. 기타(적을 것: ________________)

나. 신제품/서비스 컨셉/제품테스트 조사

신제품/서비스 개발 시 컨셉이나 제품에 대한 소비자 반응을 파악하고자 하는 경우 가장 일반적으로 활용되는 주요 문항은 다음과 같다.

구 분	측정항목
컨셉/제품 전반 평가	컨셉/제품 전반적 호감도 컨셉/제품 장단점
컨셉/제품 구입의향	컨셉/제품 구입(이용)의향
컨셉/제품 예상 이용행태	향후 1회 구입 시 예상 구입(이용) 개수 (서비스인 경우) 향후 예상 이용빈도
컨셉/제품 속성평가	새로움 독특함 필요성 컨셉/제품에 대한 신뢰성
컨셉/제품군 이용실태	컨셉/제품군 이용빈도 컨셉/제품군 이용금액 컨셉/제품군 이용상황/유형

a. 신제품/서비스 컨셉/제품테스트 조사 질문구조 및 항목 예시

 상기 예시는 신제품 개발이 상대적으로 빈번한 FMCG산업에서 컨셉/제품테스트 시 주로 활용하는 관련 항목들을 나열한 것이다. 상기 항목 이외에 이용실태와 관련된 항목을 추가하여 진행하는 것이 일반적이며, 컨셉/제품 속성평가나 컨셉/제품 품질 비교평가는 해당 산업 혹은 조사목적에 따라 달라질 수 있다.

 컨셉테스트와 제품테스트 간 측정항목은 큰 차이가 없으며, 단지 테스트를 컨셉으로 하느냐 아니면 실제 제품을 사용해 보고 응답하느냐에 따라 달라진다. 항목이 동일하므로 컨셉단계와 제품단계에서의 고객의 반응을 파악한 후 컨셉력과 제품력을 비교 평가하여 전략을 도출하게 된다.

b. 신제품/서비스 컨셉/제품테스트 조사 주요 질문문항 예시(1 : 1개별면접조사 기준)

(면접원: 응답자에게 컨셉을 충분히 설명한 후 응답자 앞에 컨셉을 두고 진행할 것)

문) 귀하께서는 방금 보신 'OOO'이 전반적으로 얼마나 호감이 가십니까? 혹은 호감이 가지 않습니까?

(면접원: 보기를 제시한 후 응답을 받아 해당 보기에 체크할 것)

1. 전혀 호감이 가지 않는다
2. 별로 호감이 가지 않는다
3. 보통이다

4. 다소 호감이 가는 편이다

5. 매우 호감이 간다

문) 귀하께서는 방금 보신 'OOO'이 좋다고 생각되는 점은 무엇입니까?
구체적으로 한 가지만 말씀해 주십시오.
(면접원: 응답을 아래 공란에 적을 것)

____

문) 그럼 'OOO'이 좋지 않다고 생각되는 점은 무엇입니까?
구체적으로 한 가지만 말씀해 주십시오.
(면접원: 응답을 아래 공란에 적을 것)

____

문) 귀하께서는 방금 보신 'OOO'을 귀하께서 주로 이용하시는 매장에
서 판매한다면 구입하실 의향이 어느 정도나 있습니까?
(면접원: 보기를 제시한 후 응답을 받아 해당 보기에 체크할 것)

1. 절대 구입하지 않겠다

2. 가급적 구입하지 않겠다

3. 반반이다

4. 가급적 구입하겠다

5. 반드시 구입하겠다

문) 귀하께서 'OOO'을 구입하지 않겠다(구입하겠다)고 응답하신 이유
는 무엇입니까? 구체적으로 한 가지만 말씀해 주십시오.

(면접원: 응답을 아래 공란에 적을 것)

____

문) 그럼 귀하께서는 'OOO제품'을 처음 구매하실 때 몇 개나 구매하
  실 것 같습니까?
  (면접원: 응답을 아래 공란에 숫자로 적을 것)
  처음 구매 시 ____개

문) 그럼 귀하가 자주 가시는 슈퍼마켓, 편의점, 할인점 등에서 'OOO'
  을 얼마나 자주 구입하실 것 같습니까?
  (면접원: 보기를 제시한 후 응답을 받아 해당 보기에 체크할 것)

  1. 거의 매일
  2. 2~3일에 한 번 정도
  3. 1주일에 한 번 정도
  4. 2~3주에 한 번 정도
  5. 한 달에 한 번 정도
  6. 2~3개월에 한 번 정도
  7. 4~6개월에 한 번 정도
  8. 1년에 한두 번 정도
  9. 1년에 한 번 미만

문) 귀하께서는 'OOO'이 얼마나 새롭다고 생각하십니까?
  (면접원: 보기를 제시한 후 응답을 받아 해당 보기에 체크할 것)

1. 전혀 새롭지 않다

2. 별로 새롭지 않다

3. 보통이다

4. 다소 새로운 편이다

5. 매우 새롭다

문) 귀하께서는 'OOO'이 얼마나 독특하다고 생각하십니까?

(면접원: 보기를 제시한 후 응답을 받아 해당 보기에 체크할 것)

1. 전혀 독특하지 않다

2. 별로 독특하지 않다

3. 보통이다

4. 다소 독특한 편이다

5. 매우 독특하다

문) 귀하께서는 'OOO'이 가격대비 가치가 얼마나 있다고 생각하십니까?

(면접원: 보기를 제시한 후 응답을 받아 해당 보기에 체크할 것)

1. 전혀 가치가 없다

2. 별로 가치가 없는 편이다

3. 보통이다

4. 다소 가치가 있는 편이다

5. 매우 가치가 있다

문) 'OOO'이 귀하에게 얼마나 필요하다고 생각하십니까?

(면접원: 보기를 제시한 후 응답을 받아 해당 보기에 체크할 것)

1. 전혀 필요 없다

2. 별로 필요 없는 편이다

3. 보통이다

4. 다소 필요한 편이다

5. 매우 필요하다

다. 브랜드조사

일반적으로 브랜드조사 시 활용되는 주요 항목들은 다음과 같다. 브랜드는 많은 학자들에 의해 연구된 이론적 개념이므로 브랜드의 정의에 따른 주요 구성항목들은 어느 정도 정해져 있으며, 이러한 이론적 근거를 토대로 실무에 맞게 조정하여 측정하게 된다. 아래에 제시된 것은 브랜드 측정 시 가장 일반적으로 활용되는 항목들로 Aaker의 'Equity 10'과 Keller의 'Brand Knowledge'를 바탕으로 한 것이다.

a. 브랜드조사 질문구조 및 항목 예시

구 분	주요 측정항목
브랜드 인지도	비보조 인지도(Unaided Awareness) 보조 인지도(Aided Awareness)
브랜드 자유연상 이미지	브랜드에 대한 자유연상(Brand Association)
브랜드 이미지	품질/기능적 이미지(Functional Image) 정서적 이미지(Emotional Image) 사회적 이미지(Social Image) 브랜드 개성(Personality)
브랜드 태도/충성도	브랜드 호감도(Overall Attitude) 브랜드 이용/구매의향(Purchase Intention)

상기 제시된 내용은 가장 일반적인 브랜드 관련 질문항목들로 산업 및 개별기업 그리고 측정의 목적에 따라 최종 구성 항목은 달라질 수 있다.

b. 브랜드조사 주요 질문문항 예시(1 : 1개별면접조사 기준)

문) 귀하께서는 'OOO제품/서비스' 하면 어떤 브랜드(상표)가 가장 먼저 생각나십니까? 그 다음은요? 또 없습니까?

(면접원: 반드시 순서대로 3개까지만 응답받을 것)

1. ______________________________

2. ______________________________

3. ______________________________

문) 다음 보기의 브랜드(상표)들 중 귀하께서 오늘 이전에 알고 계신 브랜드(상표)들은 어떤 것들이 있습니까?

(면접원: 알고 있는 브랜드를 모두 체크할 것)

1. A브랜드

2. B브랜드

3. C브랜드

4. D브랜드

문) 귀하께서는 'A브랜드' 하면 어떤 것이 생각나십니까? 느낌, 이미지 등 어떤 것이라도 떠오르는 것을 말씀해 주십시오. 그럼 B브랜드 하면요? 그럼 C브랜드는요?

(면접원: 응답 내용을 아래 공란에 적을 것)

구 분	응답 내용
A브랜드	
B브랜드	
C브랜드	

문) 지금부터 제가 불러 드리는 다음의 각 항목별로 'A브랜드'가 그렇다고 생각하시는 정도를 1. 전혀 그렇지 않다, 2. 그렇지 않은 편이다, 3. 보통이다, 4. 그런 편이다, 5. 매우 그렇다 중 하나를 선택하여 말씀해 주십시오.

(면접원: 아래 각 항목별로 불러 준 후 응답을 받아 해당란에 기록할 것)

항목	A브랜드	B 브랜드	C브랜드
친근하다			
신뢰가 간다			
전문적이다			
고급스럽다			
⋮	⋮	⋮	⋮

문) 귀하께서는 'A브랜드'가 전반적으로 얼마나 호감이 가십니까? 혹은 호감이 가지 않습니까?

(면접원: 보기를 제시한 후 응답을 받아 해당 보기에 체크할 것)

1. 전혀 호감이 가지 않는다
2. 별로 호감이 가지 않는다
3. 보통이다
4. 다소 호감이 가는 편이다
5. 매우 호감이 간다

문) 그럼 귀하께서는 향후 'A브랜드'를 구매(이용)하실 의향이 어느 정
  도나 있습니까?
(면접원: 보기를 제시한 후 응답을 받아 해당 보기에 체크할 것)

1. 절대 구매하지 않겠다
2. 가급적 구매하지 않겠다
3. 반반이다
4. 가급적 구매하겠다
5. 반드시 구매하겠다

문) 귀하께서 'A브랜드'를 구입하지 않겠다(구입하겠다)고 응답하신 이
  유는 무엇입니까? 구체적으로 한 가지만 말씀해 주십시오.
(면접원: 응답을 아래 공란에 적을 것)

____

라. 고객만족도조사/서비스품질조사

고객만족도나 서비스품질 측정 시 가장 널리 받아들여지는 고객의 인

지구조는 Perceived Quality → Customer Satisfaction → Behavior Intention
이다. 따라서 조사문항도 이러한 흐름에 따라 구성되게 되며, 주요 항
목들은 다음과 같다.

a. 고객만족도/서비스품질 조사 질문구조 및 항목 예시

구 분	내 용
차원별 만족도 (서비스품질별 만족도)	과정품질(인적서비스) 결과품질(제품/서비스의 물적 품질) 물리적 환경품질(매장 등의 환경품질)
전반적 평가	전반적 만족도 전반적 만족이유/불만족이유
고객충성도	재구매(계속이용)의향 타인추천의향

각 품질차원별 복수의 세부항목들로 구성하여 측정함으로서 추후 차
원별 세부항목별 평가를 통해 강, 약점 및 문제점을 도출하게 된다.

b. 고객만족도조사 주요 질문문항 예시(1 : 1개별면접조사 기준)

지금부터 귀하께서 주로 이용하시는 'A브랜드'에 대해 여쭙겠습니다.
최근 'O개월' 동안 이용하신 경험을 바탕으로 다음의 각 항목별로 1.
전혀 그렇지 않다, 2. 그렇지 않은 편이다, 3. 보통이다, 4. 그런 편이
다, 5. 매우 그렇다 중 하나를 선택하여 말씀해 주십시오.

문) 먼저 직원서비스에 대한 질문입니다.

(면접원: 아래 각 항목별로 불러 준 후 응답을 받아 해당란에 기록할 것)

	전혀 그렇지 않다	그렇지 않은 편이다	보통 이다	그런 편이다	매우 그렇다
직원들이 친절하다 ……………………	1	2	3	4	5
직원들의 업무처리가 신속하다 ………	1	2	3	4	5
직원들의 업무처리가 정확하다 ………	1	2	3	4	5
·	·	·	·	·	·
·	·	·	·	·	·
·	·	·	·	·	·
직원서비스에 대해 전반적으로 만족한다 …	1	2	3	4	5

문) 다음은 매장환경에 대한 질문입니다.

(면접원: 아래 각 항목별로 불러 준 후 응답을 받아 해당란에 기록할 것)

	전혀 그렇 지 않다	그렇지 않 은 편이다	보통 이다	그런 편이다	매우 그렇다
매장내부가 청결하다 …………………	1	2	3	4	5
매장환경이 쾌적하다 …………………	1	2	3	4	5
매장 내 정리정돈이 잘 되어 있다 ………	1	2	3	4	5
·	·	·	·	·	·
·	·	·	·	·	·
·	·	·	·	·	·
매장환경에 대해 전반적으로 만족한다 …	1	2	3	4	5

문) 지금까지 평가하신 모든 점들을 고려할 때 전반적으로 얼마나 만족
혹은 불만족하십니까?

(면접원: 보기를 제시한 후 응답을 받아 해당 보기에 체크할 것)

1. 매우 불만족
2. 불만족하는 편
3. 보통
4. 만족하는 편
5. 매우 만족

문) 귀하께서는 'A브랜드'를 이용하시면서 가장 만족스러운 점은 무엇
　　입니까? 구체적으로 한 가지만 말씀해 주십시오.
　　(면접원: 응답을 아래 공란에 적을 것)

____

문) 그럼 가장 불만족스러운 점은요?
　　구체적으로 한 가지만 말씀해 주십시오.
　　(면접원: 응답을 아래 공란에 적을 것)

____

문) 그럼 귀하께서는 향후 'A브랜드'를 다시 이용하실 의향이 어느 정
　　도나 있습니까?
　　(면접원: 보기를 제시한 후 응답을 받아 해당 보기에 체크할 것)

1. 절대 다시 이용하지 않겠다
2. 가급적 다시 이용하지 않겠다
3. 반반이다

   4. 가급적 다시 이용하겠다

   5. 반드시 다시 이용하겠다

문) 귀하의 주위 분들에게 'A브랜드' 이용을 추천하실 의향은 어느 정
   도나 있습니까?

   (면접원: 보기를 제시한 후 응답을 받아 해당 보기에 체크할 것)

   1. 절대 추천하지 않겠다

   2. 가급적 추천하지 않겠다

   3. 반반이다

   4. 가급적 추천하겠다

   5. 반드시 추천하겠다

(7) 정성조사 가이드라인 작성

모든 응답자들이 동일한 문항에 대해 응답하게 되는 정량조사와는 달
리 FGD나 In-depth Interview와 같은 정성조사는 응답자의 응답내용
에 따라 후속질문은 달라질 수 있으나 기본적인 질문의 큰 흐름은 동
일하게 구성하게 되는데 이를 가이드라인(Guideline)이라 한다.

일반적으로 가이드라인은 크게 조사 및 인터뷰어 소개, 주요 질문 주제
및 각 주제별 질문문항과 Probing Point, 종료 등의 순서로 구성되며,
각 단계별 특징은 다음과 같다.

가. 정성조사 가이드라인 구조와 항목 예시

구 분	내 용
조사/인터뷰어 소개	조사진행방법(FGD, In－depth Intervew) 소개 조사목적 소개 인터뷰어(Interviewer) 소개
주요 질문 주제와 질문문항 /Probing Point	주요 질문 주제(구매의사결정, 브랜드 평가, 만족도 평가 등) 주제별 질문문항(선택브랜드, 선택이유 등)과 Probing Point(특정브랜드, 특정응답내용 등)
종료	응답에 대한 감사인사 및 종료멘트

가이드라인의 구성에서 주요 질문 주제 및 세부 질문문항은 조사의 목적에 따라 크게 달라질 수 있으나 대체로 정량조사에서의 주제 구분 및 세부 문항과 유사한 형태를 띤다. 다만 정성조사에서는 정량조사에서 얻을 수 없는 심층적이고 깊이 있는 정보의 도출을 위해 Probing, 즉 응답에 따른 연결질문을 중시한다. 예를 들어 특정 브랜드 선택 이유 질문을 해야 할 경우 정량조사에서는 보기를 주거나 아니면 오픈 응답으로 받으면 거기서 끝나지만, 정성조사에서는 보기를 주지 않고 응답자가 응답한 내용에 대해 이유(Why)에 대한 질문을 끊임없이 이어 나간다. 그래서 응답자의 생각이나 행동에 대한 근본적인 원인들이 어떤 것들이 있는가를 알아내게 된다.

나. 정성조사 가이드라인 예시

Introduction (5분)
좌담회/모더레이터 소개
좌담회 참석 시 주의사항
조사목적의 소개

이용실태 (20분)
평소 'OOO'을 얼마나 자주 이용하는가?
어떨 때 주로 이용하는가?(이용상황에 대해 구체적으로 Probing)
이용할 때 중요하게 생각하는 요소는 무엇인가? 구체적으로 요소들의 어떤 부분을 중시하는가?
(중요 고려 요소들과 각 요소별 구체적인 세부내용에 대한 Probing)

브랜드별 비교평가 (40분)
OOO 하면 생각나는 브랜드는 무엇 무엇인가?
지금까지 이용해 본 브랜드들은 무엇인가? 브랜드별로 어떤 계기로 이용하게 되었는가?
(브랜드별 이용계기에 대한 Probing)
이용경험 브랜드별 장, 단점은 무엇인가?
(브랜드별 측면별 구체적인 비교평가를 통한 자사 브랜드의 경쟁력 평가)

.

.

.

Closing (10분)
지금까지 A 브랜드를 이용하면서 불편했던 점이나 개선점은?
마지막으로 바라는 점이 있다면?

감사인사

5. 실사진행하기

실사는 표본설계대로 응답자를 찾거나 리크루팅해서 사전에 개발된
질문지의 질문항목 또는 가이드라인에 따라 응답을 받아 내는 과정을

말한다. 일반적으로 조사회사에서는 실사를 전담하는 부서에서 담당하게 된다. 정량조사의 경우 해당 조사에 맞는 적합한 면접원을 선발, 교육한 후 면접을 진행하게 하고, 진행이 완료된 질문지를 회수하여 에디팅, 검증과정을 거치게 되며, 정성조사는 FGD의 경우 면접원을 활용하여 참석자들을 리크루팅하여 조사장소로 불러 모으며, In - depth Interview도 사전에 면접원을 통해 리크루팅하거나 연구원 혹은 의뢰회사의 실무자가 직접 리크루팅한 후 응답자를 찾아가 인터뷰를 진행하게 된다.

(1) 정량조사 실사의 절차

면접원 선발	조사목적에 맞는 면접원을 전체 면접원 풀에서 선발 * 대부분의 경우 면접원은 파트타이머이므로 필요할 때마다 조사회사에서 면접원을 리크루팅하여 활용
면접원 교육	해당 조사의 목적과 취지, 조사 진행 시 주의사항, 질문지 등에 대한 교육
면접 진행	면접원이 직접 응답자를 선택해 면접을 진행
검증/에디팅	해당 면접원이 지침에 맞게 조사를 진행했는지 여부를 체크(검증)한 후 질문지에 제대로 응답을 받았는지를 점검(에디팅)

(2) 정성조사 실사의 절차

리크루터 선정	조사유형이나 목적에 따르며, 조사회사 면접원, 연구원, 조사를 의뢰한 기업/기관의 실무자 등 조사대상을 리크루팅하기 위한 리크루터 선정
조사대상 리크루팅	사전 조건에 맞는 조사대상을 리스트, 인맥 등을 활용하여 리크루팅
실사진행	FGD의 경우 좌담회룸, In-depth Interview는 사전에 응답자와 약속한 장소에서 인터뷰를 진행

(3) 주요 조사방법별 실사진행 절차

전화조사	조사회사에서 운영하는 전화조사룸에서 면접원들이 전화로 조사대상을 선택하여 조사를 진행
1 : 1 개별면접	면접원이 조사회사로부터 부여받은 지역(동 단위)에 나가서 가구방문 혹은 인터셉트를 통해 응답자를 선정하여 조사 진행
우편조사	질문지와 회신봉투가 포함된 봉투를 조사대상에게 우편으로 발송하여 회수
온라인조사	해당 조사회사의 온라인 시스템(서버 및 질문지)을 이용해 온라인 패널을 대상으로 이메일을 통해 응답을 받는 방식 * 필요에 따라 특정 홈페이지에 팝업을 띄워 응답을 받는 경우도 있음
HUT Gang Survey In-home Visit CLT	HUT, Gang Survey, In-home Visit은 사전에 조건에 맞는 조사대상자들을 전화 혹은 소개를 통해 리크루팅 실시

HUT는 대상자들을 조사회사에 부르거나 면접원이 응답자 가구에 방문하여 응
답요령에 대해 교육을 실시한 후 일정기간 유치하여 응답하도록 하고, 유치기
간이 끝나면 최종 질문지 회수

Gang Survey는 조사대상자를 약속한 날짜에 특정장소로 불러 정해진 시간
내에 조사를 바로 진행

In-home Visit은 리크루팅하면서 약속한 날짜에 담낭 연구원이 직접 찾아가
실제 이용실태를 파악하고 인터뷰 진행

CLT는 사전에 장소를 선정한 후 조사진행일에 면접원들이 해당 장소로 나가
서 조건에 맞는 조사대상을 현장에서 리크루팅한 후 조사진행장소로 이동해서
면접 진행

실사전문 조사회사

현재 우리나라에는 실사를 전문적으로 수행하는 조사회사들이 있으며, 서울마케팅리서치, 매크로게이트
등이 대표적이다. 서울마케팅리서치는 국내 최초의 실사전문회사로 설립되어 현재까지 광고회사들의 연
합 형태의 조사인 소비자조사, 국가고객만족도조사, 공공기관조사 등의 실사를 수행하였다. 매크로게이
트도 지난 95년 실사전문회사로 출발하여 현재까지 다양한 온, 오프라인 조사 및 FGD와 같은 정성조
사의 실사를 대행하고 있다.

6. 자료처리하기

(1) 코딩과 펀칭

실사가 끝나면 질문지에 응답된 내용을 데이터로 입력하는 과정을 거
치게 된다. 이러한 과정을 코딩과 펀칭이라고 하는데 코딩은 문자 형태
로 응답된 오픈응답을 숫자로 바꿔 주는 과정이며, 펀칭은 질문지상에

응답된 내용의 숫자들을 텍스트 파일이나 엑셀에 입력하는 것을 말한다.

가. 코딩

주관식으로 응답된 내용 혹은 객관식 문항의 '기타' 항목에 응답된 내용에 대해 각각 특정숫자를 부여한다. 숫자를 부여하는 데 특별한 규칙은 없으며 응답순서대로 번호를 매겨 주면 된다. 예를 들어 이유를 묻는 주관식 항목에 '가격이 저렴해서', '이용하기 편리해서', '브랜드가 마음에 들어서', '주위사람이 좋아해서', '가격 저렴', '브랜드 이미지' 등이 응답되었다고 하자. 이 경우 연구자의 편의대로 가격이 저렴해서를 1, 이용하기 편리해서를 2, 브랜드가 마음에 들어서를 3, 주위사람이 좋아해서를 4로 입력하고 가격저렴은 1번과 동일하므로 1로, 브랜드 이미지는 2와 동일하므로 2로 부여해 주면 된다. 단 숫자를 부여하면서 각 내용별 부여한 숫자들을 표로 반드시 정리해야 나중에 통계분석 시 숫자별 내용을 파악할 수 있다. 조사실무에서는 이를 코딩북이라고 부르며, 아래와 같은 형태로 정리한다.

코딩북 예시

코 드	응답내용
1	가격이 저렴해서
2	이용하기 편리해서
3	브랜드가 마음에 들어서
4	주위사람이 좋아해서
5	
6	
7	
8	
·	·
·	·
·	·

　질문문항에 대한 코딩과 더불어 각 질문지별로 ID를 부여하여야 한다. 추후 데이터 분석 시 데이터에 이상이 있거나 확인할 사항이 있을 경우 해당 데이터의 ID를 통해 찾을 수 있도록 하는 것이다. ID 부여 시에도 특별한 규칙은 없으며 질문지 순서대로 번호를 질문지의 상단 오른쪽에 사인펜 등을 이용해 크게 쓰면 된다.

나. 펀칭(데이터 입력)

　코딩이 끝나면 모든 질문항목의 응답을 숫자로 입력하여야 한다. 조사 회사에서는 펀칭만 전문적으로 하는 사람(펀처라고 불림)들이 펀칭전문 프로그램을 이용해서 입력을 하게 되나, 일반 실무에서는 엑셀을 이용해서 입력하면 된다. 엑셀로 데이터 입력을 할 때는 다음의 사항들을 고려해야 한다.

첫째, 행은 응답자 기준, 열은 질문항목(변수) 기준이다.

둘째, 첫 번째 행에는 변수명을 입력한다. 변수명은 가급적 질문문항의 번호를 Q1, Q2, Q3 등의 형태로 입력하는 것이 좋다.

셋째, 없음은 '8', '98', '998', 모름/무응답은 '9', '99', '999'로 입력한다. (여기서 자릿수는 응답항목의 개수에 따라 한 자리일 경우 8, 9, 두 자리는 98, 99, 세 자리이면 998, 999가 된다.)

넷째, 엑셀에서의 각 셀에는 하나의 질문문항에 대한 응답을 입력한다. 두 개 이상의 질문문항에 대한 응답을 한 셀에 같이 입력해서는 안 된다.

데이터의 구조는 다음과 같은 형태를 띤다.

데이터 구조 예시

ID	Q1	Q2	Q3	Q4	Q5_1	Q5_2	. . .
1							. . .
2							. . .
3							. . .
4							. . .
5							. . .
6							. . .
7							. . .
8							. . .
.	.	.	.	.	.	.	
.	.	.	.	.	.	.	
.	.	.	.	.	.	.	

다. 정성조사의 자료입력

FGD나 In-depth Interview와 같은 정성조사는 정량조사와는 달리 데이터 형태가 숫자가 아닌 문자이다. 그래서 정량조사에서의 코딩/펀칭과 같은 부호화 과정은 없으며, 인터뷰를 진행한 내용을 녹취록으로 작성하는 스크립팅(Scripting)을 하게 된다. 즉 사전에 녹음된 인터뷰 진행 내용 전부를 글로 옮겨 최종적으로 녹취록을 만든다. 조사업계에는 녹취록만을 전문적으로 작성하는 프리랜서들이 있어 대개의 경우 프리랜서들이 녹취록 작성을 대행한다.

(2) 자료처리하기

가. 자료처리과정

코딩과 펀칭을 통해 만들어진 데이터를 이용해 교차분석을 하여 교차집계표(Cross Tabulation)를 작성하는 과정을 자료처리라고 한다. 조사회사에는 자료처리를 전담하는 전산부서가 별도로 있으며, SPSS DOS나 SPSS Window를 활용해 교차집계표를 작성하게 된다. 조사회사에서 일반적으로 수행하는 자료처리는 데이터 클리닝, 빈도분석, 교차분석의 과정을 거친다.

데이터 클리닝	질문응답 혹은 코딩/펀칭 과정에서 응답의 논리적 오류나 펀칭 오류 등을 찾아내는 과정으로 교차 분석이 가능하도록 데이터를 정제하게 된다.
빈도분석 (Frequency)	질문지에 포함된 모든 문항의 응답빈도를 산출하여 데이터에 문제가 없는지를 점검하게 된다.
교차분석 (Cross Tabulation)	모든 문항의 응답을 특정배너(전체, 성별, 연령별, 직업별 등)와 엮어서 응답률 혹은 평균을 산출한다.

자료처리는 분석보고서를 쓰기 위해 데이터에 대한 기초적인 분석자료를 산출하는 과정이라 할 수 있다.

나. 빈도분석을 이용한 데이터 클리닝

코딩과 펀칭을 거쳐 완성된 데이터를 분석하기 전에 응답자의 응답오류, 데이터 입력과정에서의 펀칭오류 등은 없는지를 먼저 살펴보아야 하며, 이러한 과정을 데이터 클리닝이라고 한다. 여기서는 SPSS(영문버전)의 빈도분석 메뉴를 활용해 데이터를 클리닝하는 방법에 대해 소개하고자 한다.

먼저 SPSS를 실행한 후 엑셀로 입력한 데이터를 가져온다. SPSS - File - Open - Data 순서로 클릭하여 실행하면 된다. 팝업창에서 파일형식을 엑셀로 선택하고, 입력한 데이터 파일을 클릭하면 다시 팝업창이 뜨고 'Read variable names from the first row of data.'라는 내용이 나타난다. 앞서 엑셀에 데이터 입력 시 첫 번째 행에는 변수명을 지정한다고 했으니 이 메뉴를 선택하면 SPSS에서 첫 번째 행을 변수명으로 자동으로 읽게 된다.

다음으로는 SPSS 메뉴 − Analyze − Descriptive Statistics − Frequencies 를 선택한다. Frequencies 분석에서 모든 변수를 투입한 후 분석을 실행하면 분석결과 창이 뜨면서 아래와 같은 빈도분석 결과가 나타난다.

SPSS 빈도분석 결과 예시

	Frequency	Percent	Valid Percent	Cumulative Percent
Valid 1	4	.8	.8	0.8
2	24	4.7	4.7	5.5
3	124	24.5	24.5	30.0
4	253	50.0	50.0	80.0
5	99	19.6	19.6	99.6
9	2	.4	.4	100.0
Total	506	100.0	100.0	

각 변수별 빈도분석 결과에서 Total 숫자가 맞는지, 해당 문항의 보기 숫자 이외에 입력된 것은 없는지(예: 보기는 1부터 6까지 있는데 7 이상의 숫자가 나온 경우는 잘못 입력된 것임), 숫자가 입력 안 된 응답은 없는지를 확인하여 문제가 있는 항목을 찾아서 데이터상에서 수정해 주어야 한다. 분석에 활용될 모든 변수에 대해 이와 같은 방식으로 빈도분석을 실시하여 응답오류 혹은 데이터 입력 오류를 찾아내고 데

이터를 수정하는 과정을 거쳐 본격적인 분석을 위한 최종 데이터가 완성된다.

다. 정성조사의 자료처리

정성조사는 숫자로 구성된 데이터가 없어 별도의 자료처리 과정은 요구되지 않으나 통상 보고서를 보다 쉽게 쓰기 위해 작성된 녹취록을 바탕으로 주요 조사결과를 요약하게 된다. 즉 조사의 주제나 내용별로 주요 응답내용을 요약, 정리하여 추후 보고서 작성 시 활용한다.

7. 분석과 보고서 작성하기

(1) 교차분석

빈도분석을 통한 데이터 정제작업이 끝나면 본격적인 분석작업을 수행하게 되는데 가장 기본적인 분석작업이 바로 교차분석(Cross Tabulation)이다. 질문에 대한 응답을 전체 응답자 관점뿐만 아니라 응답자 특성별로도 분석할 필요가 있는데, 교차분석은 해당 질문(변수)과 응답자 특성(데모 혹은 배너)이 교차(Cross)되는 표(Tabulation)를 작성하여 특정 질문에 대해 응답자 특성별로 어떤 차이를 보이는지를 한눈에 나타내 준다. 분석하고자 하는 자료의 형태가 비율이냐 아니면 평균이냐에 따라 분석방법과 해석방법은 달라진다.

가. 비율자료의 교차분석방법

SPSS에서 Analyze － Descriptive Statistics － Cross Tabs 순으로 클릭하면 분석 팝업창이 뜬다. 분석 팝업창에서는 해당 질문(변수)을 Column(열)로 삽입하고 분석하고자 하는 응답자 특성(예: 성, 연령, 직업 등)을 Row(행)으로 투입한다. 그런 다음 팝업창 아래쪽에 있는 Cells를 클릭하면 작은 팝업창이 하나 더 뜨게 되며, 이 창에서 Counts는 Observed, Percentages는 Row와 Total을 선택한 후 OK(확인)를 누른 후 분석을 시행한다.

상기와 같이 교차분석을 시행하면 SPSS상에는 다음과 같은 교차집계표가 작성된다.

SPSS 교차분석 결과표 예시

			문1				Total
			A가 좋다	B가 좋다	C가 좋다	D가 좋다	
성별	남자	Count	199	66	43	254	562
		% Within 성별	35.4%	11.7%	7.7%	45.2%	100.0%
		% of Total	13.9%	4.6%	3.0%	17.8%	39.3%
	여자	Count	332	105	69	361	867
		% Within 성별	38.3%	12.1%	8.0%	41.6%	100.0%
		% of Total	23.2%	7.3%	4.8%	25.3%	60.7%
Total		Count	531	171	112	615	1429
		% Within 성별	37.2%	12.0%	7.8%	43.0%	100.0%
		% of Total	37.2%	12.0%	7.8%	43.0%	100.0%

위 표에서 'Count'는 응답자 수, '% Within 성별'은 해당 집단을 100%로 봤을 때 각 응답이 해당 집단에서 차지하는 비중인 %, '% of Total'은

전체 집단을 100%로 봤을 때 해당 응답이 차지하는 비중을 말한다.

예를 들어, '남자 A가 좋다' 셀에서 맨 위의 199는 남자이면서 A가 좋다에 응답한 표본의 숫자를 말하며, 두 번째 35.4%는 남자집단 전체 중에서 199명이 차지하는 비중, 세 번째 13.9%는 전체 집단에서 199명이 차지하는 비중을 의미한다. 상기 교차집계표에서 결과의 해석을 위해 활용되는 자료와 해석의 순서는 다음과 같다.

첫째, 맨 아래 행에 있는 Total 자료를 본다. Total은 각 응답이 전체 집단에서 차지하는 비중을 나타내므로 가장 먼저 해석해야 한다. 위 표에서는 A, B, C, D를 좋아한다고 응답한 비율은 각각 37.2%, 12.0%, 7.8%, 43.0%이다.

둘째, 남, 여 간 응답비율이 차이가 있는지를 보기 위해 남자, 여자 각각의 '% Within 성별'의 행에 있는 자료를 해석한다. 위 표에서 A를 좋아한다는 비율은 남자가 35.4%, 여자가 38.3%로 여자가 남자에 비해 2.9% 높다. 여기서 남, 여 간 차이를 비교하기 위해서는 남, 여 집단의 표본크기가 충분한지 보아야 하는데 이는 표에서 맨 오른쪽 행의 각 칸의 가장 상단에 위치한 응답자 수를 기준으로 판단한다. 이 응답자 수가 30명(평균점수인 경우) 혹은 100명(비율인 경우) 이하라면 표본크기가 작으므로 해석을 하지 않는 것이 좋다.

셋째, 둘째에서 A를 좋아한다의 남, 여 비율 차이가 약 3% 정도 되는

데 이 비율을 집단 간 차이가 난다고 할 수 있는가에 대한 궁금증이 생길 수 있다. 통계적으로는 카이자승분석(비율차 검증), T-test나 분산분석(평균차 검증)을 통해 차이 여부를 검증할 수 있으며, 실무적으로는 비율자료인 경우 최소 5~10%, 평균 점수인 경우 100점 만점을 기준으로 최소 1~2점 이상은 되어야 차이가 난다고 해석한다.

나. 평균자료의 교차분석방법

응답비율이 아닌 리커트 척도(5점, 7점, 9점, 10점, 11점 등) 항목의 평균값에 대한 교차분석도 필요하다. 특히, 브랜드, 서비스품질, 고객만족, 직원만족 등의 지수(Index)를 분석할 경우에는 평균값에 대한 교차분석을 통해 전체 지수 및 응답자 특성별 지수차이를 비교해야 한다.

SPSS에서 Analyze - Means - Compare Means 순으로 클릭하면 분석 팝업창이 뜬다. 분석 팝업창에서는 해당 질문(변수)을 Dependent List(열)로 삽입하고 분석하고자 하는 응답자 특성(예: 성, 연령, 직업 등)을 Independent List행)으로 투입한다. 그런 다음 팝업창 오른쪽에 있는 Options를 클릭하면 작은 팝업창이 하나 더 뜨게 되며, 이 창에서 Means, Standard Deviation, Frequency를 선택한 후 OK(확인)을 누른 후 분석을 시행한다.

SPSS 분석결과 아래와 같은 표가 제시되는데, 비율에 대한 교차분석 결과와 마찬가지로 전체와 더불어 응답자 특성별 분석결과도 확인할 수 있다. 아래 표에서 평균과 더불어 분석 사례 수(표본 수)와 표준편차도 같이 제시되고 있으며, 원하는 분석내용은 Options에서 추가하거나 제거하면 된다.

아래 표에서 표본 수가 문항별로 다른 이유는 '모름/무응답' 응답 수의 차이에 있다. 데이터 입력에서 언급하였던 것처럼 해당 문항에 응답하지 않은 경우는 '모름/무응답'으로 9 또는 99, 999 등으로 입력하게 되며, 평균분석 시에는 이러한 모름/무응답을 결측치(Missing Value)로 제외하게 되므로 문항별로 표본 수가 달라질 수밖에 없다.

표준편차는 해당 항목에 응답한 응답자들의 평균적인 응답범위라고 할 수 있다. 즉 문항에 대해 응답자들이 응답한 수치 차이의 평균이라고 할 수 있다. 표준편차 값이 크면 클수록 해당 문항에 응답한 응답자들의 응답 수치 차이가 크다(응답자에 따라 생각/느낌/태도의 차이가 크다)고 해석할 수 있으며, 작으면 작을수록 응답자별로 차이가 크지 않다고 해석할 수 있다. 브랜드, 고객만족 등의 지수 분석 시에는 일반적으로 평균값이 상대적으로 작고, 표준편차 값이 큰 항목이 우선 관리대상이 된다.

SPSS 평균 교차분석 결과표 예시

		문1	문2	문3	···
남자	Means	3.32	3.68	3.46	···
	사례 수(표본 수)	98	99	100	···
	STDEV	1.22	1.31	1.11	···
여자	.	.	.	.	
	.	.	.	.	
	.	.	.	.	
Total	.	.	.	.	
	.	.	.	.	
	.	.	.	.	

마케팅조사에서 특정대상 혹은 사안에 대한 소비자 인식이나 태도를 측정하기 위해 가장 널리 쓰이는 척도 중 하나가 바로 리커트척도(Likert Scale)와 어의차이척도(Semantic Differenital Scale)이다. 리커트척도는 척도항목별로 해당 항목의 의미를 부여하는 것이며, 어의차이척도는 척도 구성 항목의 가장 큰 값과 작은 값에만 의미를 부여하는 것이다. 예를 들어 브랜드 호감도를 측정한다고 할 때 리커트척도는 '1. 전혀 호감이 가지 않는다, 2. 별로 호감이 가지 않는 편이다, 3. 보통이다, 4. 호감이 가는 편이다, 5. 매우 호감이 간다'로 구성이 되지만, 어의차이척도에서는 1과 5에만 의미를 부여해 주고 2, 3, 4에는 의미를 부여해 주지 않는다.

실무에서는 리커트척도나 어의차이척도를 100점 환산해서 분석하는 경우가 많으며, 이러한 척도항목의 100점 환산공식은 아래와 같다.

척도항목의 100점 환산공식

$$[(응답치 - 1)/(척도\ 항목수 - 1)]*100$$

예를 들어, 5점 척도에서 4로 응답한 경우 상기 공식을 적용해 보면 (4 - 1)/(5 - 1)]*100 = 75가 된다. 7점 척도에서 4로 응답한 경우에는 [(4 - 1)/(7 - 1)]*100 = 50이 된다. 이 공식에서는 척도항목에서 가장 낮은 값이 0, 가장 높은 값이 100이 되도록 환산하게 된다.

다. 교차분석 결과의 해석

 비율 혹은 평균에 대한 교차분석을 실시해서 결과를 해석할 때 가장 고민스러운 부분이 바로 차이에 대한 해석이다. 즉 집단별 비율 혹은 평균이 얼마만큼 차이가 나야 차이가 있다고 해석할 수 있는가에 대한 부분이다. 이에 대해 조사실무에서는 경험적으로 해석하게 되며, 학계에서는 통계적 검증을 통해 해석하게 된다.

a. 조사실무에서의 비율/평균차에 대한 해석

 일반적으로 조사회사 리서처 혹은 기업 실무자들은 조사결과를 경험적, 상식적인 수준에서 해석한다. 엄밀하게 해석하려면 비율/평균차에 대한 통계적 검증을 실시하여야 하나, 실무에서 다루게 되는 질문항목이 매우 많고 해당 시장 및 고객에 대해 깊게 이해하고 있으므로 경험적으로 해석하는 경우가 대부분이다. 비율의 경우 표본크기에 따라 달라져 몇 % 이상이 되어야 차이가 난다고 해석하는지에 대해 언급하기는 어려우나 통상 5~10% 이상에 대해 차이가 있다고 해석한다. 평균치의 경우에도 척도항목의 수(5점, 7점, 9점, 10점 등)에 따라 달라지게 되나 100점 만점 기준으로 통상 1~2점 이상이 차이가 나야 집단 간 차이가 있다고 해석하게 된다. 실무에서 집단 간 비교 시 중요하게 해석하는 포인트 중 하나는 단순한 집단 간 차이보다는 집단 간 차이의 경향이다. 브랜드 태도를 측정한 문항에 대해 20대와 30대의 차이보다는 연령이 높아질수록 브랜드 태도의 변화가 어떻게 변하는지에 대한 경향을 더 중시한다.

기업에서는 조사결과를 성과지표로 활용하다 보니 간혹 비율 혹은 평균의 작은 변화(예: 1% 혹은 0.1점의 변화)를 그대로 받아들이는 경우가 있으나 이는 조사가 가지는 기본적인 한계(오차)를 고려할 때 매우 부적절한 것이다.

b. 학계에서의 비율/평균차에 대한 해석

학자들은 비율/평균차에 대해 엄격한 통계적 검증을 통해 차이유무를 해석한다. 집단 간 비율차에 대한 검증은 카이자승분석, 평균차에 대한 검증은 분산분석(T – test, ANOVA)을 주로 활용한다. 학계에서는 무엇보다 가설에 대한 검증 혹은 새로운 이론의 정립을 위해서 반드시 객관적인 근거가 뒷받침되어야 하므로 비율/평균차에 대한 해석을 엄격하게 적용하기 위해 통계적 검증을 활용한다. 단 매우 민감한 사안에 대한 조사를 진행한 경우는 실무에서도 종종 학계에서 활용하는 통계적 검증을 통해 차이를 해석하는 경우도 있다. 참고로 동일한 비율 혹은 평균차이라 하더라도 질문문항에 따라 혹은 비교집단에 따라 카이자승 및 분산분석과 같은 통계적 검증 결과는 달라질수 있다.

(2) 각종 분석방법과 기법의 정리

분석보고서를 작성하기 위한 기초적인 자료는 빈도분석과 교차분석 결과로 충분하나, 특정결과를 분석하기 위해서는 목적에 맞는 분석기법을 활용해야 한다. 조사목적별 주요 분석방법과 기법들을 정리해 보면 아래와 같다.

가. 정량조사 주요 분석방법과 기법들

구 분	주요 분석도구
시장세분화 (집단분류)	Latent Class Analysis(Latent Gold) Factor Analysis & Cluster Analysis Discriminant Analysis CART Answer Tree
신상품수요 예측	Purchasing Intention/Probability Choice Probability Logit Model Bass
신상품최적조합 & 신상품 시장점유율 예측	Conjoint Analysis(Traditional, Choice-based)
경쟁구조 및 시장점유율 예측	Market Structure Analysis Switching Matrix
브랜드 포지셔닝	Correspondence Analysis Optimal Scaling Multi Dimensional Scaling(Mdpref, Prefmap, Biplot) Factor Analysis & Regression Analysis
브랜드 인덱스 고객만족도 인덱스 직원의식/만족도 인덱스	Regression Analysis Path Analysis Factor Analysis & Reliability Analysis & Structural Equation Modeling(AMOS, PLS)
가격분석	Price Sensitivity Measurement Internal Reference Price BPTO(Brand Price Trade-off) Conjoint Analysis

구 분	주요 분석도구
중요도분석	Correlate Analysis Regression Analysis Conjoint Analysis(Traditional, Choice – based) Structural Equation Modeling(AMOS, PLS) AHP(Analytic Hierarchy Process)
개선 우선순위 분석	Importance – performance Analysis Benefit Structure Analysis
항목분석	Klein – grid Analysis Penalty – reward Analysis Kano Analysis

나. 정성조사 주요 분석방법과 기법들

구 분	내 용
Projective Method (투사법)	참석자들에게 평가대상에 대해 언어가 아닌 다른 매개를 통해 표현하게 하는 기법 – Collage(콜라주) 　참석자들에게 여러 그림을 제시한 후 평가대상과 가장 일치하는 그림을 선택하게 하는 것 – Personification(의인화) 　평가대상을 사람(성, 연령, 직업, 성격 등)으로 표현하도록 하는 것 – Psycho Drawing 　평가대상에 대해 참석자들의 머리에 떠오르는 것을 그림으로 직접 그리게 하는 것 – Bubble Cartoon 　만화의 한 장면처럼 평가대상과 관련된 특정한 상황을 준 후 해당 상황에서 참석자들이 어떻게 말하겠는지를 응답받는 것 – Sentence Completion 　'OOO'은 나에게 _____이다와 같은 형태로 문장의 일부분을 참석자들이 직접 채우도록 하는 것

구 분	내 용
Laddering	참석자들에게 제품/서비스의 속성을 통해 어떤 편익을 느끼게 되고 이것이 궁극적으로 주게 되는 가치는 무엇인지를 순차적으로 연결하는 분석기법으로 수단 − 연쇄(Means − ends) 이론에 근거하고 있다. 예를 들어, 패밀리 레스토랑을 이용할 때 '직원 친절성'이라는 속성에 대해 고객들은 '대접받는 느낌'이라는 편익을 주게 되고 이는 궁극적으로 '즐거움'이라는 가치로 연결될 수 있다. Laddering은 제품/서비스가 가지는 모든 속성들을 이와 같은 방식으로 분석해서 Value Map을 도출하여 속성들을 통해 소비자나 고객들에게 제공되는 편익과 가치를 한눈에 알 수 있다.
Fishbone Diagram	문제의 근본적인 원인을 파악하기 위해 물고기 뼈 형태로 대구분, 소구분, 세부원인들을 맵핑하는 기법

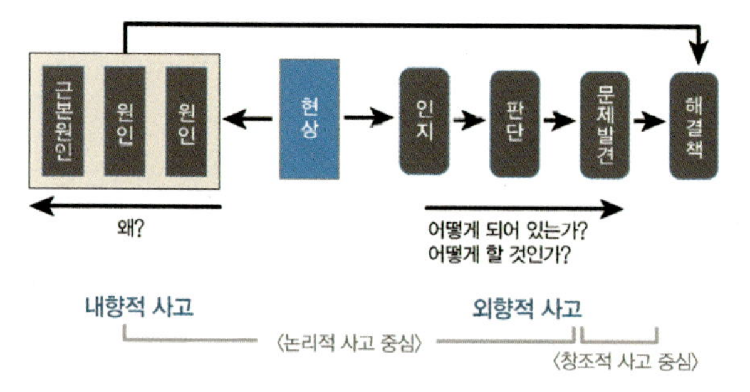

(3) 분석보고서 작성

조사결과의 분석보고서는 통상 조사개요, 조사결과의 분석, 요약 및 결론의 순서로 구성된다. 일반 기업이나 기관에서는 상사에게 보고할 때 가급적 요약본으로 보고하는 경우가 많아 조사결과 분석 본문보다 요약본인 요약 및 결론을 먼저 제시할 수도 있다.

일반적으로 가장 널리 활용되는 마케팅조사 분석보고서의 구성을 순서대로 정리해 보면 다음과 같다.

구성순서	구성내용
보고서 표지	보고서 제목, 보고서 완성일자, 작성자(회사)
보고서 목차	조사개요, 조사결과 분석, 요약 및 결론을 구성하는 각 장별 제목과 페이지 번호
조사개요 간지	조사개요를 구성하는 각 장별 제목(페이지 번호)
조사개요 내용	조사목적, 표본설계, 응답자 특성을 장별로 구성
조사결과 분석 간지	조사결과 분석을 구성하는 각 장별 제목(페이지 번호)
조사결과 분석 내용	조사결과 분석을 주제별 혹은 조사내용별로 장별로 구성
요약 및 결론 간지	요약 및 결론을 구성하는 각 장별 제목(페이지 번호)
요약 및 결론 내용	요약, 결론, 제언을 장별로 구성

가. 분석보고서 문서 구성

마케팅조사 분석보고서의 문서는 대부분의 경우 ppt로 작성된다. 회사 문화나 개인의 취향에 따라 ppt의 구성은 천차만별이지만 조사결과 보고서는 대개 컨설팅회사의 보고서 이미지와 유사하다. 특히 맥킨지 컨설팅에서 사용하는 보고서 작성 로직이나 Template이 널리 알려지면서 마케팅조사 분석결과 보고서에서도 많이 활용되고 있다. 분석보고서의 내용 구성에 앞서 보고서의 기본 구조와 이미지를 먼저 살펴보자.

우선 보고서의 얼굴이라고 할 수 있는 표지에는 제목과 작성일자, 작성자가 포함되는 것이 일반적이다. 단순하게 제목과 일자, 작성자만 제시하는 경우도 있고, 허전한 느낌을 없애기 위해 조사회사의 이미지 혹은 보고서 주제와 관련된 이미지를 삽입하기도 한다. 이미지 삽입여부는 보고서 주제, 보고받는 사람이나 회사의 취향을 고려하여 취사선택할 수 있다.

OOO 마케팅전략 수립을 위한 소비자 조사결과 보고서

2009년 12월 20일

제출회사 로고 또는 제출자 성명

OOO 마케팅전략 수립을 위한 소비자 조사결과 보고서

2009년 12월 20일

제출회사 로고 또는 제출자 성명

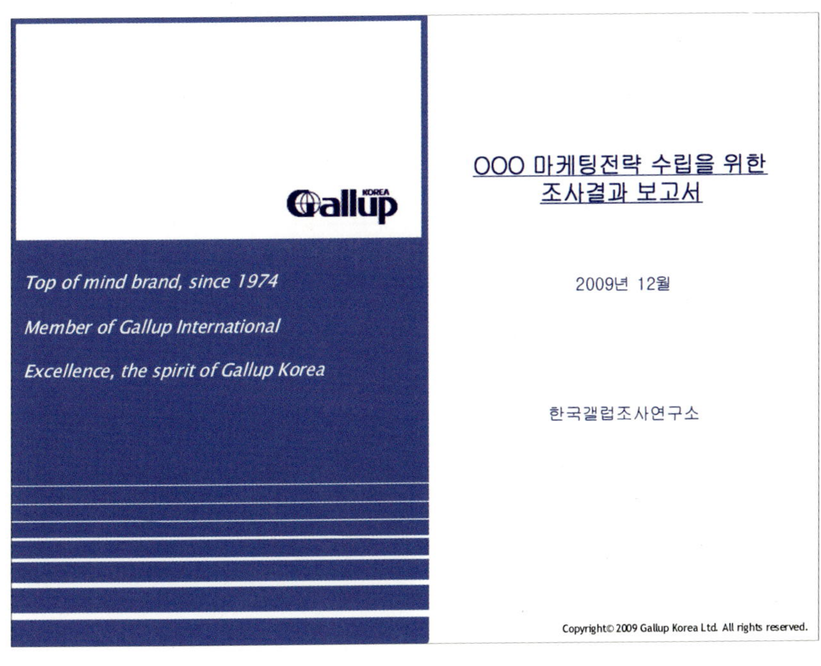

보고서 표지의 다음 장에는 보고서 내용을 쉽게 찾을 수 있도록 보고서 구성순서를 정리한 목차를 제시한다. 대개의 경우 마케팅조사 분석보고서는 수십 페이지에 달하므로 목차를 넣어 준다. 목차의 다음에는 조사개요, 결과분석, 요약 및 결론 등의 각 Chapter가 바뀔 때마다 간지를 넣어 구분해 주는 것이 좋다.

목 차

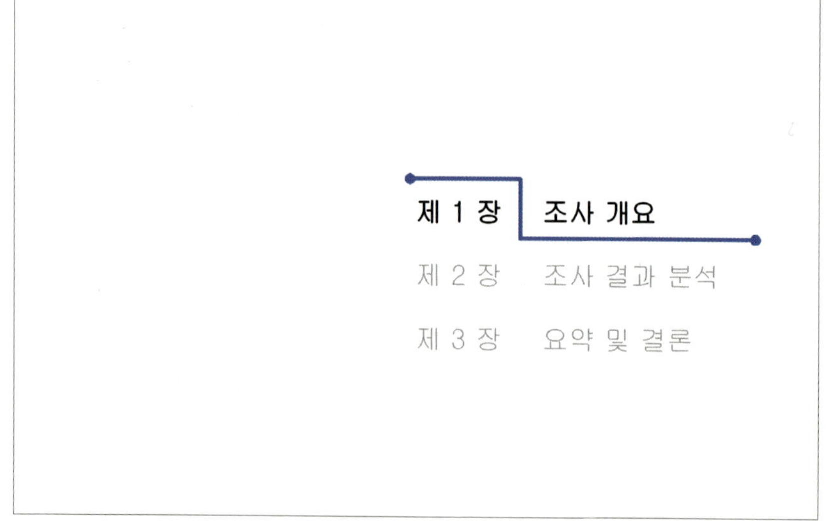

Contents

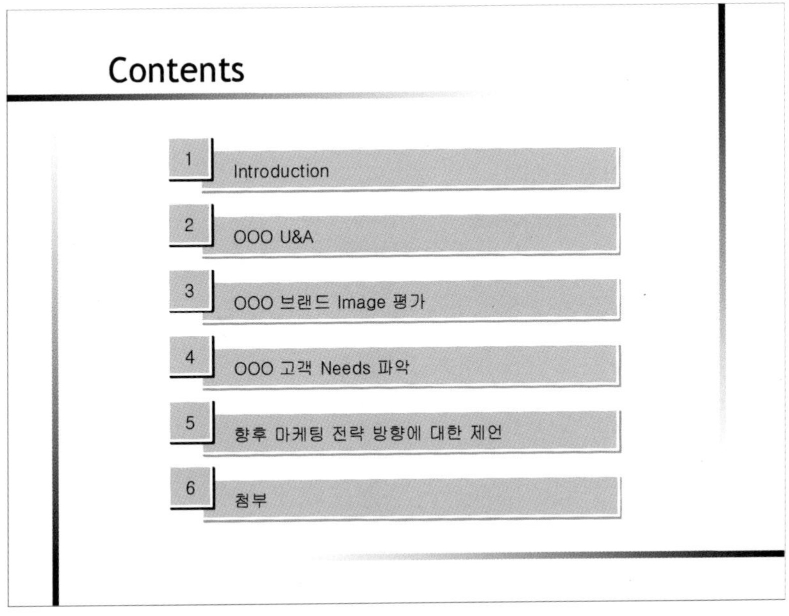

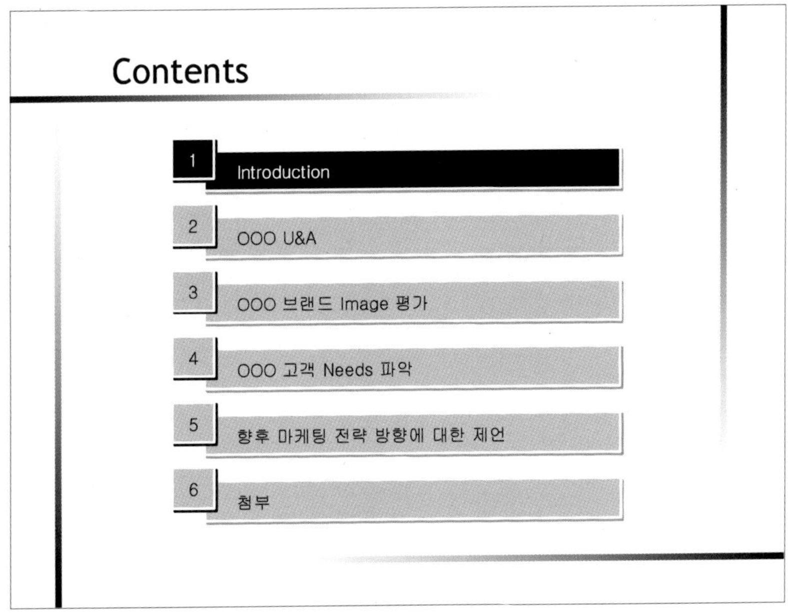

Ch1. 조사개요

    조사목석

    표본설계

    응답자 특성

Ch2. 조사결과 분석

Ch3. 요약 및 결론

Ch1. 조사개요

Ch2. 조사결과분석

    OOO 이용실태

    OOO 브랜드 이미지 평가

    OOO 고객니즈 파악

    향후 이용전망

Ch3. 요약 및 결론

보고서 본문의 가장 일반적인 형태는 상단좌측에 해당 장표의 제목(타이틀)을, 그리고 상단 혹은 하단에 보고서 제목을 위치시키는 것이다. 또한 문서 내의 본문과 구분하기 위해서 통상 상단과 하단은 줄이나 블록으로 구분하고 색깔도 단색 위주로 사용한다.

일반적인 보고서 문서 구조 유형

<table>
<tr><td>조사 명</td></tr>
<tr><td>제목</td></tr>
<tr><td></td></tr>
<tr><td>2   회사 로고</td></tr>
</table>

제목

회사 로고

2

제목   소제목(제목보다 작은 글자)

2/20

보고서 문서구조에 대한 정해진 기준이나 규칙 같은 것은 없으나 가급적이면 검정색이나 파란색 계열의 단색을 사용하고 제목이나 내용구성 또한 심플하게 해서 신뢰감을 주어야 한다. 문서 타이틀과 보고서명 등을 보고서 구석구석에 많이 배치해서 복잡해 보이게 한다거나 화려한 원색들을 여기저기 사용해서 내용 파악을 어렵게 하는 것은 가급적 지양해야 한다. 다른 모든 형태의 보고서와 마찬가지로 마케팅조사 분석보고서도 상대방을 설득하고 신뢰를 주어야 하므로 보고서의 내용뿐 만 아니라 보고서의 문서구조도 깔끔하면서 논리적으로 보이도록 하는 것이 매우 중요하다.

나. 조사개요

해당 조사의 목적이 무엇이고, 그 목적을 달성하기 위해 어떻게 설계가 되었으며, 응답자 분포는 어떻게 이루어졌는지 등 조사에 대한 기본 정보를 제공하는 역할을 한다. 그래서 일반적으로 조사의 목적, 표본설계(실사진행일자 포함), 응답자 특성 등을 조사개요에서 제시한다.

a. 조사목적

조사를 시행하기 전에 정의하였던 조사의 목적을 구체적으로 제시하면 된다. 일반적으로 조사목적에 대한 서술문과 목적달성을 위한 프로세스 혹은 구체적인 세부목적을 나열한다.

조사목적 서술문 예시

조사유형	조사목적 서술문 예시
브랜드조사	이번 조사는 자사 브랜드에 대한 고객인식을 파악하여 향후 브랜드 전략 수립을 위한 기초자료를 도출하기 위한 것으로 보다 구체적으로 다음과 같은 목적들이 있다. 1. 자사 브랜드에 대한 절대적 측면의 소비자 인식 수준 파악 2. 주요 경쟁 브랜드 대비 자사 브랜드의 상대적 강, 약점 파악 3. 소비자 인식상 자사 브랜드의 현재 포지셔닝 위치 및 이상점 파악
고객만족도조사	본 조사는 자사 및 주요 경쟁사 고객을 대상으로 브랜드별 이용경험에 대한 만족 수준을 비교 평가하여 향후 자사의 Customer Retention 경쟁력 강화 전략을 수립하는 데 필요한 기초자료를 도출하는 데 그 목적이 있음.

모든 다른 내용과 마찬가지로 조사목적을 구성하는 문서도 '언어'로만 표현할 수도 있고, 도형으로 도식화해서 제시할 수도 있다. 조사주제나 보고를 받는 사람 혹은 회사의 취향에 따라 취사선택하면 된다.

조사목적 이미지 예시

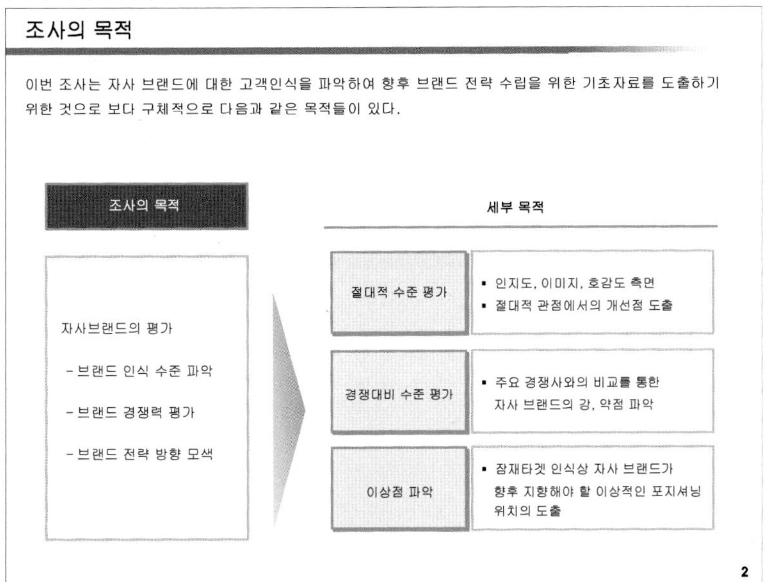

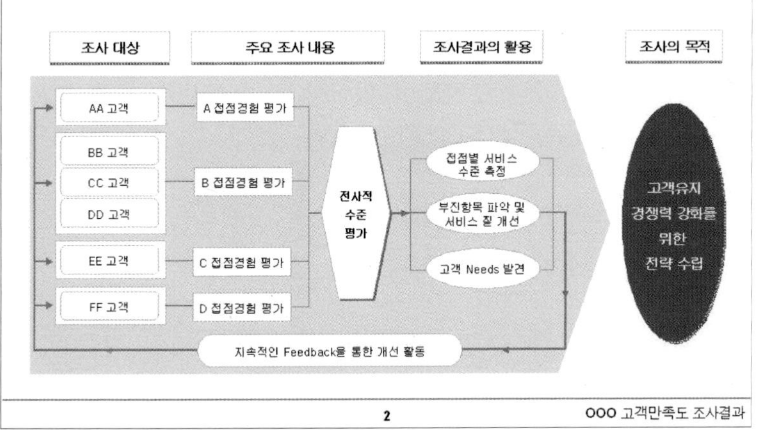

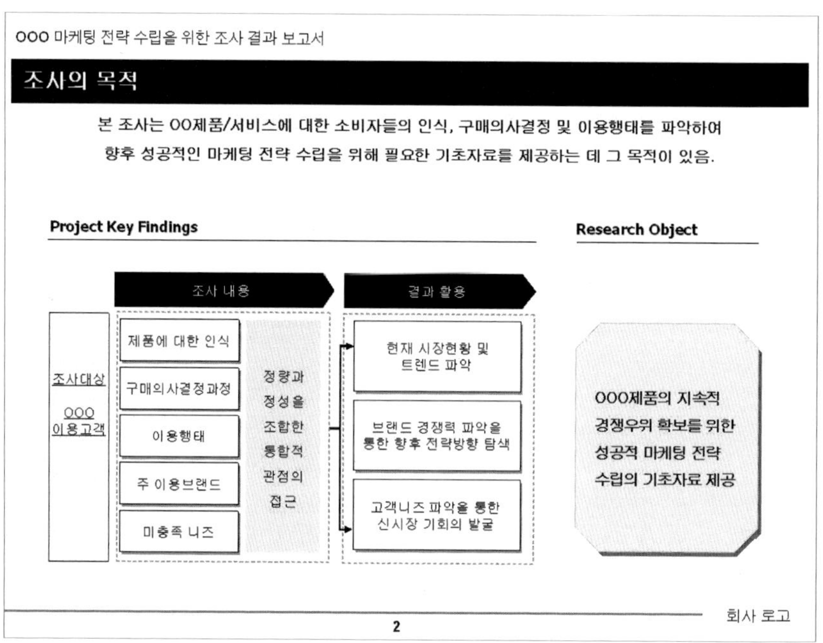

b. 표본설계

표본설계에는 조사대상, 조사지역, 표본크기, 표본추출방법, 자료수집 방법 등 표본설계의 기본 구성요소와 더불어 실제로 응답자를 대상으로 실사를 진행한 기간이 포함되어 있어야 한다. 일반적으로 표본설계는 아래와 같은 표 형태로 정리해서 제시한다.

이용실태 조사 표본설계 예시

구 분	내 용
조사대상	만 20세 이상 59세 이하 일반인 남, 여
조사지역	서울 및 4대 광역시(부산, 대구, 광주, 대전)
표본크기	총 1,000명
표본추출방법	성별, 연령별, 지역별 할당추출법
자료수집방법	구조화된 질문지를 이용한 1 : 1개별면접
실사기간	2009년 8월 1일~8월 25일

표본설계에 따라 조사결과의 해석은 크게 달라질 수 있으므로 보고서 작성 시에는 반드시 표본설계의 모든 구성요소를 명확하게 제시하여야 한다.

표본설계 이미지 예시

표본설계

이번 조사의 목적을 달성하기 위해 정량조사와 정성조사를 순차적으로 진행하였으며, 구체적인 표본설계는 다음과 같음.

구분	정량조사	정성조사
조사 대상	만 19 ~ 39세 일반인 남녀	OO브랜드를 주로 이용하는 만 19 ~ 39세 남, 여 고객
조사 지역	서울	서울
표본(그룹)수	500명	총 4그룹(성별, 연령별 각 1그룹)
표본추출방법	인구특성 별 비례할당(Quota Sampling)	조건에 맞는 대상자 리크루팅
자료수집방법	구조화된 질문지를 이용한 온라인 조사	Focus Group Interview
실사 기간	2009년 4월 11일 ~ 4월 20일	2009년 5월 2일 ~ 5월 15일

주) 정성조사는 20대 남자, 20대 여자, 30대 남자, 30대 여자 각 1그룹씩으로 구성하였음.

3

표본설계에서 조사대상, 조사지역, 표본크기, 표본추출, 자료수집, 실사기간과 관련하여 중요한 사안에 대해서는 반드시 언급해 주어야 한다. 표 안의 공간이 한정되어 있으므로 표 맨 아래에 주석형태로 중요사항을 제시하는 것이 일반적이다.

c. 응답자특성

최종 분석에 사용된 표본의 구성을 성, 연령, 직업, 소득 등 응답자들의 인구통계특성이나 이용기간, 고객등급 등과 같은 고객특성(리스트 조사인 경우) 등으로 분류하여 교차집계표 형태로 정리한 것을 응답자특성이라고 한다. 음식이나 식품의 내용물을 표시한 것처럼 응답자특성의 제시는 표본의 구성이 어떻게 되어 있는지를 한눈에 알 수 있도록 하고 조사결과에 대해 신뢰성을 주는 하는 역할을 하므로 마케팅조사 보고서에는 반드시 포함되어 있어야 한다.

응답자특성 표 예시

구분		표본 수(명)	%
전체		1,000	100.0
성별	남자	500	50.0
	여자	500	50.0
연령별	20대	200	20.0
	30대	300	30.0
	40대	300	30.0
	50대	200	20.0
⋮	⋮	⋮	⋮
고객등급별	A등급	250	25.0
	B등급	450	45.0
	C등급	300	30.0

　응답자 특성은 크게 표로 숫자를 제시하는 형태와 도형으로 도식화하는 형태로 구분해 볼 수 있으며, 정답은 없으니 활용 목적에 따라 선택하여 사용하면 된다.

응답자특성 1장. 조사의 개요

정량조사

구 분		사례 수	%
전 체		1003	100
연령별	20대 초반	171	17.0
	20대 후반	227	22.6
	30대 초반	200	19.9
	30대 후반	211	21.0
	40대 초반	194	19.3
지역별	서 울	558	55.6
	부 산	167	16.7
	대 구	123	12.3
	광 주	76	7.6
	대 전	79	7.9
직업별	자 영 업	85	8.5
	블루 칼라	116	11.6
	화이트칼라	183	18.2
	주 부	457	45.6
	학 생	150	15.0
	무직 / 기타	12	1.2
학력별	고졸 이하	397	39.6
	대재 이상	606	60.4
결혼여부 별	미 혼	330	32.9
	기 혼	673	67.1
소득 별	300만원 미만	270	26.9
	300~399만원	361	36.0
	400만원 이상	345	34.4
	모름 / 무응답	27	2.7
자녀 여부 별	있 음	649	96.4
	없 음	24	3.6

정성조사

1그룹

이름	연령	최근1년내 구입횟수	구입채널	거주구	월소득	교육수준
나OO	26	20회	인터넷	금천구	개별	대졸
이OO	29	10회	인터넷	송파구	개별	고졸
최OO	28	20회	인터넷	노원구	300만원	대졸
정OO	29	12회	인터넷	동작구	200만원	대졸
최OO	25	10회	일반유통/인터넷	송파구	600만원	대졸
이OO	25	10회	인터넷	동작구	180만원	고졸
정OO	26	3회	백화점/전문점/인터넷	관악구	800만원	대졸
정OO	28	5회	일반유통/인터넷	중랑구	500만원	대졸

2그룹

이름	연령	최근1년내 … 구입횟수	구입채널	거주구	월소득	교육수준
박OO	30	5회	백화점/전문점/인터넷	마포구	200만원	고졸
정OO	32	10회	일반유통/인터넷	강동구	350만원	대졸
정OO	30	10회	인터넷	강북구	450만원	대졸
정OO	30	3회	인터넷	서대문구	250만원	대졸
최OO	30	4회	일반유통/인터넷	강구	200만원	대졸
이OO	30	3회	일반유통/인터넷	노원구	130만원	고졸
정OO	31	8회	인터넷	은평구	110만원	대졸
서OO	30	3회	인터넷	서초구	200만원	대졸

4

응답자특성 1장. 조사의 개요

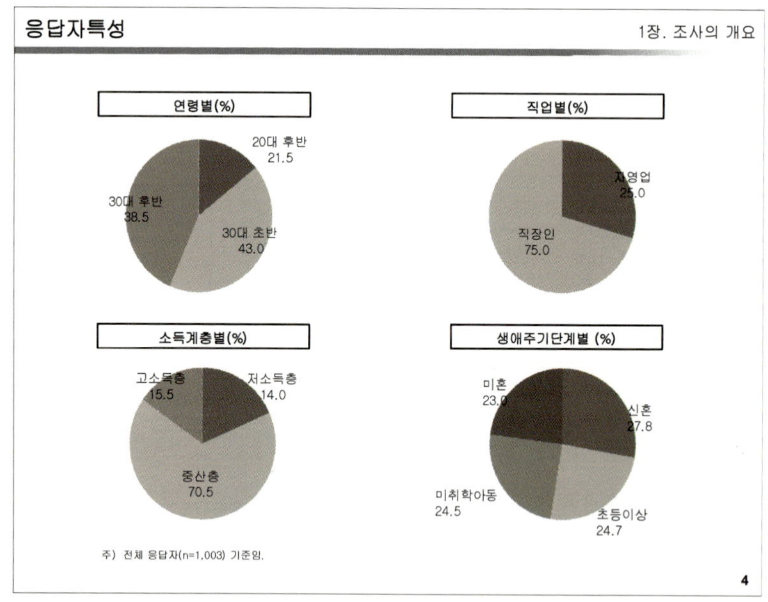

주) 전체 응답자(n=1,003) 기준임.

4

d. 기타 필요사항

조사결과 해석 시 참고해야 할 사항, 특정 분석기법에 대한 해석방법,
전반적 분석구조나 측정모델 등과 같이 조사결과를 보다 정확하게 이
해하기 위해 사전에 숙지해야 할 사항들을 필요에 따라 조사의 개요
부분에 포함하기도 한다.

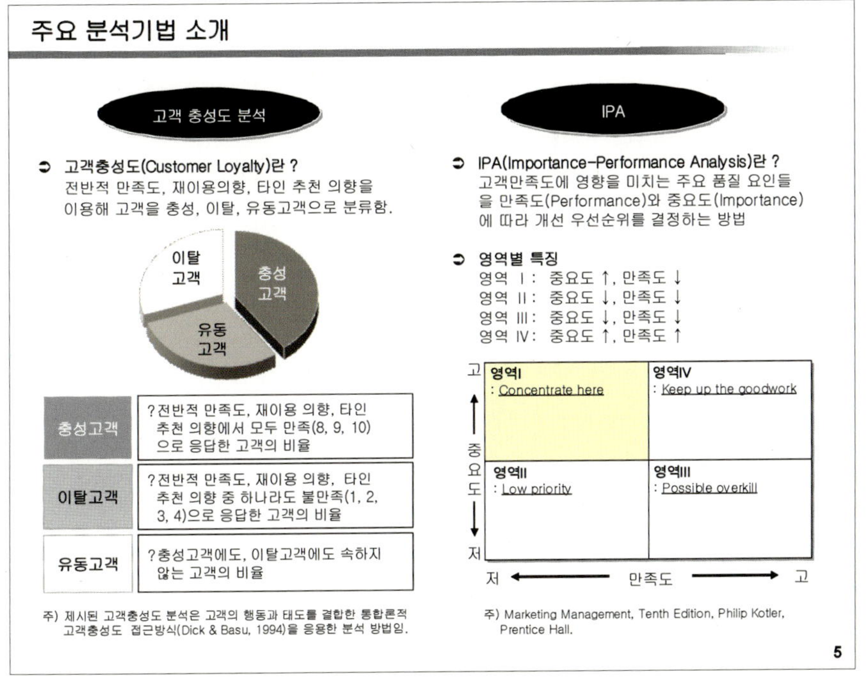

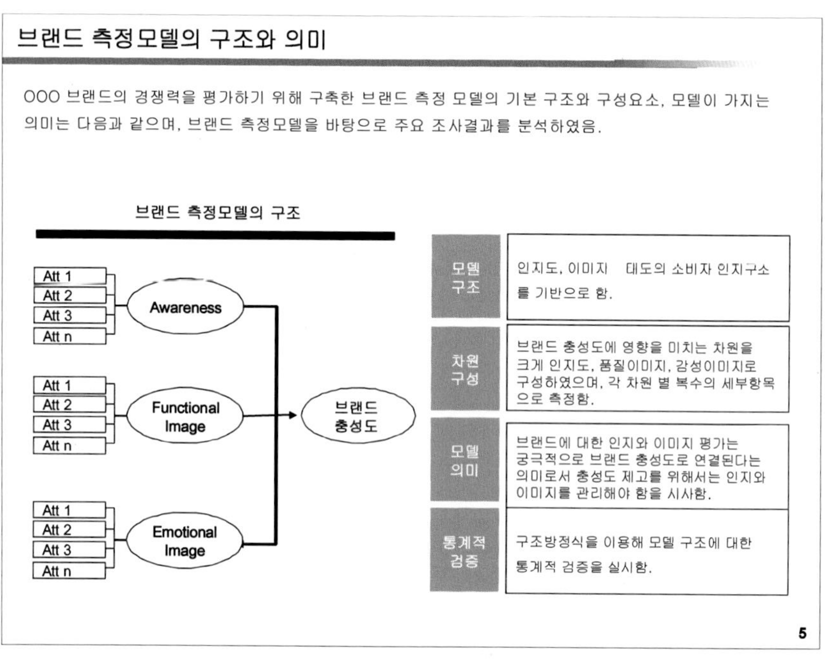

조사의 개요에 포함되는 조사목적, 표본설계, 응답자 특성, 기타 필요
사항 등에 대한 보고서 이미지는 정량조사와 정성조사간에 큰 차이는
없다. 조사에 대한 기본적인 규격을 설명하는 단계이므로 내용이나 이
미지는 두 조사방법이 거의 유사한 형태로 구성된다.

다. 조사결과 분석

질문지에 포함된 모든 항목을 하나하나 분석한 내용이 모두 포함되며,
자료처리 과정에서 산출된 교차집계표를 바탕으로 작성하게 된다. 즉
교차집계표에 있는 숫자로 구성된 결과를 다양한 그래프를 활용하여

도식화하고 분석결과에 대한 해석을 하나하나 달아준다. 필요할 경우 해석과 더불어 그것이 함축하는 바를 추가해 주기도 한다. 조사결과 분석을 어떻게 구성할 것인가에 대한 부분과 숫자를 도식화한 그래프의 활용사례를 살펴보도록 하자.

a. 기본 구조

일반적으로 본문의 조사결과 분석 문서는 상단에 조사결과의 해석이나 시사점을 글로 제시하고 중간과 하단에 걸쳐 해당 조사결과를 숫자로 나열하거나 그래프로 도식화하여 제시한다. 필요에 따라 결과 해석 부분을 문서의 좌, 우측이나 하단에 배치하기도 하며, 상단에는 조사결과 해석을 달고, 본문 중간 좌, 우측이나 하단에 시사점을 별도로 제시하는 경우도 있다. 문서 구조에 대한 정답은 없지만, 누구에게나 가장 익숙하고 널리 활용되는 구조는 상단에 해석을 달고 중간 및 하단에 조사결과를 제시하는 것이다.

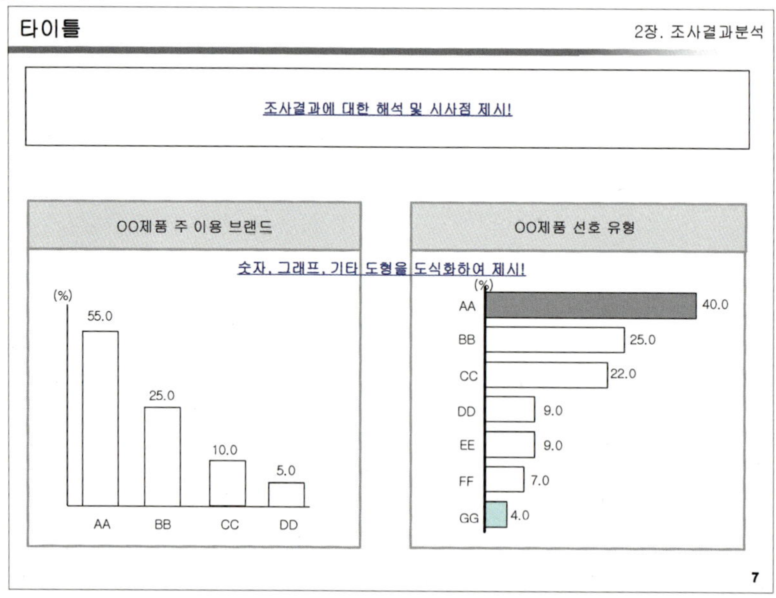
타이틀
2장. 조사결과분석
조사결과에 대한 해석 및 시사점 제시!
OO제품 주 이용 브랜드
OO제품 선호 유형
숫자, 그래프, 기타 도형을 도식화하여 제시!
(%)
55.0
25.0
10.0
5.0
AA
BB
CC
DD
(%)
AA 40.0
BB 25.0
CC 22.0
DD 9.0
EE 9.0
FF 7.0
GG 4.0
7

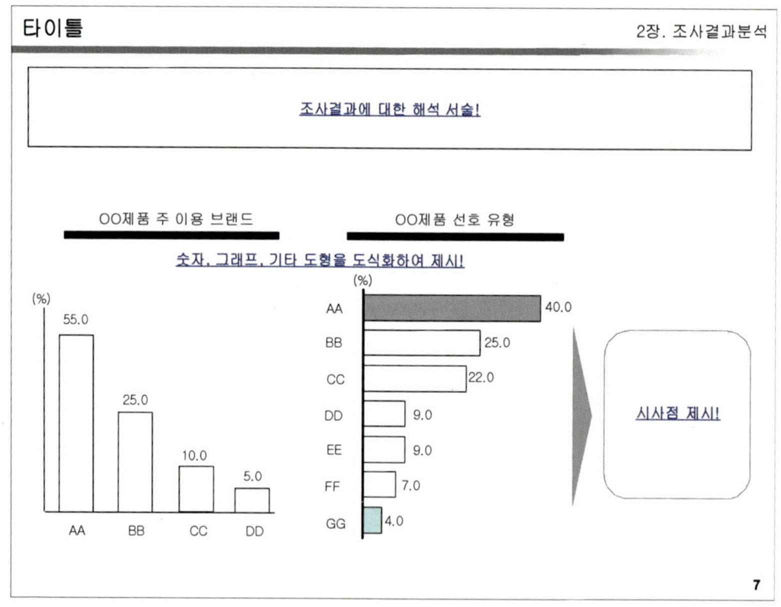
타이틀
2장. 조사결과분석
조사결과에 대한 해석 서술!
OO제품 주 이용 브랜드
OO제품 선호 유형
숫자, 그래프, 기타 도형을 도식화하여 제시!
(%)
55.0
25.0
10.0
5.0
AA
BB
CC
DD
(%)
AA 40.0
BB 25.0
CC 22.0
DD 9.0
EE 9.0
FF 7.0
GG 4.0
시사점 제시!
7

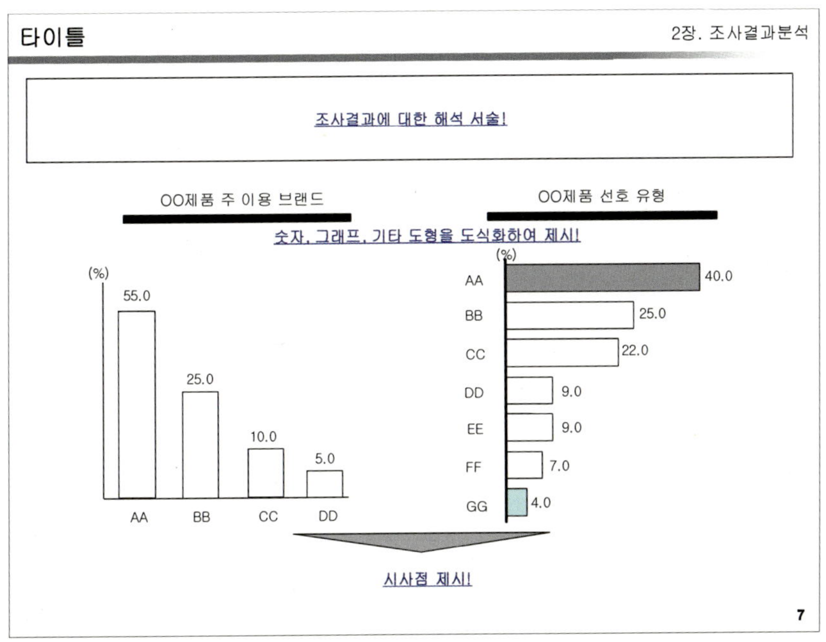

b. 구성순서

 보고서에서 조사결과 분석을 구성하는 순서는 조사결과의 핵심이 되는 큰 그림을 먼저 보여준 후 큰 그림을 구성하는 작은 그림을 하나씩 보여주는 것이 좋다. 조사결과 분석의 전반적인 흐름이 논리적인 순서로 구성되어야 결과를 보는 사람들이 이해하기 쉬우므로 큰 그림에서 작은 그림으로 순차적으로 보여주는 순서로 논리를 전개해 나가야 한다. 이를 위해서는 조사결과 분석 보고서의 구성목차를 사전에 정리해서 전체 구성흐름을 잡는 것이 좋다. 주요 조사유형별 조사결과 분석 구성흐름을 다음과 같이 제시한다.

조사유형	조사결과 분석의 구성흐름 예시
이용실태 (U&A)조사	전체 시장 관점의 규모와 구조를 먼저 제시한 후 시장의 경쟁구조와 개별 브랜드별 소비자들의 태도를 순차적으로 제시하여 전반적인 시장상황과 브랜드별 이용행태를 파악
브랜드조사	브랜드 인지도 – 브랜드 이미지 – 브랜드 호감도 등의 순서로 구성하여 브랜드를 구성하는 요소들을 소비자 태도형성과정의 흐름에 따라 제시하여 브랜드의 강, 약점 파악
만족도조사	전반적 만족도와 고객충성도 – 차원별 만족도 – 세부항목별 만족도 순으로 제시하여 전반적 수준이 어느 정도이며 구체적으로 어떤 점에서 만족, 불만족하는지를 분석하여 개선점 도출
컨셉테스트	컨셉에 대한 소비자의 전반적 평가(호감도, 구매의향)를 먼저 제시한 후 컨셉의 구성요소별 평가, 강/약점 등을 순차적으로 제시하여 결론 도출

전체의 응답결과와 더불어 응답자 특성별 결과도 제시하게 되는데 이 경우에는 먼저 전체 응답결과를 제시한 후 응답자 특성별 결과를 제시하는 순서로 구성하여야 한다. 예를 들어 어떤 브랜드에 대한 호감도 결과를 제시하고자 할 때 전체 응답자를 기준으로 해당 브랜드에 대한 호감도 수준이 어느 정도인지를 먼저 보여주고, 성별, 연령별, 직업별 등과 같은 응답자 특성별 호감도는 어떠한 지를 보여주는 것이 좋다.

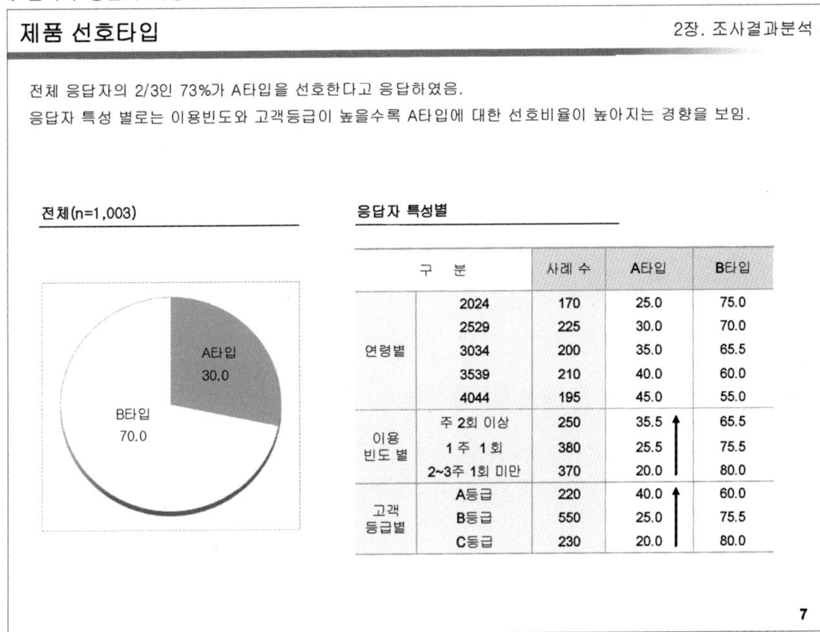

구　분		사례 수	A타입	B타입
연령별	2024	170	25.0	75.0
	2529	225	30.0	70.0
	3034	200	35.0	65.5
	3539	210	40.0	60.0
	4044	195	45.0	55.0
이용 빈도 별	주 2회 이상	250	35.5	65.5
	1 주 1 회	380	25.5	75.5
	2~3주 1회 미만	370	20.0	80.0
고객 등급별	A등급	220	40.0	60.0
	B등급	550	25.0	75.5
	C등급	230	20.0	80.0

　상기 예시에서는 왼쪽에 전체 결과를, 오른쪽에 응답자 특성별 결과를 제시하고 있으며, 결과 해석에 있어서도 전체 결과에 대해 먼저 언급해 준 후 응답자 특성별로 나타나는 결과의 경향을 제시하였다. 이처럼 모든 문항에 대한 조사결과는 먼저 전체 응답자를 기준으로 분석한 결과를 앞장 혹은 왼쪽에 제시하여 큰 숲을 보게 한 후 응답자 특성과 같은 세부집단별 분석결과를 다음 장 혹은 오른쪽에 나타내어 숲 안에서 나무를 볼 수 있도록 구성하여야 한다.

　전체의 응답결과와 더불어 응답자 특성별 결과도 제시하게 되는데 이 경우에는 먼저 전체 응답결과를 먼저 제시한 후 응답자 특성별 결과를 제시하는 순서로 구성하여야 한다. 예를 들어 어떤 브랜드에 대한 호감도 결과를 제시하고자 할 때 먼저 전체 응답자 기준 해당 브랜드에 대한 호감도 수준이 어느 정도인지를 먼저 보여주고, 성별·연령별·직업별 등과 같은 응답자 특성별 호감도는 어떠한지를 보여주는 것이 좋다.

c. 그래프의 활용

조사결과를 제시할 때 숫자와 더불어 시각적으로 보다 이해하기 쉽게 하기 위해 다양한 그래프를 활용하게 된다. 그래프를 활용하는 방법에 정답은 없지만, 조사결과 유형별로 가장 자주 사용되는 그래프 유형은 다음과 같다.

조사결과 유형별 그래프 유형

응답유형 예시	그래프 유형
Yes/No 응답비율 선택형(3~4개 이내) 응답비율 이용 브랜드(3~4개 이내) 응답비율 리커트척도의 응답비율	원그래프 혹은 가로/세로 막대그래프(전체 합이 100%)
브랜드 호감도 점수 만족도 점수 컨셉테스트 점수	가로/세로 막대그래프

항목별 비율/점수비교 브랜드별 비율/점수비교 시간적 흐름에 따른 비율/점수비교	가로/세로 막대그래프 혹은 꺾은 선형 그래프 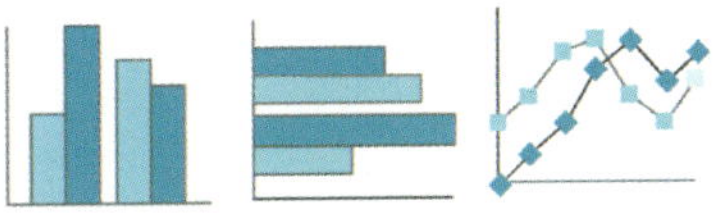
두 항목 간 관계 파악	분산형 그래프 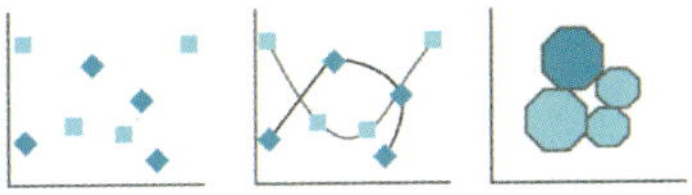
항목별 비율/점수 비교 브랜드별 비율/점수 비교	방사형 그래프 

그래프를 활용할 때는 가급적 화려한 색보다는 단색 위주로 사용하는 것이 좋으며, 입체형보다는 2차원형을 쓰는 것이 바람직하다. 조사결과는 신뢰성이 있어야 하고, 논리적이어야 하므로 가급적 그래프도 조사결과를 뒷받침할 수 있도록 색깔이나 형태 등을 무난하게 구성하는 것이 좋다. U&A조사와 브랜드/만족도/컨셉조사의 결과 보고서에 자주 활용되는 주요 문항별 그래프들은 다음과 같다.

이용율/보유율/선호율

결과해석 결과해석 결과해석 결과해석 결과해석 결과해석 결과해석 결과해석 결과해석 결과해석 결과해석
결과해석 결과해석 결과해석 결과해석 결과해석 결과해석 결과해석 결과해석 결과해석 결과해석 결과해석

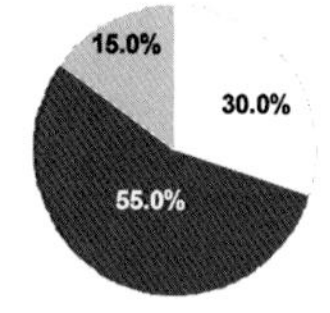
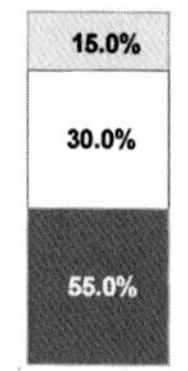
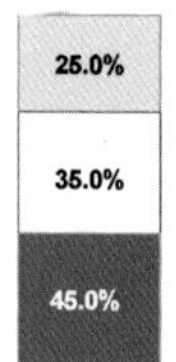
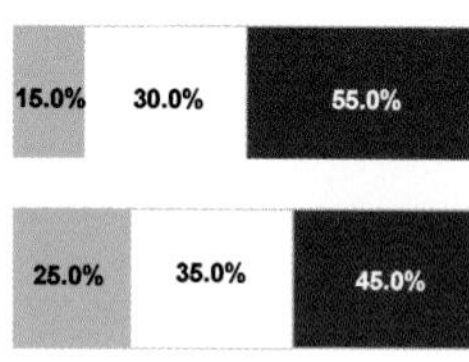

> 이용, 보유, 선호와 같은 선택형 응답결과를 표현할 때 주로 사용되는 그래프이다. 원 그래프는 주로 단독으로 결과를 제시하고자 할 때 사용되며, 막대그래프 형태는 단독보다는 2개 이상의 집단(브랜드, 응답자 집단 등)을 비교하고자 할 경우에 활용하는 것이 좋다. 막대그래프는 비율/응답순서에 따라 위→아래, 좌→우 순서로 제시하여야 한다.

7

OOO 이용빈도

결과해석 결과해석 결과해석 결과해석 결과해석 결과해석 결과해석 결과해석 결과해석 결과해석 결과해석
결과해석 결과해석 결과해석 결과해석 결과해석 결과해석 결과해석 결과해석 결과해석 결과해석 결과해석

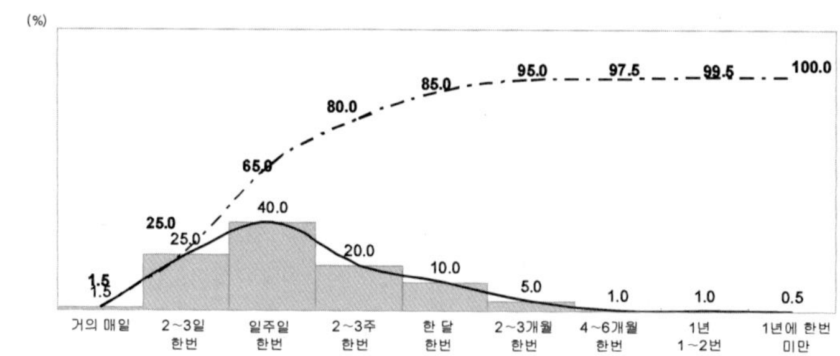

> 이 그래프는 이용 빈도에 대한 개별응답과 누적비율을 하나의 그래프로 표현한 것으로 개별응답에 대한 비율을 확인함과 동시에 빈도의 단계별 누적비율을 확인할 수 있다. 상기에서 일주일에 한 번 이용하는 경우가 가장 많고, 전체 응답자 중 약 95%정도가 월 1회 이상 이용하고 있음을 알 수 있다.

7

결과해석 결과해석 결과해석 결과해석 결과해석 결과해석 결과해석 결과해석 결과해석 결과해석 결과해석
결과해석 결과해석 결과해석 결과해석 결과해석 결과해석 결과해석 결과해석 결과해석 결과해석 결과해석

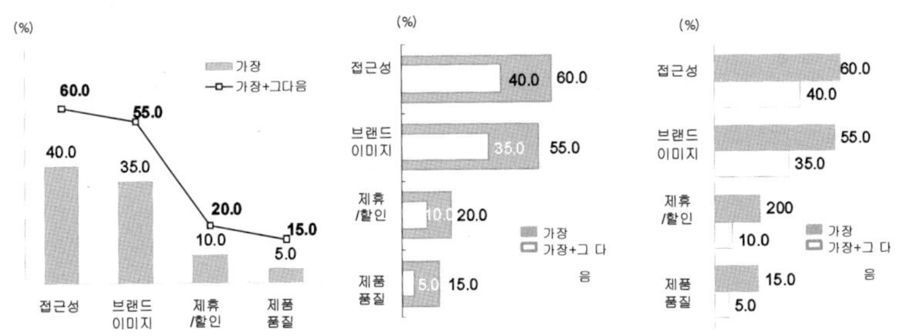

순위로 된 중복응답 결과를 도식화하는 그래프를 3가지 유형으로 구분해 볼 수 있다. 왼쪽은 1순위 응답을 막대그래프, 2순위 응답을 선그래프로 표현한 것이며, 가운데와 오른쪽은 1순위와 2순위 모두 막대그래프로 그리되 순위별 그래프를 겹치거나 나란히 배열하였다.

7

결과해석 결과해석 결과해석 결과해석 결과해석 결과해석 결과해석 결과해석 결과해석 결과해석 결과해석
결과해석 결과해석 결과해석 결과해석 결과해석 결과해석 결과해석 결과해석 결과해석 결과해석 결과해석

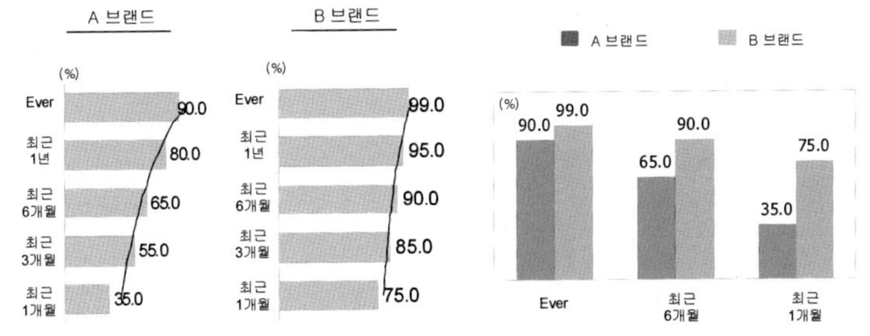

브랜드별 시간의 흐름에 따른 이용경험율을 그래프로 표현한 것으로 왼쪽은 브랜드를 기준으로 구성한 것이며, 오른쪽에 있는 것은 주요 시간흐름대별로 정리한 것이다. 브랜드별 비교를 우선시 하는 경우에는 오른쪽 그래프가 보다 효과적이며, 왼쪽 그래프는 브랜드별 시간의 흐름에 따른 이용경험율 변화를 쉽게 확인할 수 있다.

7

브랜드 인지도/호감도/컨셉호감도/고객만족도

2장. 조사결과분석

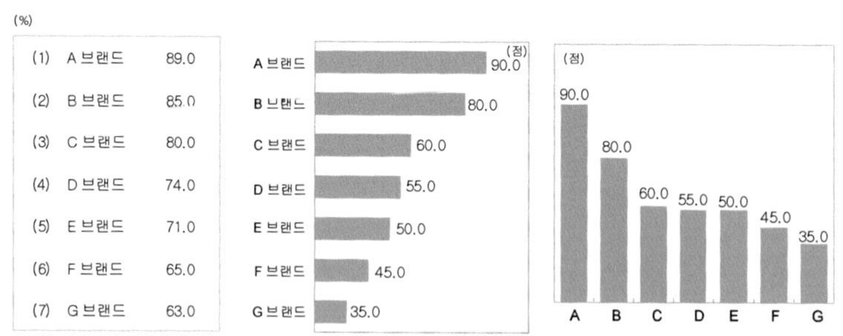

비율자료로 된 브랜드 인지도나 지수 형태인 호감도, 만족도 등을 표현할 때 가장 널리 활용되는 이미지들이다. 왼쪽의 숫자로 표현하는 경우는 제시해야 할 브랜드나 항목이 매우 많아 막대그래프로 표현하기 어려운 경우에 활용되며, 중간과 오른쪽 그래프는 호감도나 만족도 점수를 도식화할 때 가장 널리 사용된다.

7

강약점/호감/비호감이유/만족/불만족이유

2장. 조사결과분석

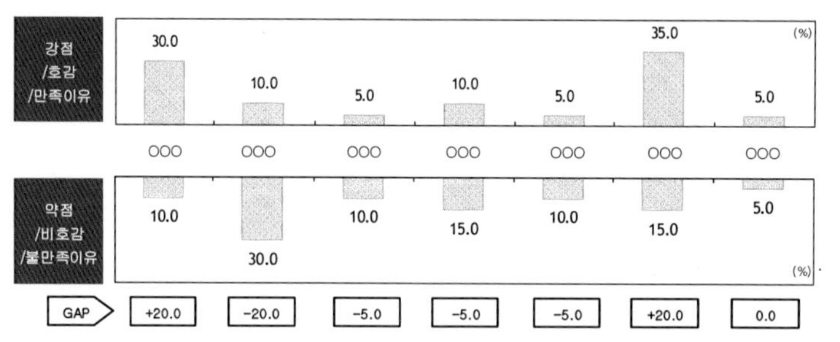

브랜드의 강약점이나 브랜드/컨셉에 대한 호감/비호감 이유, 만족/불만족 이유 등의 응답비율을 표현할 때 사용된다. 강약점이나 이유별 절대 수준을 파악함과 동시에 서로 상반되는 의견을 비교하는데 유용하다. 개방형(주관식)으로 질문하였을 경우에는 개별 응답을 유사한 것들끼리 묶어 대분류로 만든 자료를 상기와 같이 표현할 수 있다.

7

결과해석 결과해석 결과 해석 결과해석 결과해석 결과해석 결과 해석 결과 해석 결과 해석 결과 해석 결과 해석 결과해석 결과해석 결과 해석 결과해석 결과해석 결과해석 결과 해석 결과 해석 결과 해석 결과 해석 결과 해석

만족이유(%)	
• OOOOOOOOOOOO	25.0
• OOOOOOOOOO OOOOOO	15.0
• OOOOOOOOOOO OOOOOOO	10.0
• OOOOOOO OOOOOOO	8.0
• OOOOOOOOOOOOOO	5.0
• OOOOOOOOOOOOO	4.0
• OOOOOOOOOOOO	4.0
• OOOOOOOOOOOO	3.0
• OOOOOOOOOOOOO	2.0

불만족이유(%)	
• OOOOOOOO OO	30.0
• OOOO OOOOOOOO	25.0
• OOOOOO OOO	10.0
• OOOOOOOOOOOO	8.0
• OOOOOOOOOOO	7.0
• OOOO OOOOOO	5.0
• OOOOOOOOOOO	3.0
• OOOOOOOO	2.5
• OOOO OOOOOOOO	2.0

주)주요 응답만 제시함.

개방형(주관식)으로 질문한 응답을 개별적으로 제시하고자 하는 경우에 활용하는 이미지이다. 일반적으로 개별응답 내용이 매우 많으므로 상대적으로 비율이 높은 응답을 TOP100이나 TOP5 만 보여준다. 개별응답을 대분류로 묶은 수치를 이용해 앞장과 같이 그래프로 보여준 경우에는 각 분류별 개별응답을 순차적으로 제시하면 보다 효과적으로 응답내용을 표현할 수 있다.

7

응답자 특성별 지수비교

결과해석 결과해석 결과 해석 결과해석 결과해석 결과해석 결과 해석 결과 해석 결과 해석 결과 해석 결과 해석 결과해석 결과해석 결과 해석 결과해석 결과해석 결과해석 결과 해석 결과 해석 결과 해석 결과 해석 결과 해석

구 분		사례수 (명)	만족도 (점)
성별	남자	500	70.0
	여자	500	60.0
연령별	20대	250	55.0
	30대	380	60.0
	40대	370	70.0
고객 등급별	A등급	220	70.0
	B등급	550	65.0
	C등급	230	50.0

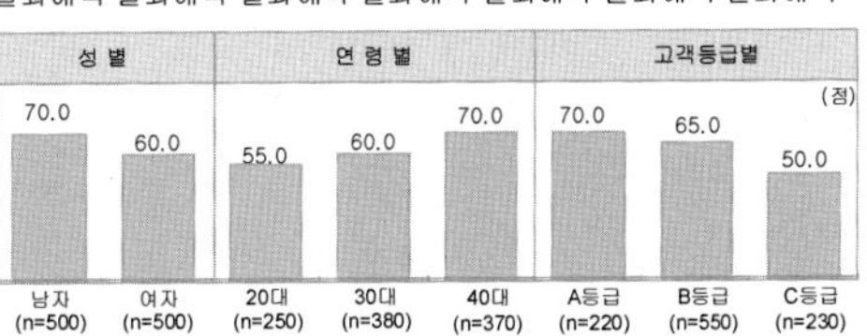

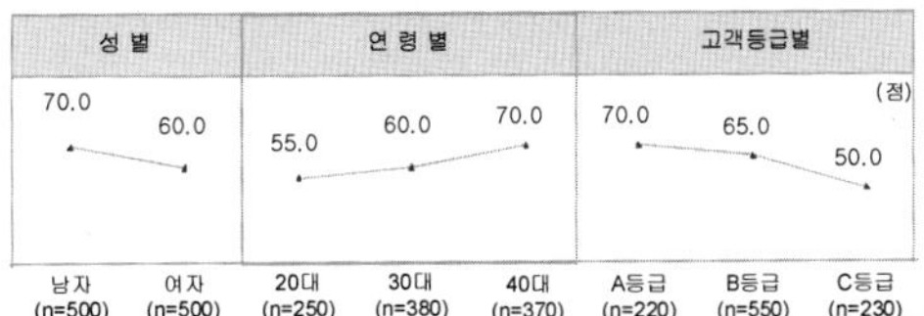

성별, 연령별, 지역별 등의 응답자 특성별로 브랜드 호감도나 만족도를 비교해야 하는 경우 활용 가능한 이미지들이다. 왼쪽의 표는 한번에 여러 개의 지수들을 동시에 보여줄 필요가 있을 때 유용 하고 오른쪽에 있는 그래프는 하나의 지수를 응답자 특성별로 보여주기에 적합하다. 응답자 특성별 지수를 제시할 때는 반드시 집단별 표본크기를 나타내어 해석하기에 충분한지 알려주어야 한다.

7

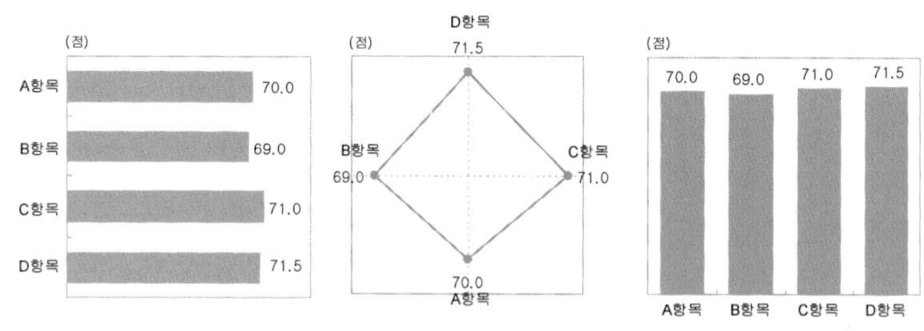

d. 각종 매트릭스의 활용

조사결과를 그래프가 아닌 매트릭스 형태로도 도식화할 수 있다. 단순히 숫자를 그래프로 만드는 것보다 두 개의 항목을 하나의 매트릭스로 구성해서 보다 효과적으로 조사결과를 제시할 수 있다. 매트릭스는 기본적으로 서로 관련이 있는 항목들을 X축과 Y축으로 구분하여 2차원 평면상에 서로 만나는 지점을 점으로 표시하는 것(Plotting)으로 두 항목간 인과관계가 있는 경우에는 원인이 되는 항목을 X축에, 결과가 되는 항목을 Y축에 둔다.

가장 널리 쓰이는 매트릭스 분석은 바로 중요도-성과분석(Importance-performance Analysis)이다. 브랜드 호감도나 고객만족에 영향을 미치는

차원이나 세부항목들의 중요도를 Y축에, 각각의 평가점수를 X축에 두
어 평균에 비해 중요도는 높지만 평가점수는 상대적으로 낮은 차원이
나 항목을 찾아 우선 개선 요인으로 선정하게 된다. 매트릭스를 구성하
는 4분면에서 좌측상단에 있는 분면이 중요도는 높고 평가점수는 낮은
항목이 위치하게 되는 영역이다.

　비교해야 할 브랜드나 항목이 너무 많아 그래프로 표현하기 어려운
경우에 매트릭스를 잘 활용하면 매우 효과적으로 조사결과를 제시할
수 있다.

매트릭스 기본 구조와 활용 가능한 항목

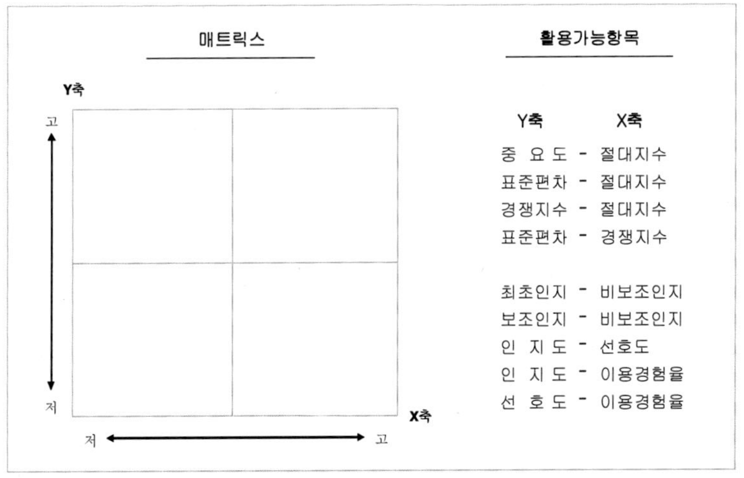

e. 보고서 작성 시 유의사항

　조사결과의 분석보고서를 작성하다 보면 사소하면서도 매우 기본적이

고 중요한 점을 간과하는 경우가 종종 있다. 보고서를 작성하면서 유의해야 할 사항들을 다음과 같이 정리해 보았다.

단위를 반드시 표시하자!

그래프를 아주 멋지게 잘 그렸지만 숫자의 단위를 표시하지 않아 비율인지 평균인지를 알 수 없는 경우를 자주 볼 수 있다. 그래프를 그릴 때는 반드시 해당 그래프의 숫자들이 가지는 단위를 표시해 주자. 대개의 경우 단위는 타이틀 옆에 단위가 포함된 괄호를 붙이거나 그래프의 좌측이나 우측 상단에 나타낸다.

그래프의 방향을 항상 염두에 두자!

가로나 세로 막대 그래프를 이용해 이용빈도나 횟수, 월별/연도별/조사시기별 결과를 나타낼 때는 그래프의 방향을 고려하여야 한다. 일반적으로 이용빈도나 횟수, 연도나 시기를 표현하고자 할 경우 가로막대 그래프는 왼쪽에서 오른쪽으로, 세로막대 그래프는 위쪽에서 아래쪽으로 내려올수록 횟수가 많아지고 시기도 최근으로 오도록 구성한다. 즉, 가로, 세로 그래프는 시계 반대 방향으로 갈수록 횟수는 많게, 시기는 최근이 되도록 하면 된다.

단, 횟수나 시기와 같이 연속적인 의미를 지니지 않는 항목(예 : 중요 고려요소, 브랜드별 평가점수)의 경우에는 응답비율이 높은 순서대로, 혹은 자사 브랜드를 가로그래프의 왼쪽에, 세로그래프에서는 맨 위쪽에 위치시켜야 한다.

표본크기는 반드시 제시하자!

조사결과를 해석한다는 것은 기본적으로 표본크기가 충분하여 통계적으로 의미가 있다는 것을 전제로 한다. 따라서, 보고서를 구성할 때는 반드시 표본크기를 제시해 주어야 한다. 특히, 응답자 특성과 같은 집단별 결과를 해석하거나 비교할 때는 각 집단별로 표본크기를 표시해 주어서 표본크기가 작아 의미가 없음에도 불구하고 해석하는 실수를 범하지 않도록 해야 한다.

결과에 맞는 그래프를 사용하자!

가끔씩 조사결과와는 전혀 맞지 않는 그래프를 보고서에 사용한 경우를 종종 보게 된다. 대표적인 예가 중복응답(총 합이 100%가 넘는 응답)을 가로 합이나 세로 합 그래프로 표현하거나 응답 내용이 많은 항목을 원 그래프로 나타낸 경우이다. 그래프를 선택할 때는 결과와 잘 맞는 지를 사전에 잘 검토해야 한다.

보기 좋은 것보다는 내용을 우선순위에 두자!

보고서를 작성하는 이유는 조사결과를 논리적이면서도 명쾌하게 상대방에게 설명하기 위해서이다. 아무리 화려하고 다양한 도형을 사용한다 하더라도 내용이 부실하다면 보고서로서 별로 의미가 없다. 숫자로만 표현해도 내용 전달이 명쾌한 보고서가 있는가 하면 다양한 그래프로 보기는 매우 좋은데 도무지 내용이 이해가 되지 않는 보고서도 있다. 보고서의 근본적인 목적을 고려하여 그래프 선택보다는 내용을 어떻게 하면 심플하면서도 논리적으로 구성할 것인가를 우선적으로 고민해야 한다.

f. 정성조사 분석

정량조사와는 달리 글로만 구성된 정성조사 분석 시에는 그래프를 사용할 수 없는 대신 다양한 도형과 구조를 활용하여 도식화한다. 정량조사에 비해 색깔도 많이 사용되고 그림과 같은 이미지도 상대적으로 많이 들어간다. 정성조사 결과를 표현하는 정형화된 로직이나 이미지는 없으며 개인에 따라 같은 결과를 표현하는 방법이 매우 다양해 정량조사에 비해 창의성이 요구된다.

정성조사 분석 이미지 예시

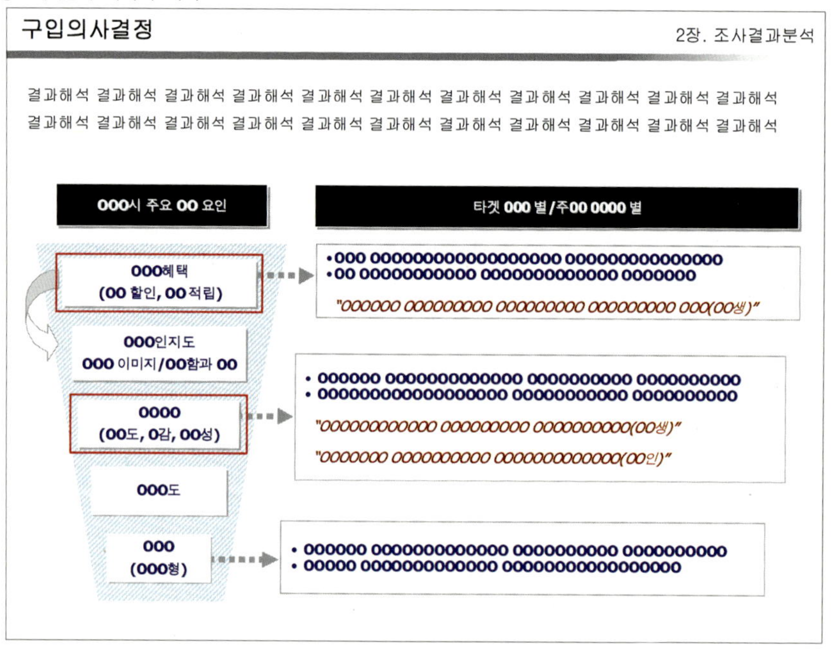

브랜드 자유연상 이미지

결과해석 결과해석 결과해석 결과해석 결과해석 결과해석 결과해석 결과해석 결과해석 결과해석 결과해석
결과해석 결과해석 결과해석 결과해석 결과해석 결과해석 결과해석 결과해석 결과해석 결과해석 결과해석

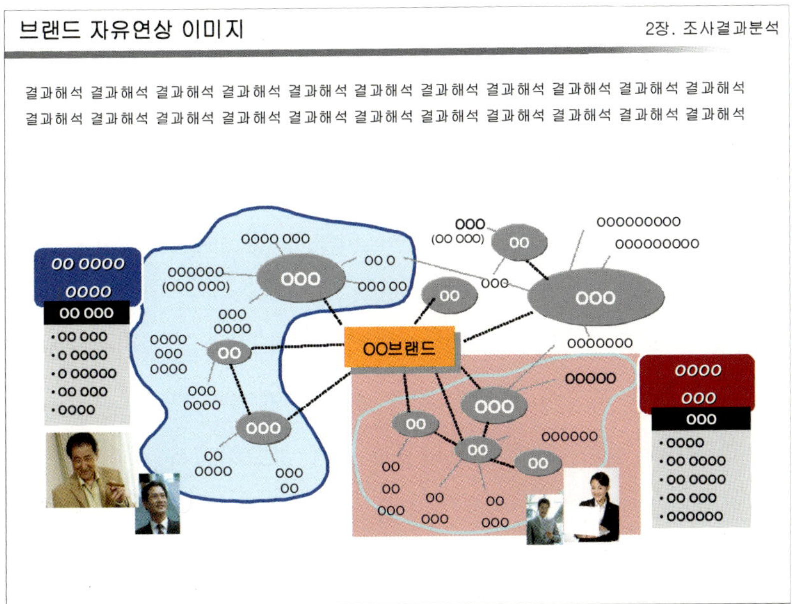

커뮤니케이션 평가

결과해석 결과해석 결과해석 결과해석 결과해석 결과해석 결과해석 결과해석 결과해석 결과해석 결과해석
결과해석 결과해석 결과해석 결과해석 결과해석 결과해석 결과해석 결과해석 결과해석 결과해석 결과해석

라. 요약 및 결론

 전체 조사결과의 주요 부분만을 간략하게 요약하여 결론을 도출하고 이를 바탕으로 향후 전략의 방향에 대한 제언 등을 포함하게 된다. 요약 및 결론은 전체 조사결과의 주요 부분을 모두 포함하면서도 간략하게 보여주어야 하며, 본문의 내용이 아무리 많더라도 5~6장 이내로 줄이는 것이 좋다.

 요약 및 결론은 본문을 축약하여 조사결과의 결론을 담아야 하며, 본문을 읽지 않은 사람이 보아도 전체 흐름을 알 수 있도록 짜임새 있게 잘 구성하여야 한다. 따라서 조사결과 분석 보고서에서 요약 및 결론은 가장 중요하므로 작성을 위해 시간을 많이 투자해야 한다.

요약 및 결론 이미지 예시

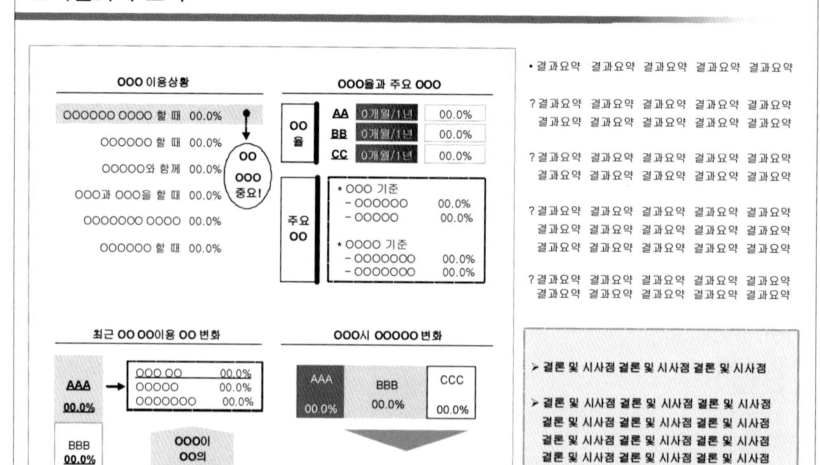

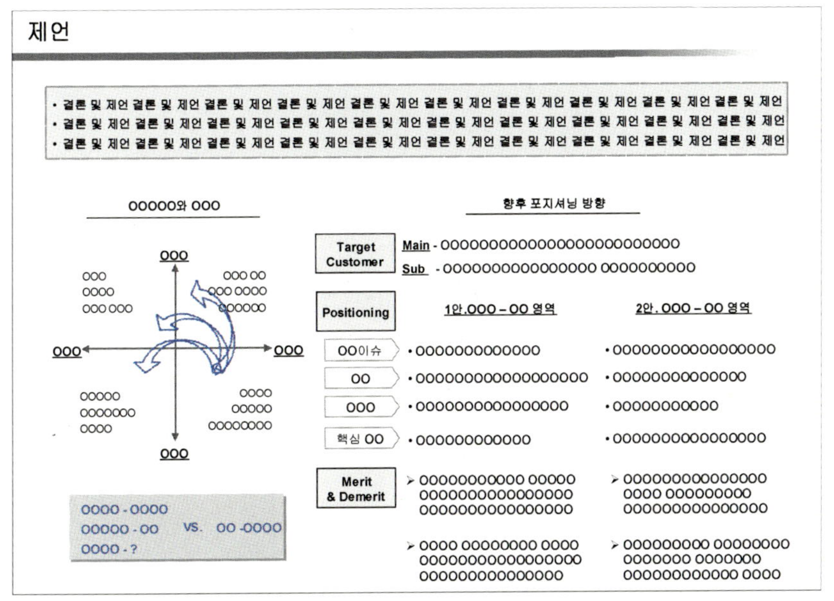

요약 및 결론은 조사결과 본문의 내용을 핵심 위주로 정리한 것이므로 반드시 본문과 같은 형태로 구성할 필요는 없다. 오히려 본문과는 차별화되게 다른 형식으로 구성하는 것이 좋다고 생각한다. 요약 및 결론의 구성방식도 정해진 기준이나 정형화된 형태는 없으므로 보고자의 필요에 따라 다양한 방식으로 구성할 수 있다. 상기 예에서는 결과 요약과 결론과 시사점을 오른쪽 상, 하단에 배치하고 좌측에는 주요 조사결과를 그래프 혹은 도형으로 도식화하였다.

마. 마케팅조사 결과의 해석

마케팅조사 결과의 해석은 비율이나 점수 등의 절대수치보다는 전반적인 경향과 방향성에 초점을 두는 것이 좋다. 오차가 존재하므로 절대

수치를 중요시하는 것은 별로 의미가 없으며 조사결과의 전반적 트렌드에 초점을 두어 큰 흐름 위주로 해석하여야 한다.

최근 기업에서는 브랜드, 서비스품질, 고객만족 등의 조사결과를 성과지표로서 활용하는 경우가 많다. 정기적으로 조사를 실시해서 지수를 산출, 비교하여 전사 혹은 해당 부서나 팀의 성과로 반영하는 것이다. 그러다 보니 기업실무자들은 무엇보다 절대수치의 변화 크기에 가장 큰 관심을 가지고 매우 민감하게 반응하며, 절대수치가 지속적으로 상승해야 한다는 압박감(?)을 느끼는 경향이 있다.

영리를 추구하는 모든 기업에서는 매년 매출/이익 등의 재무성과 목표를 설정하고 이에 따라 기업 내 모든 부문에서 이를 달성하기 위해 각 부문별 목표를 설정하게 되므로 재무성과 목표의 수준에 따라 각 부문별 목표 수준도 비례하여 높아져야 할 것이며, 이 과정에서 브랜드, 고객만족 등과 같은 지표의 목표 수준도 높게 잡을 수밖에 없는 불가피한 측면이 있을 것이다.

기업실무자들이 브랜드, 고객만족과 같은 지표들의 목표수준을 보다 합리적으로 설정하기 위해서는 소비자 태도가 기업에서 투입한 노력만큼 비례하여 높아지지는 않는다는 점을 이해하여야 한다. 이에 대한 가장 좋은 근거가 바로 경제학에서 이야기하는 한계 효용 체감의 법칙일 것이다. 기업에서는 매년 일정 수준 이상의 마케팅 예산을 투입하여 고객들에게 편익을 제공하기 위해 노력하지만, 시간이 지날수록 기업에서 제공하는 편익에 대해 고객들이 느끼는 가치는 낮아질 수밖에 없으므로 매년 예산을 꾸준히 증가하여 더 많은 편익을 제공한다 해도 고객들이 느끼는 가치가 높아지기는 힘들 것이다. 이런 관점에서 볼 때 매년 브랜드나 고객만족 등의 지표가 지속적으로 상승하기를 기대하는 것이 무리가 있다.

한계효용 체감의 법칙

> 고센(Gossen, 1810~1858)이라는 사람이 1854년 발표한 것으로 모든 제품/서비스에 대해 소비자가 느끼는 효용은 사용/이용할수록 줄어든다는 것이다. 예를 들어 배가 고플 때 두 번째 먹는 빵이 소비자에게 주는 효용이 첫 번째 먹는 빵에 비해 작게 된다.

또한 기업에서 활용하는 브랜드나 고객만족 등의 지표는 절대수준의 지속적 증가보다는 경쟁대비 경쟁우위 확보 측면의 시각에서 관리되어야 한다. 자사의 절대 수준이 아무리 높더라도 경쟁사가 자사 수준보다 높다면 시장에서 자사가 경쟁사에 비해 소비자에게 외면당하거나 선택되지 않을 가능성이 높다는 것을 의미하므로 항상 경쟁대비 관점에서 접근해야 하며, 설사 매년 절대수준이 높아지지 않더라도 경쟁대비 지속적인 우위에 있다면 전혀 문제가 되지 않을 것이다.

(4) 마케팅조사 더 깊이 알고 싶다

마케팅조사에 대해 더 잘 알기 위해서는 마케팅, 소비자행동, 마케팅조사기법, 통계학 등 다양한 분야의 내용들을 두루 알아야 한다. 마케팅조사를 보다 더 깊이 있게 알고 싶다면 아래의 관련 서적들을 참고하는 것이 좋다.

가. 마케팅 관련 서적

먼저 마케팅 관련 서적을 크게 이론서와 실무서로 나누어 제시한다. 이론서는 발 그대로 소비자 행동이나 마케팅과 관련된 이론 연구를 바탕으로 한 것이며, 실무서는 실무경험을 바탕으로 사례 위주로 구성되어 있다.

a. 마케팅 이론서

* *Principle of Marketing/Marketing Management*(by Philip Kotler)
현존하는 마케팅 석학 중 가장 유명한 학자로 Kellog School of Northwestern University에 재직 중이다. 그의 Textbook에는 현재 마케팅 실무에서 활용하는 거의 모든 개념들이 담겨 있고 정기적인 업데이트를 통해 최신의 마케팅 변화상을 잘 반영하고 있어 마케팅의 바이블이라고 할 수 있다. 마케팅에 종사하는 사람이라면 누구나 필수적으로 보유하면서 필요할 때마다 찾아보는 것이 좋다.

* *Design and Marketing of New Products*(by Urban & Hauser)
MIT University의 Glen L. Urban과 John R. Hauser의 공저로 신상품 마케팅에 초점이 맞추어져 있다. 즉 신상품 개발을 위한 아이디어 도출부터 신상품 출시 후 PLC관리에 이르기까지의 과정 하나하나를 Chapter로 구성해 아주 자세하게 설명하고 있다. 출간된 지 오래되어 예전 사례들이 많지만, 신상품 마케팅과 관련된 모든 이론 연구들을 집대성한 훌륭

한 책이다.

　서울대학교 이유재 교수와 고려대학교 박찬수 교수의 명의로 된 『신상품 마케팅』이라는 번역서가 있으며, 내용이 다소 난해하거나 분석과 관련하여 다소 어려운 부분이 많으므로 실무경험이 어느 정도 쌓인 실무자들이 보는 것이 좋다.

* 『신제품 마케팅』(by 박흥수 & 하영원)
연세대학교 박흥수 교수와 서강대학교 하영원 교수의 공저로 순수 토종 신제품 마케팅 책이다. Urban & Hauser의 『신상품 마케팅』에 비해 깊이가 떨어지고, 다소 예전 사례로 구성되어 있긴 하지만, 실무자들이 신제품 마케팅 전체 프로세스를 쉽게 이해하고 적용할 수 있도록 구성되어 있다.

b. 브랜드 이론서
　최근 마케팅에서 브랜드가 차지하는 비중이 커지면서 브랜드와 관련된 독립 이론서들도 많이 나와 있으며, 그중 두 권을 아래와 같이 추천한다.

* *Strategic Brand Management*(by Kevin Keller)
현재 Dartmouth College에 재직 중으로 Aaker 교수와 더불어 브랜드 연구의 대가로 알려져 있는 Keller가 쓴 책이다. 이 책의 타이틀(*Building, Measuring, And Managing Brand Equity*)에서도 알 수 있듯이 브랜드 자산 관리와 관련된 모든 내용들이 포함되어 있다. 국내에 번역본은 나와 있지 않다.

* 『전략적 브랜드 관리』(by 안광호 외)

인하대학교 안광호 교수, 성균관대학교 한상만 교수, 서강대학교 전성률 교수의 공저로서 브랜드와 관련된 이론연구를 바탕으로 국내 사례를 많이 접목시킨 것이 특징이다.

c. 마케팅 실무서

* *The 22 Immutable Laws of Marketing*(by Al Ries & Jack Trout)

광고전문가인 Al Lies와 Jack Trout가 쓴 책으로 지금껏 본 마케팅 실무서 중에서 가장 훌륭한 책이다. 저자들의 오랜 경험을 바탕으로 만든 22가지 법칙은 거의 모든 마케팅 실무에서 적용 가능한 공통요소이다. 특히, ‘마케팅은 제품이 아닌 소비자의 인식의 싸움이다’, ‘물리적인 시장이 아닌 소비자 인식에 가장 먼저 들어가는 브랜드가 1위 브랜드이다.’ 등과 같은 말은 너무나 명백하면서도 단순한 진리와도 같다. 이 책은 마케팅과 관련된 모든 사람들이라면 반드시 두고두고 읽어야 한다. 우리나라에 번역본도 나와 있지만, 가급적 원서를 사서 읽기를 권한다. 원어를 그대로 읽어야 저자들이 의미하는 바를 좀 더 가슴 깊숙이 느낄 수 있다.

* 『컨셉 크리에이터』(by 김근배)

숭실대학교 경영학과에 재직 중인 김근배 교수가 지난 4년 동안의 집필과정을 거쳐 탄생시킨 종합 컨셉 서적이다. 마케팅 실무에서는 흔히 컨셉 하면 대부분의 경우 신제품 컨셉이나 광고 컨셉을 떠올리게 되지만, 실제 마케팅과 관련된 모든 활동에서 컨셉은 매우 중요하다. 브랜드, 고객관계관리를 위한 각종 활동, 서비스개선 전략, 프로모션 등을 기획할 때도 마케터들이 얼마나 명확한 컨셉을 가지고 있느냐에 따라 성과는 크게 달라질 수 있기 때문이다. 저자는 마케팅의 모든 활동에 다양하게 적용할 수 있도록 컨셉을 집대성하였으며, 많은 마케팅 관련 실무자들의 의견을 반영하여 완성하였다. 한 번에 읽기에는 다소 부담 스러울 정도로 내용이 많고 책 서두에 다소 어려운 내용이 일부 포함 되어 있기는 하지만, 마케팅 실무자들이 성공적인 기획을 위한 컨셉을 정리하는 데 많은 도움이 될 것이다.

나. 마케팅조사 및 통계학 관련 서적

 마케팅조사와 통계학과 관련된 이론서들 중 실무에서 참고할 만한 책 들을 아래와 같이 추천한다.

a. 마케팅조사 이론서

* 『마케팅조사론』(by 채서일)

현재 고려대학교 경영학과에 재직 중인 채서일 교수가 쓴 책으로 국내 최초로 국내 학자에 의해 집필된 마케팅조사 관련 전문서적이다. 마케 팅조사에 대한 모든 내용들이 담겨 있으며, 비교적 쉽게 쓰여 있어 마 케팅조사에 입문하는 사람들이 전반적인 마케팅조사를 이해하는 데 좋 은 서적이다. 전반적인 내용을 다 다루다 보니 마케팅과 관련된 경력이 있는 사람들에게는 다소 내용의 깊이가 떨어지게 느껴질 수도 있으나 마케팅조사실무를 하는 사람이라면 한 권씩 보유하는 것이 좋겠다.

* 『의사결정을 위한 마케팅조사론』(by 김근배)

숭실대학교 경영학과 김근배 교수가 집필한 책으로 국내 학자들이 쓴 마케팅조사론 책 중에서 가장 실무적이고 내용도 깊이가 있는 책이다. 특히, 신제품 마케팅조사 시 활용되는 분석기법과 마케팅조사 실무에 바로 적용할 수 있는 다양한 분석기법들이 실제 적용사례와 함께 자세하게 나와 있어 실무자들이 필요할 때마다 찾아서 참고할 수 있는 훌륭한 책이다.

b. 통계학

조사를 수행하기 위해서는 최소한 기초통계학 및 다변량 분석에 대해서는 어느 정도 알고 있어야 하며, 실무에서 참고할 만한 서적은 다음과 같다.

* *Understanding Basic Statistics*(by Brase/Brase)

우리나라에서 출간되는 기초통계학 책은 대부분 용어나 설명에 있어 너무 어렵게 쓰여 있다. 이 책은 언어가 영어로 되어 있을 뿐 모든 설명이 매우 명쾌하고 사례 중심으로 되어 있어 이해하기가 쉽다. 이 책은 대학교 1~2학년 수준에 맞게 아주 쉽게 잘 설명되어 있어 통계의 기초개념을 습득하는 데 도움이 된다.

* 『SPSS를 활용한 다변량 분석』(by 이영준)

한양대학교 경영학과 이영준 교수가 지난 1991년에 쓴 책으로 시중에 나와 있는 우리나라의 다변량 분석 책 중에서 가장 좋은 책 중 하나이다. 요인분석, 회귀분석, 분산분석, 판별분석, 정준상관분석 등에 대해 매우 자세하게 서술해 놓았다. 특히 각 분석방법별 주요 통계량에 대한 설명이 잘되어 있어 다변량 분석에 대해 심도 있게 알 수 있다. 과거에 나온 책이라 한문이 많이 들어가 있다는 점, 그리고 SPSS DOS버전을 활용한 예시를 제시하였다는 점이 다소 흠이기는 하나, 다변량 분석에 대해 제대로 알고 싶다면 이 책을 보기를 권하는 바이다.

다. 마케팅 관련 주요 학술지

현재 마케팅조사 실무에서 활용되는 대부분의 개념이나 측정방법론, 분석방법론 등은 마케팅 관련 학계의 이론연구를 바탕으로 하고 있다. 따라서 마케팅조사를 제대로 이해하고 적용하기 위해서는 관련 이론을 먼저 습득하는 것이 좋으며, 이러한 이론들은 모두 마케팅 학자들이 관련 학회의 학술지를 통해 발표한 논문을 통해 정립된다. 학술지에 특정 개념이나 방법론이 등재되었다는 것은 그것이 과학적임을 입증 받았다는 것과 같은 의미를 지니게 되는데 그 이유는 해당 연구를 별도의 연구자들이 리뷰를 하는 검증과정을 거치기 때문이다. NPS의 경우 학술지가 아닌 *Harvard Business Review*에 기재하여 NPS의 성과분석에 대한 검증을 거치지 않았기 때문에 이론적으로나 실무적으로 인정받지 못하는 것이다. 국내외 주요 마케팅 관련 학회지를 다음과 같이 소개하는 바이다.

세계적으로 유명한 마케팅 관련 학술지	국내에서 발간되는 마케팅 관련 학술지
Journal of Marketing *Journal of Marketing Research* *Journal of Consumer Research* *Marketing Science*	『마케팅 연구』 『마케팅 저널』 『소비자학 연구』 『광고학 연구』 『유통학 연구』

새로운 개념이 등장하거나 기존 개념 중 의미를 잘 이해하지 못하는 경우가 생기면 이러한 학술지에 등재된 이론연구를 찾아보는 것이 좋다.

부 록

STEP 01

마케팅 실무 개념정리

마케팅 실무에서 사용되고 있는 대부분의 개념들은 이론연구를 바탕으로 한 것이다. 그래서, 마케팅 실무자들이 기본적인 내용은 반드시 알아야 제대로 활용할 수 있다. 본문 내용 중에서 일부 언급되어 중복되는 내용도 있지만 개념에 대한 명확한 이해를 돕기 위해 주요 개념들만 별도로 정리해 보았다.

1. 브랜드와 브랜드자산

마케팅에서 가장 자주 사용되는 개념 중 하나가 바로 브랜드이다. 브랜드의 역사와 개념, 브랜드와 브랜드자산, 브랜드와 광고 등 브랜드에 대한 기본적 개념과 주요 내용들은 다음과 같다.

(1) 브랜드의 역사

브랜드 역사가 언제부터 시작되었는지 정확히 알려진 바 없으나, 일반적으로 브랜드 기원은 고대의 한 통치자가 나라에서 생산된 제품에 문제가 있을 경우, 그 책임소재를 명확히 하고지 생산사 이름으로 밝히도록 한 것에서 유래되었다.

단어의 경우 burn을 의미하는 고대 노르웨이 단어인 brandr에서 유래된 것으로 인두로 소, 말 등의 가죽에 낙인을 찍어 소유물 확인에서 유래되었다. 16세기 초 영국의 위스키 제조업자들이 위스키통에 인두로 찍는다는 의미인 burned에서 유래되었다는 설도 있다.

상업적 측면에서는 BC7세기경 그리스 상인들이 항아리에 자신의 브랜드를 부착하여 사용한 것이 최초였으며, 그 이후 중세상인들이 모방제품과 구별하기 위해 제품에 브랜드를 부착하였다. 우리나라의 경우 고려시대 매사냥시 자기 매에 시치미를 붙여 놓은 것이 브랜드의 시초이다.

초기에는 가축의 소유권 표시나 도공들이 자신의 제조품 표시 등의 출처 기능이었으나 봉건사회 이후 상업이 발달한 10세기부터 간단한 도형이나 모노그램으로 구성된 표시가 널리 보급되면서 상품 및 제조자 일치로 상품 품질이 향상 및 위조품 방지역할을 하였다.

18세기 산업혁명 이후에는 제품 대량생산 및 유통세분화로 신용표시에서 재산표시로 기능이 변화하였으며, 19세기 수송시스템 발달과 함께 브랜드에 대한 관심이 고조되었다. 미국의 경우 철도의 출현으로 중서부 농부들이 빠른 시간에 중부나 서부해안지역까지 자신의 농산물을 공급하게 되자 미국 전역에서 자신들의 제품을 인식시킬 수 있는 브랜드 네임의 필요성을 인식하게 되었던 것이다.

본격적인 브랜드에 대한 인식확산은 20세기부터이며, 현재 자사 제품의 경쟁사와 식별하기 위한 수단과 더불어 기업이나 제품의 성과와 이미지 표출, 그리고 소비자의 개성창출수단, 더 나아가서는 경험 창출과 삶의 질 향상, 체험 소비의 수단으로까지 확대되었다.

(2) 브랜드 및 브랜드 자산의 개념

가. 브랜드의 정의

브랜드 분야에서 거의 이견없이 받아들여지고 있는 정의로서 고객이 어떤 브랜드에 대해 호감을 갖게 됨으로써 그 브랜드를 붙이고 있는 상품의 가치가 증가된 부분이다. 이 정의는 브랜드를 제품으로 인한 가치가 아니라 마케팅 활동으로 인해 형성된 또 다른 가치라고 보는 견해이다(Farquhar, 1989).

소비자들로 하여금 판매자 또는 판매자 집단의 제품이나 서비스를 식별하고, 경쟁자의 제품이나 서비스와 구별하도록 의도된 이름, 용어, 기호, 심벌, 디자인 혹은 이들의 조합이다(Kotler, 1991).

나. 브랜드 자산의 정의

마케팅/브랜드 연구학자별 브랜드 자산에 대한 정의는 다음과 같다.

학자	브랜드 자산의 정의
Bovee와 Arens (1982)	어떤 브랜드에 대해 일성기간 동안 경쟁 브랜드와 상대적으로 비교해서 소비자, 유통경로 구성원, 판매원 등이 생각하고 느끼는 가치
Farquhar (1989)	고객이 어떤 브랜드에 대하여 호감을 갖게 됨으로서 그 브랜드를 붙이고 있는 상품의 가치가 증가된 부분
Maclachlan과 Mulhern (1990)	기업, 유통경로 구성원, 소비자라는 세 가지 관점에서 정의하였는데, 기업 관점에서는 브랜드의 사용으로 인하여 파생된 현금유입의 증가분으로, 유통경로 구성원의 관점에서는 시장진입과 교섭력에 있어서의 막강한 파워행사의 수단으로, 그리고 마지막으로 소비자의 관점에서는 유형의 제품속성으로 설명되지 않는 효용 또는 가치를 나타내며, 브랜드 충성도의 원천으로 정의
Aaker (1991)	특정 브랜드와 그 브랜드의 이름 및 상징에 관련된 자산과 부채의 총체로서, 제품이나 서비스가 기업과 그 기업의 고객에게 제공하는 가치를 증가시키거나 감소시키는 역할을 한다고 정의
Keller (1993)	소비자에 근거한 브랜드 자산은 어떤 제품이나 서비스가 그 브랜드를 가졌기 때문에 발생하는 바람직한 마케팅 효과로 브랜드와 관련한 마케팅 믹스 활동으로 인한 소비자의 브랜드 인지도나 브랜드 이미지 등의 연상관계와 연상특성의 차별적 효과

다. 브랜드 자산의 가치에 따른 정의

브랜드 자산의 가치를 바라보는 관점에 따라 다음과 같이 3가지로 구분될 수 있다(하영원 외, 2003).

첫째, 재무적 관점으로 '브랜드 유무에 따른 현금흐름 증분의 순현가 (Simon and Sulivan, 1993)'로 정의함.

둘째, 마케팅적 관점으로 '고객이 어떤 브랜드에 대해 호감을 가짐으로서 그 브랜드를 붙인 제품의 가치가 증가된 부분(Faquhar, 1989; Aaker, 1991)'임.

셋째, 고객에 근거한 브랜드 자산(Customer-based Brand Equity)로 '그 브랜드에 대한 지식(Knowledge)이 그 브랜드의 마케팅 활동에 대한 고객의 반응에 미치는 차별적 효과(Keller, 1993)'로 정의함.

(3) 브랜드와 광고

브랜드에 대한 연구가 활발해지고 있는 가운데 광고회사가 앞장서는 이유는 브랜드와 관련된 많은 연구들이 브랜드 자산에 가장 많은 영향을 미치는 선행변수가 광고라고 밝히고 있기 때문이다(Kirmani & Zeithmal, 1993; Kirsham H.S & Charkravartip, 1993; Cobbwelgren, 1995; 안대희 & 김기훈, 1999).

대다수 연구에서 광고는 브랜드에 대한 인지도를 높일 수 있고, 해당 브랜드가 소비자들의 환기세트(evoked set)에 속할 확률을 높이며, 호의적인 태도를 강화시키는 역할을 하는 것으로 밝혀졌다.

광고는 브랜드 인지도를 높여주는 역할을 함과 동시에 강력한 브랜드 연상 이미지를 구축하는 역할을 한다. Mitchell & Oslon(1981)에 따르면 광고는 그 자체로 독특하다든지 재미있다든지 할 경우에 그 자체에 대한 태도를 형성할 수 있다고 주장하였다. 특히, Park & Young(1983)은 저관여 제품의 경우 광고태도 그 자체가 브랜드에 대한 긍정적 이미지로 이어질 수 있다고 하였다.

Shimp(1997)에 따르면 광고는 브랜드 관련 연상과 브랜드에 대한 태도를 강화시켜 주므로 브랜드 충성도에 긍정적인 영향을 주는 것으로 나타났다.

얼마 전 우리나라의 거의 모든 광고회사들이 브랜드 전문가임을 자처하며, 브랜드 연구소를 설립, 운영하였던 것도 바로 위에서 살펴본 브랜드에 대한 광고의 영향력 때문이다.

2. 고객만족의 이해

브랜드와 더불어 마케팅에서 가장 자주 활용되는 개념이 바로 고객만족이다. 고객만족은 보는 관점에 따라 기업경영에 대한 전략적 측면과 기업경영활동의 일부 기능으로서의 실용적 측면으로 구분될 수 있다. 여기서는 기업경영의 전략으로서의 고객만족을 논하고자 한다.

(1) 개요

1990년대 초반 국내에 처음 도입된 CS(Customer Satisfaction)는 제조업, 서비스업과 같은 일반기업뿐만 아니라, 최근에 와서는 공공기업, 지방자치단체, 심지어는 정부 부처에서까지 널리 활용되고 있다. 하지만, 대부분의 경우 CS는 단순히 고객접점부서에서 수행하는 일과성 행위, 접점부서 직원들의 업무성과에 대한 인사평가를 위한 수단, 서비스 교육의 주요 컨셉, 혹은 관습적으로 행하는 이벤트성 연례행사 등으로 활용되고 있는 것이 현실이다.

그러다 보니 기업들은 매년 적지 않은 예산을 CS측정 및 개선활동에 투입하고 있지만, 정작 매출이나 시장점유율 등과 같은 단기적인 기업성과는 크게 개선되지 않자, 일부에서는 CS를 유행이 지난 것, 혹은 기업성과에는 기여하지 못하는 돈만 낭비하는 필요 없는 것 등의 CS무용론을 제기하기도 한다. 본 고에서는 이러한 논란에 대해 기업의 존속 및 성장을 위한 마케팅 전략으로서의 CS에 대한 이해로 그 해답을 제시해 보고자 한다.

(2) 고객만족 개념의 등장과 활용

산업혁명 이후 기업들이 제품생산중심전략으로 원가절감을 통한 생산량 증대에 초점을 맞추고 있던 1960년대, 하버드 경영대학원의 Theodore Levitt 교수는 *Harvard Business Review*에 발표한 그의 저서 *Marketing*

*Myopia*에서 제품생산보다 고객만족에 중점을 둔 마케팅 전략의 중요성을 강조하였다. 또한 같은 시기 현대 마케팅 관리의 대가인 Philip Kotler도 기존의 제품중심(Product-centered Viewpoint) 마케팅 컨셉에 고객중심의 관점(Customer-centered Viewpoint)을 반영하여야 함을 역설하면서, 고객만족(CS)이라는 용어가 처음 등장하게 되었다.

1970년대에는 미국 농산부에서 농산품에 대한 소비자 만족지수(Index of Consumer Satisfaction, CSI)를 측정하여 발표하면서 고객만족에 대한 개념적 정의가 처음 내려졌으며, 1980년대에는 Oliver라는 학자가 '기대-불일치 패러다임'이라는 CS개념을 *Journal of Marketing*에 기고한 그의 논문에서 제시하였는데, 이는 현재까지 가장 널리 받아들여지고 있는 CS개념의 이론적 근거가 되었고, 그 이후로 CS개념은 마케팅 학계에서 더욱 더 많은 주목을 받게 되었다.

1990년대에 들어서서, 미국이 점점 낮아지는 시장 성장율, 성숙해져가는 시장, 그리고 일본 및 독일 기업들과의 치열한 경쟁 등에 의해 자국의 산업들이 갈수록 경쟁력을 잃어가자, 자국 산업의 경쟁력을 높이기 위한 방편으로 국가품질연구센터(National Quality Research Center)를 통해 질적 경제 지표인 ACSI(American Consumer Satisfaction Index)를 개발, 미국 내 모든 산업들의 고객만족도를 측정, 발표하면서, 마케팅 학계뿐만 아니라 실무에서도 본격적으로 CS개념을 도입, 적용하기에 이른다.

그 이후, 미국 내 거의 모든 기업들이 경영이념이나 기업활동에 CS를 널리 활용하게 되었으며, 90년대 중반 이후에는 CS의 결과인 고객충성도를 통한 기존고객의 유지를 보다 강화하기 위해 고객과의 장기적 관계유지에 초점을 둔 고객관계관리(Customer Relationship Management)와 고객을 자산으로 인식, 그 생애가치(Customer Lifetime Value)를 측정 및 활용코자 하는 고객자산(Customer Equity)의 개념으로 확장되어 현재 마케팅 학계에서 활발한 연구가 이루어지고 있다.

한국의 경우 1992년 한국능률협회라는 단체가 일본능률협회의 고객만족도 모델을 벤치마킹한 'KCSI'를 발표하면서 CS개념을 실무에 사용하게 되는 계기가 되었고, 1998년에는 한국 생산성본부에서 미국의 국가고객만족도 모델인 ACSI를 그대로 도입하여 NCSI로 명명하고, 이를 한국산업의 국가고객만족도로서 매년 측정하여 그 결과를 발표하고 있다. 2001년에 와서는 서울대 경영연구소와 한국표준협회에서 서비스 산업의 경쟁력 강화를 위해 서비스 품질을 측정하는 KS-SQI를 개발, 발표하면서, 고객만족의 선행 변수인 서비스 품질개념을 실무에서 활용하게 되는 계기가 되었으며, 현재에는 영리, 비영리를 막론한 거의 모든 기업과 단체들이 CS를 널리 활용하고 있다.

(3) 고객만족 개념의 활용상 문제점

이렇듯 CS개념을 실무에서 본격적으로 활용한 지 오랜기간이 지났지만, CS를 제대로 이해하고 활용하는 경우는 거의 없는 듯하다. 실제로 대부분의 기업들에서 CS는 그 본질과는 달리 고객서비스와 관련된 부서의 주요 업무로 다루어지고 있으며, CS관련 일부 컨설팅 단체는 CS 측정 시 제조업의 품질관리에서 사용되는 도구와 방법론을 활용하고 있는 것이 현실이다.

이러한 현상의 근본적인 이유는 첫째, 최근 몇 년 전까지도 마케팅 학계에서 CS개념에 대한 합의적 개념적 정의가 이루어지지 않아 고객만족 측정방법이 통일되지 못했으며, 둘째, 애당초 CS를 국내에 도입해 실무에 적용했던 단체가 CS에 대한 기본적인 이해나 이론적 고찰 없이 일본에서 품질관리 및 품질경영의 확장개념으로 활용되고 있는 CS개념을 CS의 측정 및 경영시스템 구축 시 적용하고, 이를 상업적인 용도에만 초점을 두어 활용했기 때문인 것으로 풀이된다. 그래서, 현재 실무에서 수행되고 있는 대부분의 고객만족도 조사는 이론적 근거가 부족한 상태에서 실무적인 관점에서 개별적으로 이루어져 마케팅 전략적 접근이 아닌 고객 접점 서비스에 중점을 두어 수행되는 경우가 많으며, 이는 자칫 왜곡된 조사결과의 도출 및 그에 바탕을 둔 개선활동으로 연결되게 된다.

그 결과, 기업에서 CS조사 및 개선활동에 투입된 예산 대비 성과는 미미하여 소중한 기업의 자원을 낭비하게 되며, CS에 대한 인식도 고객 접점 서비스의 활동으로만 여겨져 CS하면 친절 등과 같은 서비스 교육에서 주로 다루어지는 것으로 인식되는 경우가 많은 것 같다. 그래서, 오늘날에 와서는 많은 기업들이 CS관련 활동에 투입한 예산 대비 기업의 성과에 대한 의문을 제기하고 있으며, 이는 CS개념을 도입한

지 오래되었음에도 불구하고, 우리나라의 고객만족도 수준이 미국에 비해 전반적으로 낮게 나타난(한국소비자학회 조사결과) 주요 원인으로 작용하고 있는 것이다.

(4) 고객만족 전략의 의의

Philip Kotler가 그의 저서인 『마케팅 관리』(*Marketing Management*)에서 고객지향, 전사적 노력, 고객만족을 통한 이익실현을 마케팅 컨셉으로 제시하였듯이, CS는 실무에서 활용되고 있는 것과는 달리, 마케팅 사고의 중심개념으로서 지금까지 마케팅 전략의 관점에서 연구되어져 왔다.

기업이 존속 및 성장을 위해 취할 수 있는 전략은 크게 신규고객창출을 위한 공격전략(Offense for New Customers)과 기존고객 유지를 위한 방어전략(Defense for Present Customers) 두 가지로 구분해 볼 수 있으며, CS는 이 중 방어전략에 속한다. 즉, 공격전략에는 신규고객 확보를 위한 시장의 확대(To Increase Market)와 경쟁사로부터 고객을 빼앗아 시장점유율을 늘리는 방법(To Capture Market Share)이 있으며, 방어전략에는 고객으로 하여금 경쟁회사로 발길을 돌리기 힘들도록 만드는 전환장벽(To Build Switching Barrier)과 경쟁기업이 자사의 고객을 빼앗는 것을 힘들게 만드는 CS(To Increase Customer Satisfaction)가 있다.

오늘날 거의 모든 기업들은 앞서 언급한 공격과 방어전략을 동시에 구사하고 있으며, 과거에는 고객유지보다는 고객창출을 위한 공격전략

에 기업들이 더 많은 관심을 기울였으나, 점차 시장에서 수요보다 공급
이 많아지게 되면서 기존 고객을 유지하기 위한 방어전략이 더욱 더
중요하게 되었다. 실제로 1970년대까지만 해도 보스턴 컨설팅과 같은
미국의 주요 컨설팅사들은 공격전략인 시장점유율 확보를 기업의 주요
한 마케팅 전략으로 내세웠으나, 1980년대에 들어서면서 방어전략인
CS전략을 더욱더 강조하게 되었다. 시장의 성숙 및 낮은 성장율, 그리
고 치열한 경쟁상황 하에서 한 기업의 성장은 시장 내 경쟁 기업의 손
실에 의해 이루어지는 경우가 많으므로, 경쟁기업의 공격에 미흡하게
방어전략을 구사하게 되면 자사 고객을 잃게 되기 때문이다. 따라서,
모든 기업들에게 기존고객을 유지하기 위한 방어전략은 신규고객 창출
을 위한 공격전략보다 더욱더 중요하게 된 것이다.

시장점유율과 고객만족

Market Share		Customer Satisfaction
Low Growth or Saturated Markets	Typically Employed In	Low Growth or Saturated Markets
Offense	Strategy Type	Defense
Competition	Focal Point	Customers
Share of Market Relative to Competition	Measure of Success	Customer Retention Rate
Buyer Switching	Behavioral Objective	Buyer Loyalty

앞서 거의 모든 기업들이 공격과 방어전략을 동시에 활용하듯이 고객유지를 위한 방어전략인 전환장벽(Switching Barrier)과 CS(Customer Satisfaction) 또한 동시에 사용되어야 할 것이다. 전환장벽은 고객입장에서 전환에 따른 재정적, 사회적, 심리적 위험과 더불어 검색비용, 거래비용, 학습비용, 인지노력 등을 유발하게 되며, 기업입장에서는 자사제품의 재 구매를 위해 고객이 선택할 수 있는 대안들을 제한하게 된다.

일반적으로 전환장벽과 CS중 어느 것이 더 효과적인지를 판단하기는 쉽지 않다. 하지만, 전환장벽은 CS에는 없는 두 가지 장애가 있다. 우선 고객이 제품 구매를 위해 의사결정을 할 때 전환장벽의 존재를 인지하게 되면, 그 제품의 구매를 주저할 가능성이 있다. 즉, 다른 모든 조건이 동일한 두 가지의 대안을 선택하는 데 있어서 전환장벽을 가지고 있는 대안이 선택될 가능성은 상대적으로 낮아지게 되며, 이는 기업입장에서 공격전략을 구사하는 데 장애가 될 수 있다. 반면 높은 수준의 CS는 고객으로 하여금 해당 제품에 대한 긍정적 태도를 형성하게 하여 제품의 재구매 및 긍정 구전을 유발하며, 가격민감도는 낮아지고 해당 제품에 대한 충성도는 높아지므로, 기업입장에서는 오히려 공격을 위한 자산이 된다. 둘째, 전환장벽은 외부의 영향이나 환경변화에 의해 제거될 수 있다. 가격할인과 같은 경제적인 인센티브는 누구나 모방할 수 있으며, 독점은 여러 가지 법과 규제에 의해 쉽게 깨질 수 있다. 실제로 고객이탈을 막는 전환장벽이 제거된다면, 기업입장에서는 오히려 짐이 될 수 있으며 방어를 위한 준비가 되어 있지 않고 CS에 투자하지도 않아 경쟁에 더 취약해질 수밖에 없다.

따라서, 점차 성숙해지는 시장, 낮은 성장율, 그리고 갈수록 치열해지는 경쟁환경 하에서 신규고객 창출을 위한 공격전략보다 기존 고객의 유지를 위한 방어전략이 대부분의 기업들에게 더욱 더 중요해 지고 있으며, CS는 전환장벽에 비해 더 훌륭한 방어전략이라고 할 수 있다. 또한, 기존 고객의 유지를 위한 관계 형성에 있어서도 단기 거래에 대한 비중이 낮아지고 있는 반면, 고객과의 장기적인 관계유지에 대한 중요성이 점점 높아지게 되면서, Customer Satisfaction, Market Orientation, Customer Value 등과 같은 고객중심적 관점이 마케팅의 주요 컨셉으로 자리잡게 되었다.

최근에 와서는 고객생애가치(Customer Lifetime Value)의 개념 및 측정이 많은 주목을 받게 되면서, 근본적으로 제품 중심 컨셉(Product-centered Concept)이라고 할 수 있는 Brand Equity가 고객중심 컨셉(Customer-centered Concept)인 Customer Equity에 의해 도전을 받고 있기도 하다. 즉, 기업의 입장에서 고객자산은 브랜드 및 브랜드 자산보다 더 중요해 지고 있으며, 이는 제품중심 전략에서 고객중심전략으로의 사고의 전환을 의미한다. 그리고, 이러한 고객중심전략의 출발점에는 CS가 있는 것이다. 요약컨대, CS는 현재 인식되는 바와 같이 단순히 고객접점 위주의 개선활동이 아닌 마케팅 전략 차원에서 적용되어야 한다.

기존 고객의 유지 및 장기적인 관계 강화라는 고객중심전략의 목적을 효과적으로 달성하기 위해서는 접점서비스의 개선뿐만 아니라, 제품/서비스의 다양성을 위한 신제품/서비스 개발, 제품/서비스 품질 개선, 가

격, 광고/홍보, 각종 Promotion, 부가서비스 제공 등의 모든 활동이 동
시에 수반되어야 하기 때문이다.

3. 고객가치

최근 기업에서 전략을 논할 때 고객가치라는 용어를 자주 사용한다.
어떤 기업에서는 철학적이고 추상적인 의미로 고객가치를 이야기하는
반면, 또 다른 기업에서는 실무에서 바로 적용하기 위한 구체적인 개념
으로서의 고객가치를 말하기도 한다. 마케팅에서 활용되고 있는 많은
개념들이 학자들의 이론연구를 바탕으로 하고 있으므로 고객가치도 이
론적 개념 관점에서 정리해 보고자 한다.

(1) 고객입장에서의 고객가치(Customer Value)

기업이 고객에게 제공하는 제품/서비스에 대해 고객이 느끼게 되는 가
치나 편익를 말하는 것으로 다음과 같이 여러가지 개념이 있다.

- 낮은 가격으로서의 가치
고객이 가격과 가치를 동일시하여 가격으로서 가치를 인식하는 경우
이다(Schechter & Bishop, 1984).

- 혜택으로서의 가치

제품/서비스를 구매/이용함에 따라 고객이 받게 되는 혜택이나 편익 (Benefit)을 가치로 인식하는 것이다. 즉, 고객이 원하는 것으로서 경제학에서의 효용과 비슷한 개념이다(Schechter, 1984).

- 품질대비 가격으로서의 가치

가격과 품질사이의 교환관계로서 가치를 인식하는 것으로 동일한 품질이라면 상대적으로 낮은 가격의 제품/서비스에서 더 높은 가치를 느끼게 되는 것이다.

- 지불대비 가치

고객이 지불한 모든 요소(가격, 시간, 노력 등) 대비 받게 되는 모든 획득요소(품질, 이용경험, 정서 등)를 고려해 가치를 파악하는 것으로 실무에서 흔히 말하는 'Value for Money'가 여기에 속한다(Sawyer & Dickson, 1984).

- 경쟁대비 우월성으로서의 고객가치

CVA(Customer Value Added)로 불리우는 고객가치로 우리말로 정확하게 표현해 보자면 고객부가가치라고 할수 있겠다. 지난 84년 AT&T사에서 기존 고객만족도 지수를 보완한 개념으로 CVA를 실무적으로 처음 활용하였으며, 우리나라에서는 KT 등의 기업에서 현재도기업내부의 주요 성과지표로 활용하고 있다.

(2) 기업입장에서의 가치(Customer Value)

특정고객이 기업에게 가져다 주게 되는 재무적/비재무적 성과로서의 가치를 말하는 것으로 기업입장에서의 가치라고 할 수 있다.

– 기업자산으로서의 고객가치

Customer Lifetime Value로서 고객생애가치는 한 고객이 해당 기업에게 평생 동안 가져다 줄 수 있는 이익의 크기를 말하는 것으로 주로 CRM분야에서 활용되는 개념이다. Berger and Nasr(1998)의 연구를 바탕으로 최근까지 마케팅학계에서 가장 활발하게 연구되고 있는 개념 중 하나이다.

기업에서 고객가치 개념을 적용코자 할때는 우선 상기 두 가지 중 어떤 가치를 의미하는지를 분명히 한 다음 실무적으로 활용하는 것이 좋겠다.

4. 미스터리쇼핑

흔히 모니터링이라고 부르는 미스터리 쇼핑은 사실 학자들에 의해 개발된 이론적 개념은 아니다. 여기서 이론적 개념이 아니라는 것은 과학적 검증을 거쳐 저널이나 학술지에 발표된 개념이 아니라는 뜻이다.

본문에서 이미 언급되어 있으나 상기하는 차원에서 개념 위주로 정리해 보았다.

(1) 미스터리 쇼핑의 필요성

미스터리 쇼핑은 한마디로 서비스 산업의 품질관리 도구라고 할 수 있다. 제조업에서 생산된 제품의 품질을 관리하기 위해 QC를 활용하듯이 미스터리 쇼핑은 고객과의 접점에서 생산과 소비가 동시에 이루어지는 서비스 품질을 관리하기 위한 실무적 도구이다.

(2) 미스터리 쇼핑의 정의

미스터리 쇼핑은 훈련된 Shopper를 통해 고객서비스, 접점운영, 직원 근무태도 등을 은밀히 평가하는 것을 말한다.
(Mystery Shopping is the pracitice of using trained shopper to anonymously evaluate customer service, operation, employee intergrity, merchandising and product quality(Mark Michelson, 1st President of Mystery Shooping Providers Association)).

(3) 미스터리 쇼핑의 명칭

우리나라에서는 흔히 모니터링이라 불리는 미스터리 쇼핑은 용도에 따라 다양한 명칭으로 불리운다.
Secret Shopping
Mystery Customers
Spotters
Anonymous Audits

Virtual Customers

Employee Evaluations

Performance Audits

Telephone Checks

(4) 미스터리쇼핑의 역사

미스터리 쇼핑은 1920~30년대에 미국의 은행이나 소매점에서 직원들의 부정행위를 방지하기 위해 처음으로 활용되었으며, 1940년대에 와서 Wilmark라는 사람이 'Mystery Shopping'이라는 이름으로 고객서비스를 평가한 것이 오늘날의 미스터리 쇼핑의 시초이다.

미국의 경우 1970년~80년대 들어서 서비스 산업에서 미스터리 쇼핑이 널리 활용되었고, 90년대 이후로는 정보통신 기술의 발달로 미스터리 쇼핑은 더욱더 활성화 되었다.

현재 미국에는 Mystery Shopping Providers Association이라는 협회에서 Mystery Shoppper 자격제도를 운영하고 있고, *How to be a Mystery Shopper* 와 같은 제목의 서적도 여러 권 나와 있을 정도로 매우 활성화 되어 있다.

(5) 미스터리쇼핑 유형

미스터리쇼핑의 다양한 명칭 만큼 유형 또한 매우 다양하다.

In person/on-site shops

Telephone shops

E-Commerce web site shops

Hidden video/audio recording

Full narrative shops (qualitative)

Checklist shops (quantitative)

Purchase &return shops

Discrimination (matched-pair) testing

(6) 미스터리쇼핑과 고객만족도 조사의 비교

흔히 미스터리쇼핑과 고객만족도 조사를 혼동하는 경우가 있는데 미스터리쇼핑은 고객만족도 조사를 보완하기 위한 도구이다. 즉, 미스터리쇼핑은 해당 접점에서 매뉴얼대로 서비스가 제공되고 있는지를 체크하는 것이 주 목적인 반면, 고객만족도 조사는 해당 접점에서 제공된 서비스에 대해 고객이 어떻게 느끼는가를 파악하는 것이다. 접점에서 서비스 매뉴얼을 잘 준수한다 하더라도 고객은 불만족할 수 있지만, 반대로 매뉴얼의 일부 내용을 준수하지 않더라도 고객은 만족할 수 있기 때문이다. 따라서, 미스터리쇼핑 조사결과를 고객만족도 조사결과와 동일시 하는 것은 옳지 않다.

구 분	고객만족도 조사	미스터리 쇼핑
조사대상	제품/서비스 이용경험 고객	제품/서비스 접점 직원 및 환경
조사범위	Broad Organizational	Specific Unit Level
자료수집방법	구조화된 질문지를 이용한 1:1 개별면접, 전화, 우편, 온라인 조사	가상의 시나리오와 훈련된 Shopper에 의한 평가표 체크
결과유형	Customer Perception(Feeling)	Service Performance(Fact)
결과활용	Planning Strategy	Action

(7) 미스터리쇼핑 활용시 주의사항

일반 고객대상 조사에서는 전체 모집단으로부터 일부를 표본으로 추출하므로 표본오차라는 것이 존재하게 된다. 하지만, 미스터리쇼핑에서는 평가자가 임의로 관찰횟수를 정하게 되므로 엄밀하게 따져서 모집단이라는 것이 존재하지 않게 되므로 최소 표본크기, 표본오차와 같은 개념들을 적용할 수 없다.

일부에서는 미스터리쇼핑 조사시 고객조사에서처럼 일정수 이상의 관찰을 통한 통계적인 대표성을 논하는 경우가 있는데, 이에 대한 이론적 근거는 전혀 없으며, 앞서 언급한 미스터리쇼핑의 특성을 바탕으로 할 때 논리적으로도 전혀 설득력이 없다.

미스터리쇼핑 조사시 가장 중요한 요소는 첫째, 서로 다른 훈련된 미스터리 Shopper가 해당 접점을 동일한 잣대로 제대로 관찰했는지 여부, 둘째, 시간대별/요일별 서비스 품질 변화를 감안해 관찰시기는 잘 배분했는지 여부 등이다. 일정한 오차가 있는 한 명의 미스터리 Shopper가 수백 번, 수천 번 관찰을 하는 것보다 서로 눈높이를 조정한 복수의 미스터리 Shopper가 한 번씩 관찰하는 것이 더 정확할 것이며, 미스터리쇼핑의 본래 취지와 목적에도 부합하는 것이다.

5. 고객경험관리(Customer Experience Management)

최근 고객경험관리(Customer Experience Management)라는 말이 자주 대두되고 기업실무에서도 일부 사용되고 있다.

고객경험은 사실 개념이라기보다는 실무에서 활용되는 용어라고 볼 수 있다. 개념이 될려면 이 개념에 대한 정의가 이루어져야 하며, 정의를 내리기 위해서는 연구를 통해 과학적으로 검증이 이루어져야 한다.

고객관계관리, NPS, 고객가치, 고객경험 등은 진부하고 오래된 느낌이 드는 고객만족이라는 개념을 대체하는 것들로서 대두가 되고 있으나 이들 모두가 공통적으로 잠시 회자되다가 곧 인기가 시들해진다. 이들은 개념이 아니라 용어에 가까우며, 결국은 이들 용어들이 이야기하고자 하는 이면에는 고객만족이라는 개념이 자리잡고 있기 때문이다.

고객관계관리의 예를 들어보자. 대표적인 고객관계관리로 CRM을 들 수 있는데 CRM의 궁극적인 목적을 고객과의 장기적 관계를 구축하여 Up-selling과 Cross-selling을 높이는 것이라고 할 때, 고객이 해당 회사에 대한 만족없이 해당 회사 제품을 재구매, 그것도 더 비싼 것을 더 많이 사고 그 회사에서 나오는 다른 제품들도 구매할려고 하지는 않을 것이므로 CRM이 제대로 되기 위해서는 고객만족이 전제가 되어야 한다. 즉, 고객만족을 바탕으로 CRM이 가능해질 수 있다는 의미이다. 고객경험관리라는 것도 결국 자사에 대한 고객의 경험을 최대한 좋게 만들어 지속적으로 자사의 제품이나 서비스를 구매/이용하게 하는 것이 궁극적인 목적이라면 고객의 경험을 좋게 만드는 것이 바로 고객을 만족시키는 일일 것이다. 따라서, 고객경험관리는 고객만족을 관리하기 위한 도구나 접근방법일 뿐이지 완전히 새로운 아이디어는 아닌 것이다.

물론 실무 입장에서 보면 무언가 새로운 것, 최신의 것을 적용하고자 하는 니즈로 인해 이러한 용어들에 쉽게 현혹될 수 있겠지만 궁극적으로 이러한 것들이 추구하고자 하는 이면에는 고객만족이 있다는 점을 분명하게 인식할 필요가 있다. 즉, 이러한 용어나 아이디어들은 궁극적으로 고객만족이라는 목표를 달성하기 위한 도구로서 인식되어야 하며, 이들 자체가 목표가 되어서는 안 된다.

STEP 02

리서처의 삶

전문 조사회사 혹은 기업에서 조사업무를 수행하는 리서처의 역할, 리서처가 되기 위해 요구되는 자질과 역량, 리서처 직업의 매력과 리서처가 갖추어야 할 직업정신 등 리서처에 대한 전반적인 내용들을 아래와 같이 정리해 보았다.

리서처는?

우리말로 연구자 혹은 연구원이라는 의미의 리서처는 대학교, 각종 연구기관, 기업연구소 등에서 연구직에 종사하는 사람을 통칭한다.

마케팅이나 사회여론 조사를 수행하는 조사회사에서 리서치를 수행하는 사람들 또한 리서처로 불리운다. 조사회사에서는 프로젝트 단위로 업무가 진행되므로 프로젝트 진행단계별로 분업화가 잘 이루어져 있다.

대개 하나의 조사프로젝트는 질문지 개발 − 실사 − 코딩/펀칭 − 자료처리 − 분석 및 보고서 작성 등의 과정을 거치게 되는데 이 중 실사, 코딩/펀칭, 자료처리는 전담팀이 담당하고, 질문지 개발과 분석 및 보고서 작성은 리서처가 담당하게 된다.

　조사회사에서의 리서처는 조사프로젝트를 총괄하는 PM(Project Manager)으로서 해당 프로젝트의 의뢰고객(업계에서는 클라이언트라 부르며, 대개 기업/기관의 담당 실무자)과 커뮤니케이션하고, 프로젝트를 총괄하게 된다. 일반회사에서 마케터, 광고회사에서 AE와 같은 역할을 한다.

리서처로 취직하려면?

　리서처가 되는 방법은 크게 마케팅, 사회여론조사회사에 신입 리서처로 입사하거나 일반 기업/광고회사 등에서 마케팅 관련 업무를 하다가 경력직으로 입사할 수 있다.

　조사회사에 신입리서처로 입사하기 위해서는 국내 주요 대학의 경영/경제, 사회과학, 통계학 등의 석사 이상 학위를 소지하고, 영어실력이 어느 정도 되어야 한다. 특히 규모가 큰 외국계 조사회사에 입사할려면 이 두 가지 조건은 반드시 충족되어야 한다. 최근에는 비교적 작은 조사회사에서도 해외 대학 석사 출신을 연구원으로 뽑는 경우가 비일비재하다. 하지만 일부 큰 조사회사에서는 학사 출신을 뽑기도 한다.
　경력직으로 조사회사에 입사하려면 대체로 국내 대기업 혹은 외국계 기업에서 기획/마케팅/홍보 관련 업무를 한 경력이 있거나 마케팅 컨설팅/광고회사 등에서의 관련 경력이 있어야 한다. 외국계 조사회사는 이와 더불어 기본적인 영어실력도 중요하게 고려한다.

조사산업은 지식을 제공하는 산업으로 지식제공자의 출신학교가 매우 중요한 요소로 인식되기 때문에 대부분의 조사회사에서는 리서처 선발 기준으로 출신대학교 자체를 주요 선발 기준으로 삼고 있다. 그래서, 대부분의 리서처들은 서울 소재 주요 대학교 혹은 미국 등 해외 대학교 출신이다.

학사, 출신대학, 영어 등의 조건이 다소 미흡하더라도 처음에 다소 규모가 작은 조사회사에서 리서처로서 출발할 수도 있다. 조사회사의 리서처는 공급보다는 항상 수요가 많은 직업군이기 때문에 작은 회사에서 몇 년간 경력을 쌓은 후 큰 조사회사로 비교적 쉽게 옮길 수 있다.

리서처의 자질_지식

리서처가 기본적으로 갖추어야 할 지식을 다음과 같이 정리해 보았다.

첫째, 마케팅/마케팅 관리에 대한 기본적인 내용들을 모두 습득하고 있어야 한다. 마케팅에 대한 지식은 클라이언트사가 속해 있는 시장의 구조, 경쟁현황, Player들의 주요 전략 등을 이해하는 데 필수적이며, 마케터인 클라이언트와 업무협의를 위해서라도 반드시 알아야 한다.

둘째, 소비자행동 혹은 심리학에 대해서도 어느 정도는 알아야 한다. 마케팅 조사는 조사대상에게 질문을 하여 응답을 받아서 분석하게 되므로 소비자의 의사결정과정, 태도형성 등과 같은 소비자행동과 소비자의 심리에 대한 기본적 지식이 있어야 한다.

셋째, 당연한 이야기지만, 마케팅 조사와 관련된 모든 내용들을 습득하고 있어야 한다. 여기서 마케팅 조사와 관련된 모든 내용에는 신상품 개발단계별 혹은 조사목적별(브랜드, 광고효과, 고객만족 등) 조사유형과 각 조사유형별 적용방법 및 분석방법, 표본설계와 관련된 기본적 지식 등을 모두 포괄한다.

넷째, 통계학에 대해서도 어느 정도 알아야 한다. 마케팅 조사에서 쓰이는 통계분야는 대부분 정해져 있으므로 표본분포, 통계적 추정과 검정, 회귀분석 등과 같은 각종 다변량 분석 방법론에 대해 다른 사람에게 설명할 수 있을 정도로 알아야 한다.

다섯째, 마케팅과 관련된 이론을 알아야 한다. 여기서 이론이란 주로 개념과 관련된 것으로 브랜드, 광고, 소비자행동, 고객만족 등과 같은 주요 개념들에 대한 국내외 이론연구(논문)에 대해 알고 있어야 한다. 마케팅에는 '정답이 없다'라고 이야기 할 정도로 모든 상황에 동일하게 적용될 수 있는 기준은 없으나 이러한 이론 연구에 대한 학습을 통해 기본적인 개념을 잡게 되면 언제 어떤 상황이 되더라도 기본적인 개념을 바탕으로 판단할 수 있는 능력을 갖출 수 있으므로 관련 개념을 연구한 가장 유명한 논문은 가급적 다 읽고 습득해 두는 것이 좋다.

리서처의 자질_능력

리서처가 갖추어야 할 능력과 관련해서는 다음과 같이 정리해 보았다.

첫째, 커뮤니케이션 스킬이다. 리서처는 외부고객인 클라이언트들과 지속적인 업무협의, 미팅, 심지어 제안서/보고서에 대한 프리젠테이션을 해야 하며, 내부적으로는 실사, 전산 등 지원부서와 협의를 통해 업무를 수행하게 된다. 따라서, 무엇보다도 상대방을 설득할 수 있는 효과적인 커뮤니케이션 스킬을 갖는 것이 매우 중요하다.

둘째, 강도 높은 업무를 견딜 수 있는 정신력이다. 조사회사에서 리서처의 업무는 '프로젝트'단위로 배분된다. 그래서, 리서처는 주어진 프로젝트를 자신의 책임하에 완수하여야 하는데 모든 프로젝트는 명확한 데드라인이 정해져 있고 대개 촉박한 시간 안에 마감을 맞추어야 하는 경우가 많다. 그래서, 리서처는 항상 마감시간에 대한 압박감을 가지고 업무를 수행해야 한다. 또한 대개의 경우 리서처는 여러 개의 프로젝트를 동시에 수행해야 하므로 업무량 및 업무의 강도 측면에서 같은 연차의 일반 직장인에 비해 최소 2배 이상이다. 따라서, 무엇보다 이러한 힘든 환경을 견딜 수 있는 인내와 정신력이 요구된다. 물론, 조사회사마다 업무강도는 다소 차이가 있지만 평균적으로 봤을 때 리서처의 업무강도가 높은 편이다.

셋째, 지속적인 학습능력이다. 시장과 소비자는 지속적으로 변하기 때문에 최신의 트렌드를 알기 위해서는 늘 학습하는 습관이 필요하다. 마케팅, 마케팅 조사, 소비자 행동, 통계와 관련해서도 항상 새로운 이론, 개념, 기법, 방법론 등이 나오므로 리서처는 이러한 내용들에 대해 최신의 지식들로 무장해야 한다.

넷째, 프리젠테이션 능력이다. 커뮤케이션 스킬과 별도로 프리젠테이션 능력을 언급하는 이유는 리서처에게 프리젠테이션는 일상생활과 같기 때문이다. 클라이언트사 실무자뿐만 아니라 임원 심지어는 대표이사나 회장 같은 경영자를 대상으로 프리젠테이션을 해야 할 경우도 있으므로 프리젠테이션 능력은 반드시 필요하다.

직업으로서의 매력

조사회사 혹은 대기업에 근무하는 리서처는 마케팅조사/여론조사 전문가로 인식되므로 전문직으로서의 매력은 있는 반면, 대기업 등의 큰 조직에서 성장하는 데는 다소 한계도 있다. 직업으로서 리서처의 장, 단점을 정리해 보았다.

* 장점

1. 조사회사에 근무하게 되면 일반기업에 비해 기획력, 커뮤니케이션 능력, 문제해결 능력, 업무처리능력 등을 월등한 수준으로 키울 수 있다
2. 조사분야의 전문가로 성장할 수 있으며, 조사/광고회사 혹은 일반회사로의 이직의 기회가 많다.
3. 조사산업에서는 직장인으로서의 수명이 상대적으로 길다.
4. 기업에 따라 다를 수는 있으나, 대체로 일반기업에 비해 조사회사 리서처의 급여수준(보상포함)이 높다. 조사회사마다 다르긴 하지만, 국내 금융권 평균 혹은 건설업 상위기업 정도의 수준은 되는 것으로 알려져 있다.

* 단점

1. 조사회사가 아닌 대기업과 같은 일반기업에서 성장하는 데는 한계가 있다. 일반기업에서 마케팅조사는 마케터의 업무를 지원하는 기능을 수행하게 되므로 리서처로 출발해 CEO와 같은 조직의 수장으로 성장하는 데는 한계가 있을 수 있다.
2. 생각하기에 따라 달라질 수는 있으나 언제나 을의 입장에서 업무를 수행해야 한다는 점에서 어떤 사람에게는 단점으로 인식될 수 있다. 즉, 조사회사에 근무하는 리서처의 경우 고객사의 실무자를 상대로 서비스를 제공하게 되므로 때로는 고객사의 부당한 요구에 대응해야 하며, 일반기업에서 리서처로 근무하는 경우에도 기업 내부 고객인 조사

주관 부서의 실무자들에게 서비스를 제공하는 입장에 놓일 수밖에 없다.

3. 개인의 적성과 맞지 않으면 힘든 직업이다. 항상 쫓기듯 타이트한 데드라인이 주어지고, 숫자를 많이 다뤄야 하므로 꼼꼼함도 필요하고, 상대방을 논리적으로 설득하기 위한 커뮤니케이션 능력도 요구되므로 이러한 적성을 갖추고 있거나 갖출 잠재력이 있어야 이 직업을 평생직업으로 삼을 수 있다.

리서처 채용방식

일반적으로 조사회사에서 리서처(연구원)을 채용하는 방식은 크게 정기채용과 수시채용이 있을 수 있다. 신입리서처를 채용코자 하는 경우 정기채용이 활용되며, 경력리서처의 경우 결원이 있을때 수시채용 형태로 뽑는 경우가 대부분이다.

TNS, 닐슨, 한국리서치, 한국갤럽 등 규모가 큰 조사회사의 경우 매년 1~2회 정도 정기채용방식으로 신입/경력 리서처를 뽑는 것이 일반적이다. 경력리서처의 충원을 위한 수시채용은 대개 인맥이나 헤드헌팅 회사를 통해 행해지는 경우가 많다. 특히, 외국계 조사회사의 경우 자사 직원들의 추천을 받아 추천받은 사람이 채용될 경우 추천한 직원에게 인센티브를 제공하는 제도를 활용한다. 또한, 헤드헌팅 회사에 의뢰하여 경력리서처를 채용하는 조사회사도 대부분 외국계이다.

직장 vs. 직업

  직장과 직업의 가장 큰 차이점은 관계의 존속성이라고 생각한다. 직장은 다니다가 그만두면 나와의 관계는 완전히 끝나지만, 직업은 설사 직장을 그만두더라도 다른 직장 혹은 사업을 할 때도 지속된다.

평생직장 개념이 사라지면서 많은 사람들이 직장 마인드가 아닌 직업 마인드를 가져야 한다고 조언한다. 조사쟁이는 개인적으로 리서처는 반드시 직업으로 생각하고 리서치 업무를 해야 한다고 생각한다.

  리서치는 안정된 직장을 다니는 것처럼 수동적이고 반복적으로 주어진 일을 하는 것이 아니라 누군가에게 지식화된 전문서비스를 제공하는 것이 주요 업무이다.

  따라서, 리서처는 항상 시장, 소비자, 기업들의 변화에 민감하게 대응해야 하며, 이를 위해서는 늘 공부하고 고민해야 한다. 비록 변호사나 회계사와 같은 사회적 지위와 대우는 받지 못할지라도 리서치는 전문분야이며, 리서처는 전문가이다. 전문분야에서 전문가로 일한다는 것은 직장이 아니라 직업이어야만 가능하다.

▌약 력

전문조사회사 및 대기업에서 약 10년간 마케팅조사 실무를 수행한 마케팅조사 전문가로 현재 한국갤럽 연구1본부 팀장으로 재직 중

한국갤럽에서 식음료, 가전/정보통신, 정유, 금융/보험, 서비스 등의 산업에 걸쳐 총 300여 건 이상의 마케팅조사 프로젝트를 수행하였고, 사내 R&D 멤버로서 자체 모델개발 및 주요 통계 분석기법 매뉴얼 개발과 사내 교육 실시

CJ주식회사에서 CJ그룹에 속한 주요 계열사(CGV, GLS, 푸드빌, 홈쇼핑 등)들의 서비스품질 지표 측정모델 개발을 주관하고 관리하였으며, 계열사별 서비스전략 수립 및 마케팅조사에 대한 사내 컨설팅 및 교육 실시

마케팅조사 체계구축, 조사기획, 결과분석, 조사교육 및 코칭,
구조방정식을 활용한 모델링 전문가

블로그 ― http://blog.naver.com/eugeneha
카 페 ― http://cafe.daum.net/researchschool
연락처 ― eugeneha@empal.com, 019 ― 9302 ― 0877

초판 발행 2010년 1월 29일
초판 13쇄 2020년 2월 10일

지은이 하지철
펴낸이 채종준
기 획 권성용
디자인 이효정
편 집 박재규
마케팅 김봉환

펴낸곳 한국학술정보(주)
주소 경기도 파주시 회동길 230(문발동)
전화 031 908 3181(대표)
팩스 031 908 3189
홈페이지 http://ebook.kstudy.com
E-mail 출판사업부 publish@kstudy.com
등록 제일산-115호(2000. 6. 19)

ISBN 978-89-268-0621-0 14320 (Paper Book)
978-89-268-0622-7 18320 (e-Book)
978-89-268-0627-2 14320 (Paper Book)
978-89-268-0628-9 18320 (e-Book)